Inglés para el Lugar de Trabajo

English for the Workplace

William C. Harvey, M.S.

BARRON'S

All inquiries should be addressed to:
Barron's Educational Series, Inc.
250 Wireless Boulevard
Hauppauge, NY 11788
www.barronseduc.com

ISBN-13: 978-0-7641-4519-3 (book only)
ISBN-10: 0-7641-4519-3 (book only)
ISBN-13: 978-0-7641-9793-2 (book & CD package)
ISBN-10: 0-7641-9793-2 (book & CD package)

Library of Congress Control Number: 2010019170

Library of Congress Cataloging-in-Publication Data
Harvey, William C.
  Inglés para el lugar de trabajo = : (English for the workplace) / William C. Harvey.
    p. cm.
  ISBN-13: 978-0-7641-4519-3 (book)
  ISBN-10: 0-7641-4519-3 (book)
  ISBN-13: 978-0-7641-9793-2 (book & CD package)
  ISBN-10: 0-7641-9793-2 (book & CD package)
 1. English language—Textbooks for foreign speakers—Spanish. 2. English language—Business English. I. Title. II. Title: English for the workplace.
  PE1128.H387 2010
  428.2'461—dc22   2010019170

Printed in the United States of America
9 8 7 6 5 4 3 2 1

CONTENTS

PRESENTACIÓN
(Introduction)

En lugar de métodos y lecciones tradicionales, *Inglés para el lugar de trabajo* ofrece una variedad de sugerencias prácticas y fáciles para una comunicación exitosa en el trabajo. Este programa, ofrecido como libro o libro con dos discos audio, ha sido creado especialmente para los empleados latinos que quieren aprender inglés básico con el objeto de comunicarse en el mundo laboral. Si desea entender un poco de inglés y ser capaz de contestar con unas pocas palabras, aquí tiene el programa ideal.

CÓMO USAR ESTE LIBRO

Inglés para el lugar de trabajo está dividido en seis capítulos. Cada uno explora un diferente campo de terminología y presenta listas de vocabulario, verbos y oraciones relacionadas con el tema del capítulo. Una característica muy importante es la inclusión de pronunciación al lado de cada palabra en inglés, lo cual le permite pronunciar de manera inteligible e inmediata toda palabra o frase que necesite. En lo que se refiere a traducción rápida de cualquier palabra, puede recurrir al glosario español-inglés en la parte final del libro.

Note además los numerosos ejercicios que usted debiera hacer en todos los capítulos. La mayoría de éstos requieren creatividad de su parte, ya que las respuestas dependen del vocabulario que usted ya sepa.

CÓMO USAR LA COMBINACIÓN
LIBRO CON DISCOS

Si ha adquirido la combinación de libro con dos discos audio, los CDs le ayudarán a practicar y, más que nada, a pronunciar el inglés. Note que a pesar de haber correspondencia entre el libro y los discos, su empleo simultáneo no es necesario.

ÍCONOS

A lo largo del libro encontrará pequeños segmentos informativos que se especializan en determinados temas:

- **Consejos**
  Sugerencias sobre diversas situaciones relacionadas con el trabajo y comentarios sobre diferencias culturales entre los hispanos y los norteamericanos.

- **¡Hay que practicar!**
  Ejercicios que resumen temas recién vistos.

- **¡Hagamos una frase!**
  Cómo usar tiempos verbales correctamente en inglés.

- **Información adicional**
  Información lingüística útil, con sugerencias.

- **¡Acción!**
  Listas de infinitivos e imperativos verbales relacionados con trabajos.

¿Estamos listos para empezar? ¡Pues empecemos! **Let's get started!** (*lets guet stárted*)

Capítulo uno

Inglés básico
Basic English
(béisic ínglich)

EL ALFABETO EN INGLÉS
The English alphabet
(de ínglich álfabet)

Aquí tiene toda la información básica que necesita saber para comenzar con su estudio del inglés. El primer paso es aprender el alfabeto. El alfabeto en inglés es igual al español, pero no incluye las letras "ch, ll, ñ, rr". En inglés, la mayoría de las letras del alfabeto se pronuncian casi igual que en español:

A	*(ei)*	N	*(en)*
B	*(bi)*	O	*(óu)*
C	*(si)*	P	*(pi)*
D	*(di)*	Q	*(quiú)*
E	*(i)*	R	*(ar)*
F	*(ef)*	S	*(es)*
G	*(lli)*	T	*(ti)*
H	*(éich)*	U	*(iú)*
I	*(ái)*	V	*(vi)*
J	*(lléi)*	W	*(dábol iú)*
K	*(quéi)*	X	*(eks)*
L	*(el)*	Y	*(uái)*
M	*(em)*	Z	*(zi)*

Tómese unos momentos para repasar las letras del alfabeto. Diga cada letra en voz alta. Estas frases son muy necesarias también:

¿Cómo se escribe? **How do you write it?** *(jáo du iú ráit it)*
¿Cómo se deletrea? **How do you spell it?** *(jáo du iú spel it)*

EJEMPLO
¿Cómo se deletrea su nombre en inglés?
How do you spell your name in English? *(jáo du iú spel iór néim in ínglich)*

Fíjese que cuando escribe exclamaciones o preguntas en inglés, usted no tiene que poner los signos al principio. Recuerde también que las palabras en inglés no llevan acentos. Estas marcas (ñ, ü) tampoco existen.

Consejos

Escuche a personas que hablan inglés regularmente, ¡y tanto su gramática como su pronunciación mejorarán! Escuche (en inglés) las estaciones de radio, el internet o la música en CDs. También mire la televisión y vea DVDs. Decida su propia manera de aprender inglés sin tener que gastar mucho dinero.

¡Hay que practicar!

Pronuncie estas palabras comunes:

money *(máni)*	**English** *(ínglich)*	**stop** *(stap)*	**work** *(uérc)*
Spanish *(spánich)*	**party** *(párti)*	**house** *(jáus)*	**thank you** *(zénk iú)*
car *(car)*	**OK** *(oquéi)*	**love** *(lav)*	**friend** *(fren)*
yes *(iés)*	**water** *(uáter)*	**please** *(plis)*	**go** *(góu)*

MIS PRIMERAS PALABRAS
My first words
(mái ferst uérds)

Es muy probable que usted conozca muchas de estas palabras. ¡Repítalas!

¡Adiós!	**Good-bye!** *(gud bái)*
¡Bien!	**Fine!** *(fáin)*
¡Bien, gracias!	**Fine, thanks!** *(fáin zenks)*
¡Buenas noches!	**Good evening!** (para saludar) *(gud ívnin)*
	Good night! (para despedirse) *(gud náit)*
¡Buenas tardes!	**Good afternoon!** *(gud áfternun)*
¡Bueno!	**Good!** *(gud)*
¡Buenos días!	**Good morning!** *(gud mórnin)*
¿Cómo está Ud.?	**How are you?** *(jáo ar iú)*
¿Cómo se llama Ud.?	**What's your name?** *(uáts iór néim)*
¡Con permiso!	**Excuse me!** *(eksquiús mi)*
¡De nada!	**You're welcome!** *(iór uélcam)*
¡Hola!	**Hi!** *(jái)*
¡Lo siento!	**I'm sorry!** *(áim sóri)*
¡Más o menos!	**Not bad!** *(nat bad)*
Me llamo...	**My name is...** *(mái néim is)*
¡Muchas gracias!	**Thanks a lot!** *(zenks a lat)*
¡Mucho gusto!	**Nice to meet you!** *(náis tu mit iú)*

¡Ningún problema!	**No problem!** *(nóu próblem)*
¡No, señora!	**No, ma'am!** *(nóu mam)*
¡Por favor!	**Please!** *(plis)*
¡Qué le vaya bien!	**Have a nice day!** *(jaf a náis déi)*
¿Qué pasa?	**What's up?** *(uáts ap)*
¡Qué tal!	**How's it going?** *(jáos it góin)*
¡Sí, señor!	**Yes, sir!** *(iés ser)*
¡Sin novedad!	**Nothing much!** *(názin mach)*
¿Y usted?	**And you?** *(an iú)*

EJEMPLO
Hi! How's it going? *(jái jáos it góin)*
Not bad! And you? *(nat bad an iú)*
Fine, thanks! *(fáin zenks)*

Comience ahora su propia lista especializada:

¡Buena idea!	**Good idea!** *(gud aidía)*
¡Cómo no!	**Why not!** *(uái nat)*
¡Creo que sí!	**I think so!** *(ái zinc so)*
¡Cúidese bien!	**Take it easy!** *(téic it ísi)*
¡De acuerdo!	**I agree!** *(ái agrí)*
¡Déjeme ver!	**Let me see!** *(let mi si)*
¡Depende!	**That depends!** *(dat depénds)*
¡Entre!	**Come in!** *(cam in)*
¡Es cierto!	**That's for sure!** *(dats for chúar)*
¡Está bien!	**That's OK!** *(dats oquéi)*
¡Hasta luego!	**See you later!** *(si iú léiter)*
¡Me alegro!	**I'm so glad!** *(áim so glad)*
¡Muy bueno!	**Great!** *(gréit)*
¡Oiga!	**Hey!** *(jéi)*
¡Ojalá!	**I hope so!** *(ái jóup so)*
¡Pase Ud.!	**Go ahead!** *(góu ajéd)*
¡Por supuesto!	**Of course!** *(of cors)*
¿Puedo ayudarle?	**Can I help you?** *(can ái jelp iú)*
¿Qué pasó?	**What's the matter?** *(uáts de máter)*
¿Quién habla?	**Who's calling?** *(jus cólin)*
¡Quizás!	**Maybe!** *(méi bi)*
¿Se puede?	**May I ?** *(méi ái)*
¿Verdad?	**Really?** *(ríli)*
¡Ya veo!	**I see!** *(ái si)*
¡Yo también!	**Me, too!/Me, also!** *(mi tu/mi ólso)*
¡Yo tampoco!	**Me, neither!** *(mi níder)*

EJEMPLO
Good-bye, take it easy! *(gud bái, téic it ísi)*
See you later! *(si iú léiter)*

MÁS EXPRESIONES CLAVES
More key expressions
(mor ki expréchons)

Frecuentemente, la gente conversa con expresiones cortas y amistosas:

¡Bienvenidos!	**Welcome!** *(uélcam)*
¡Buena suerte!	**Good luck!** *(gud lac)*
¡Caramba!	**Wow!** *(uáu)*
¡Claro!	**Sure!** *(chúar)*
¡Felicitaciones!	**Congratulations!** *(congrachuléichons)*
¡Salud!	**Bless you!** *(bles iú)*
¡Vamos!	**Let's go!** *(lets góu)*

La palabra "qué" tiene diferentes significados en inglés:

¡Qué disfrute!	**Have a good time!** *(jav a gud táim)*
¡Qué importa!	**So what!** *(so uát)*
¡Qué lástima!	**What a shame!** *(uát a chéim)*
¡Qué se mejore!	**Get well!** *(get uél)*
¡Qué triste!	**How sad!** *(jáo sad)*

EJEMPLO
Get well and good luck! *(get uél an gud lac)*

Información adicional

No se ponga nervioso sobre las diferentes formas gramaticales dentro de estas expresiones. Por ahora, aprenda que "y" es **and** *(an)*, "o" es **or** *(or)*, y "pero/sino" es **but** *(bat)*:

Have a nice day and take it easy! *(jaf a náis déi an téic it ísi)*

Consejos

¿Qué sabe Ud. de la cultura norteamericana? Estudie estas expresiones que se escuchan en el mes de diciembre:

¡Felices fiestas!	**Happy holidays!** *(jápi jólideis)*
¡Feliz Navidad!	**Merry Christmas!** *(méri crísmas)*
¡Próspero año nuevo!	**Happy New Year!** *(jápi niú íer)*

¡Hay que practicar!

Ponga sus expresiones en diálogos. Lea en voz alta:

¡Con permiso!	**Excuse me!** *(eksquiús mi)*
¡Pase!	**Go ahead!** *(go ajéd)*
¡Gracias!	**Thanks!** *(zénks)*
¡De nada!	**You're welcome!** *(iór uélcam)*
¡Cúidese bien!	**Take it easy!** *(téic it ísi)*
¡Hasta luego!	**See you later!** *(si iú léiter)*
¿Puedo ayudarle?	**Can I help you?** *(can ái jelp iú)*
¡Por supuesto!	**Of course!** *(of cors)*
¡Felices fiestas!	**Happy holidays!** *(jápi jólideis)*
¡Feliz Navidad!	**Merry Christmas!** *(méri crísmas)*

OTRA VEZ, POR FAVOR
Again, please
(aguén plis)

No se pierda cuando alguien le hable en inglés: cálmese y haga lo mejor que pueda con estas frases:

Do you understand? *(du iú anderstán)* ¿Entiende Ud.?
Sí, entiendo. **Yes, I understand.** *(iés ái anderstán)*
No, no entiendo. **No, I don't understand.** *(nóu ái dont anderstán)*

Do you know? *(du iú nóu)* ¿Sabe Ud.?
Sí, yo sé. **Yes, I know.** *(iés ái nóu)*
No, no sé. **No, I don't know.** *(nóu ái dont nóu)*

Do you speak English? *(du iú spic ínglich)* ¿Habla Ud. inglés?
Sí, un poco. **Yes, a little.** *(iés a lítel)*
No, no hablo mucho inglés. **No, I don't speak much English.**
(nóu ái dont spic mach ínglich)

Más despacio, por favor. **More slowly, please.** *(mor slóuli plis)*
Estoy aprendiendo inglés. **I'm learning English.** *(áim lérnin ínglich)*
Gracias por su paciencia. **Thanks for your patience.** *(zenks for iór péichens)*

Ahora practique estas preguntas:

¿Qué es esto en inglés?
What's this called in English? *(uáts dis cold in ínglich)*

¿Cómo se dice en inglés?
How do you say it in English? *(jáo du iú séi it in ínglich)*

¿Cómo se pronuncia?
How do you pronounce it? *(jáo du iú pranáuns it)*

¿Qué significa eso?
What does that mean? *(uát das dat min)*

¿Podría Ud. repetirlo...?
Could you repeat that...? *(cud iú ripít dat)*

Letra por letra.	**Letter by letter.** *(léter bái léter)*
Número por número.	**Number by number.** *(námber bái námber)*
Palabra por palabra.	**Word for word.** *(uérd for uérd)*

EJEMPLO
What's this called in English? *(uáts dis cold in ínglich)*
It's a <u>book</u>. *(its a buc)*
Could you repeat that, please? *(cud iú ripít dat plis)*
Sure! It's a <u>book</u>. *(chur its a buc)*

LOS PRONOMBRES Y ADJETIVOS POSESIVOS
Pronouns and possessive adjectives
(pronáuns an posésiv ádchectifs)

¿Ya conoce los pronombres personales en inglés?

yo	**I** *(ái)*
usted, tú, ustedes	**You** *(iú)*
él	**He** *(ji)*
ella	**She** *(chi)*
nosotros	**We** *(uí)*
ellos, ellas	**They** *(déi)*

¿Quién puede hablar inglés? **Who can speak English?** *(ju can spic ínglich)*

_____ . _____ **can.** *(can)*

It *(it)* es otro pronombre. **It** siempre indica una cosa, concepto, o animal. A ver si puede traducir:

The house? It's great! *(de jáus? Its gréit)* _____

The dog? It's great! *(de dog? Its gréit)* _____

Love? It's great! *(lav? Its gréit)* _____

Otro grupo de palabras necesarias en inglés incluye los adjetivos posesivos. Lea en voz alta:

mi, mis	**my** *(mái)*
tu, tus, su (de usted), sus (de ustedes)	**your** *(iór)*
su (de él)	**his** *(jis)*
su (de ella)	**her** *(jer)*
nuestro, nuestra, nuestros, nuestras	**our** *(áur)*
su, sus (de ellos)	**their** *(déar)*

¿De quién es el carro?	**Whose car is it?** *(jus car is it)*
Es nuestro carro.	**It's our car.** *(its áur car)*

Cuando se esté refiriendo a más de una persona o cosa, los adjetivos posesivos no cambian de forma.

Son <u>mis</u> amigas.   Son <u>nuestros</u> amigos.
They are <u>my</u> friends. *(déi ar mái frens)*   **They are <u>our</u> friends.** *(déi ar áur frens)*

Y estos son los pronombres empleados después de preposiciones.

(a / para) mí	**me** *(mi)*
(a / para) ti, usted, ustedes	**you** *(iú)*
(a / para) él	**him** *(jim)*
(a / para) ella	**her** *(jer)*
(a / para) nosotros, nosotras	**us** *(as)*
(a / para) ellos, ellas	**them** *(dem)*

EJEMPLO
Is that money for us? *(is dat máni for as)*   **No, it is for them.** *(nóu it is for dem)*

Información adicional

Continuemos con los pronombres posesivos en inglés:

mío, mía	**mine** *(máin)*
tuyo, tuya, suyo, suya (de usted)	**yours** *(iórs)*
suyo (de él)	**his** *(jis)*
suya (de ella)	**hers** *(jers)*
nuestro, nuestra, nuestros, nuestras	**ours** *(áurs)*
suyos, suyas	**theirs** *(déars)*

Practique:
Yo quiero <u>mi</u> dinero, así que démelo a <u>mí</u>. Es <u>mío</u>.
I want <u>my</u> money, so give it to <u>me</u>. It's <u>mine</u>. *(ái uánt mái máni so gív it tu mi. Its máin)*

LAS COSAS DIARIAS
Everyday things
(évridei zings)

¿Habla Ud. un poquito de inglés? Pruébelo nombrando estos objetos sin mirar la traducción. ¡Y fíjese en la pronunciación!

agua	**water** *(uáter)*	luz	**light** *(láit)*
casa	**house** *(jáus)*	mesa	**table** *(téibol)*
comida	**food** *(fud)*	papel	**paper** *(péipar)*
computadora	**computer** *(campiúter)*	piso	**floor** *(flóar)*
cuarto	**room** *(rum)*	puerta	**door** *(dóar)*
escritorio	**desk** *(desc)*	ropa	**clothing** *(clóuzing)*
lapicero	**pen** *(pen)*	silla	**chair** *(chéar)*
lápiz	**pencil** *(pénsil)*	trabajo	**job** *(chob)* o **work** *(uérc)*
libro	**book** *(buc)*	ventana	**window** *(uíndou)*

LA GENTE
People
(pípol)

amigo, amiga	**friend** *(fren)*
anciano, anciana	**senior citizen** *(sínior sítisen)*
bebé	**baby** *(béibi)*
hombre	**man** *(man)*
muchacho, muchacha	**young person** *(yang pérson)*
mujer	**woman** *(uóman)*
niña	**girl** *(guérl)*
niño	**child, boy** *(cháil, bói)*
pariente	**relative** *(rélatif)*
persona	**person** *(pérson)*

Al referirse a la gente, use estas abreviaciones:

Señor (Sr.)	**Mr. (Mister)** *(míster)*
	Hi, Mr. Smith. *(jái míster smit)*
Señora (Sra.)	**Mrs. (Missis)** *(mísis)*
	Good-bye, Mrs. Ross *(gud bái mísis ross)*
Señorita (Srta.)	**Ms.** *(ms)*
	Excuse me, Ms. Taylor *(eksquiús mi ms téilor)*

LA FAMILIA
The family
(de fámili)

Use el nuevo vocabulario que aparece abajo y trate de crear sus propias frases en los espacios subrayados:

¿Dónde está su...?   **Where is your... ?** *(uéar is iór)*

hermano	**brother** *(brázer)*	**Where is your brother?**
abuela	**grandmother** *(gránmazer)*	_____
abuelo	**grandfather** *(gránfazer)*	_____
esposa	**wife** *(uáif)*	_____
esposo	**husband** *(jásben)*	_____
hermana	**sister** *(síster)*	_____
hija	**daughter** *(dóter)*	_____
hijastra	**stepdaughter** *(stépdoter)*	_____
hijastro	**stepson** *(stépsan)*	_____
hijo	**son** *(san)*	_____
madrastra	**stepmother** *(stépmazer)*	_____
madre	**mother** *(mázer)*	_____
nieta	**granddaughter** *(grándoter)*	_____
nieto	**grandson** *(gránsan)*	_____
nuera	**daughter-in-law** *(dóter in lo)*	_____
padrastro	**stepfather** *(stépfazer)*	_____
padre	**father** *(fázer)*	_____
primo, prima	**cousin** *(cósin)*	_____
sobrina	**niece** *(nis)*	_____
sobrino	**nephew** *(néfiu)*	_____
suegra	**mother-in-law** *(mázer in lo)*	_____
suegro	**father-in-law** *(fázer in lo)*	_____
tía	**aunt** *(ant)*	_____
tío	**uncle** *(áncol)*	_____
yerno	**son-in-law** *(san in lo)*	_____

 # Consejos

Diga en voz alta palabras y frases en inglés que le sean familiares. Gradualmente, experimente con el nuevo vocabulario y las formas de los verbos, pero no trate de hablar con fluidez de inmediato. Adquiera primero un poco de confianza.

LAS DESCRIPCIONES
Descriptions
(descrípchons)

Estas son algunas palabras descriptivas:

alto	**tall, high** *(tol, jái)*
bonito	**pretty, beautiful** *(príti, biútiful)*
bueno	**good** *(gud)*
chico	**small, little** *(smol, lítel)*
corto o bajo	**short** *(chort)*
feo	**ugly** *(ágli)*
grande	**big, large** *(big, larch)*
guapo	**handsome** *(jánsom)*
joven	**young** *(iáng)*
largo	**long** *(long)*
malo	**bad** *(bad)*
mucho	**a lot of, lots of** *(a lat of, lats of)*
muchos	**many, a lot of, lots of** *(méni, a lat of, lats of)*
muy bueno	**great** *(gréit)*
nuevo	**new** *(niú)*
pocos	**a few, a couple of** *(a fiú, a cápol of)*
un poco	**a little** *(a lítel)*
viejo	**old** *(old)*

Agrupar palabras opuestas simplifica el aprendizaje:

rápido	**fast** *(fast)*	rico	**rich** *(rich)*
lento	**slow** *(slóu)*	pobre	**poor** *(púar)*

gordo	**fat** *(fat)*	fácil	**easy, simple** *(ísi, símpel)*
delgado	**thin, skinny** *(zin, squíni)*	difícil	**difficult, hard** *(díficalt, jar)*

fuerte	**strong** *(strong)*	frío	**cold** *(cold)*
débil	**weak** *(uíc)*	caliente	**hot** *(jat)*

sucio	**dirty** *(dérti)*	barato	**inexpensive, cheap** *(inekspénsif, chip)*
limpio	**clean** *(clin)*	caro	**expensive** *(ekspénsif)*

EJEMPLO
Is your brother rich or poor? *(is iór brázer rich or púar)*
My brother is very rich! *(mái brázer is véri rich)*

¡Hay que practicar! ①

Este número identifica los ejercicios cuyas respuestas comienzan en la página 251.

A. Añada estas palabras a su vocabulario y haga frases con ellas.

más chico	**smaller** *(smóler)*	<u>**My car is smaller.**</u> *(mái car is smaller)*
lo más chico	**the smallest** *(de smólest)*	_____
tan chico como	**as small as** *(as smol as)*	_____
un poco chico	**a little small** *(a lítel smol)*	_____
muy chico	**very small** *(véri smol)*	_____
demasiado chico	**too small** *(tu smol)*	_____
tan chico	**so small** *(so smol)*	_____

B. Conecte las palabras con su opuesto:

1. **old**   teacher
2. **clean**   woman
3. **father**   dirty
4. **black**   young
5. **student**   poor
6. **rich**   white
7. **man**   mother

C. Traduzca:

1. libro   _____
2. ropa   _____
3. agua   _____
4. silla   _____
5. comida   _____

D. Llene los espacios en blanco:

1. **One, two, three,**   _____
2. **first, second, third,**   _____
3. **twenty, thirty, forty,** _____

LOS COLORES
Colors
(cólors)

Todo trabajador necesita saber los nombres de los colores:

amarillo	**yellow** *(iélou)*	gris	**gray** *(gréi)*
anaranjado	**orange** *(óranch)*	morado	**purple** *(pérpol)*
azul	**blue** *(blu)*	negro	**black** *(blac)*
blanco	**white** *(uáit)*	rojo	**red** *(red)*
café	**brown** *(bráun)*	verde	**green** *(grin)*

NÚMERO POR NÚMERO
Number by number
(námber bái námber)

Vamos a aprender los números por partes porque esto le ayudará a memorizarlos más rápido. Primero veamos el grupo de números más comunes:

0	**zero** *(zíro)*	5	**five** *(fáif)*	10	**ten** *(ten)*
1	**one** *(uán)*	6	**six** *(siks)*	11	**eleven** *(iléven)*
2	**two** *(tu)*	7	**seven** *(séven)*	12	**twelve** *(tuélf)*
3	**three** *(zrí)*	8	**eight** *(éit)*		
4	**four** *(fóar)*	9	**nine** *(náin)*		

Ahora estudiaremos los números en dos diferentes grupos, ya que éstos tienen casi el mismo sonido al final. Es importante practicarlos en voz alta (unos terminan con el sonido *-tin* y otros con *-ti*):

	-teen *(-tin)*		**-ty** *(−ti)*
13	**thirteen** *(zertín)*	20	**twenty** *(tuénti)*
14	**fourteen** *(fortín)*	30	**thirty** *(zérti)*
15	**fifteen** *(fiftín)*	40	**forty** *(fórti)*
16	**sixteen** *(sikstín)*	50	**fifty** *(fífti)*
17	**seventeen** *(seventín)*	60	**sixty** *(síksti)*
18	**eighteen** *(eitín)*	70	**seventy** *(séventi)*
19	**nineteen** *(naintín)*	80	**eighty** *(éiti)*
		90	**ninety** *(náinti)*

Para decir los otros números es muy sencillo. Solamente añadiremos los números chiquitos. Por ejemplo:

25	es **twenty** (20) + **five** (5) = **twenty-five**
52	es **fifty** (50) + **two** (2) = **fifty-two**
91	es **ninety** (90) + **one** (1) = **ninety-one**

Y los números más grandes en inglés siguen este orden:

100	**one hundred** *(uán jándred)*
200	**two hundred** *(tu jándred)*
1000	**one thousand** *(uán táusan)*
2000	**two thousand** *(tu táusan)*
1,000,000	**one million** *(uán mílion)*
2,000,000	**two million** *(tu mílion)*

123,456,789 por ejemplo, es **one hundred twenty-three million, four hundred fifty-six thousand, seven hundred eighty-nine.**

Información adicional

No se olvide de los números ordinales. Mire también sus formas abreviadas:

primero	**first**	**1st**	*(ferst)*
segundo	**second**	**2nd**	*(sécond)*
tercero	**third**	**3rd**	*(zerd)*
cuarto	**fourth**	**4th**	*(forz)*
quinto	**fifth**	**5th**	*(fifz)*
sexto	**sixth**	**6th**	*(sícz)*
séptimo	**seventh**	**7th**	*(sévenz)*
octavo	**eighth**	**8th**	*(éitz)*
noveno	**ninth**	**9th**	*(náinz)*
décimo	**tenth**	**10th**	*(tenz)*

LAS PREPOSICIONES
Prepositions
(preposíchens)

Una técnica clave para añadir más detalle a una frase en inglés es unir palabras a una preposición:

a	**to** *(tu)*	**To my house** *(tu mái jaus)*
		Let's go to my house! *(lets góu tu mái jaus)*
con	**with** *(uíd)*	**With my friends** *(uíd mái frens)*
		I'm with my friends. *(áim uíd mái frens)*
de	**from** *(from)*	**From Lupe** *(from Lúpe)*
		The money is from Lupe. *(de máni is from Lúpe)*
en	**in** *(in)*	**In Los Angeles** *(in los ángeles)*
		He is in Los Angeles. *(ji is in los ángeles)*
para	**for** *(for)*	**For the family** *(for de fámili)*
		The car is for the family. *(de car is for de fámili)*

por	**through** (*zru*)	**Through the room** (*zru de rum*)
		Walk through the room. (*uóc zru de rum*)
sin	**without** (*uidáut*)	**Without a job** (*uidáut a chab*)
		Are you without a job? (*ar iú uidáut a chab*)

ESTE Y ESE
This and that
(dis an dat)

Memorice estas palabras importantes antes de seguir adelante:

| ese o esa | **that** (*dat*) |
| Ese buen trabajo. | **That good job.** (*dat gud chab*) |

| estos o estas | **these** (*des*) |
| Estos carros chicos. | **These small cars.** (*des smol cars*) |

| este o esta | **this** (*dis*) |
| Este papel amarillo. | **This yellow paper.** (*dis yélou péipar*) |

| esos o esas | **those** (*dóus*) |
| Esos hombres grandes. | **Those big men.** (*dóus big men*) |

¿TIENE ALGUNA PREGUNTA?
Do you have a question?
(du iú jav a quéschen)

Las palabras interrogativas son muy poderosas en inglés. Estúdielas todas:

¿Cómo?	**How?** (*jáo*)
¿Cómo está?	**How are you?** (*jáo ar iú*)
¿Cuál?	**Which?** (*uích*)
¿Cuál es?	**Which one is it?** (*uích uán is it*)
¿Cuándo?	**When?** (*uén*)
¿Cuándo comienza?	**When does it start?** (*uén das it start*)
¿Cuánto?	**How much?** (*jáo mach*)
¿Cuánto paga?	**How much does it pay?** (*jáo mach das it péi*)
¿Cuántos?	**How many?** (*jáo méni*)
¿Cuántos días?	**How many days?** (*jáo méni déis*)
¿De quién?	**Whose?** (*jus*)
¿De quién es el carro?	**Whose car is it?** (*jus car is it*)
¿Dónde?	**Where?** (*uéar*)
¿Dónde está Roberto?	**Where is Roberto?** (*uéar is robérto*)
¿Qué?	**What?** (*uát*)
¿Qué pasa?	**What's happening?** (*uáts jápenin*)
¿Quién?	**Who?** (*ju*)
¿Quién es ella?	**Who is she?** (*ju is chi*)

"¿Por qué?" es **Why?** *(uái)* en inglés. Para responder, use "porque": **Because** *(bicós)*.

¿Por qué está él en la casa?	**Why is he at home?** *(uái is ji at jóum)*
Porque está enfermo.	**Because he is sick.** *(bicós ji is sic)*

Ahora combine las palabras que ya conoce para crear nuevas frases interrogativas:

¿De dónde?	**From where?** *(from uér)*
	From my house. *(from mái jáus)*
¿Para cuándo?	**For when?** *(for juén)*
	For tomorrow. *(for tumórrou)*
¿Con qué?	**With what?** *(uíd uát)*
	With the pencil. *(uíd de pénsil)*

Información adicional

Siga esta fórmula para conducir una entrevista:

¿Cuál es su...?	**What's your...?** *(uáts iór)*

nombre	**name** *(néim)*
dirección	**address** *(ádres)*
número de teléfono	**phone number** *(fóun námber)*

Y note la diferencia para hacer preguntas en el plural:

¿Cuál es?	**Which one is it?** *(uích uán is it)*
¿Cuáles son?	**Which ones are they?** *(uích uáns ar déi)*

¿De quién es?	**Whose is it?** *(jus is it)*
¿De quiénes son?	**Whose are they?** *(jus ar déi)*

No todas las frases que indican **questions** pueden traducirse literalmente. Aquí tiene un buen ejemplo:

How old are you? *(jáo old ar iú)*	¿Cuántos años tiene?
I'm twenty-five. *(áim tuénti fáif)*	Tengo veinticinco.

¡DÍGAME SU NOMBRE!
Tell me your name!
(tel mi iór néim)

Cuando se dirija a otra persona por su nombre, ésta se sentirá mejor si usted es capaz de pronunciar correctamente.

Primer nombre   **Mary**
First name *(férst néim)*

Apellido paterno   **Smith**
Last name *(last néim)*

Cuando una mujer se casa, generalmente cambia su apellido paterno por el del esposo. Note que los norteamericanos a menudo mencionan su **middle name** *(mídel néim)* o segundo nombre:

Full name *(ful néim)*   Nombre completo   **Mary <u>Ann</u> Smith**

 ## Consejos

Júntese con gente que habla bien el inglés y practique sus nuevos conocimientos con el idioma lo más seguido que pueda. Practicar con una sola persona es aun mejor, pero asegúrese de que esto ocurra en un ambiente donde se sienta cómodo. Por cierto, la perfección llega con la práctica.

 ## ¡Hay que practicar!

Conteste estas preguntas en voz alta:

What's your name?   **How old are you?**   **Whose book is this?**

LAS RESPUESTAS
The answers
(de ánsers)

Cuando le hagan todas esas **questions** en inglés, Ud. deberá saber como responder. Aquí tiene las formas más comunes:

¿Cómo está?   **How are you?** *(jáo ar iú)*
Estoy...   **I'm...** *(áim)*

     aburrido   **bored** *(bóard)*
     bien   **fine** *(fáin)*
     cansado   **tired** *(táird)*
     enfermo   **sick** *(sic)*
     feliz   **happy** *(jápi)*
     mal   **not well** *(nat uél)*

más o menos	**not bad** (*nat bad*)
preocupado	**worried** (*uérid*)
regular	**OK** (*oquéi*)
triste	**sad** (*sad*)

Ahora, repase las palabras básicas de lugar—y no tenga miedo de señalar con el dedo:

¿Dónde está?	**Where is it?**
Está...	**It's...** (*its*)
a la derecha	**on the right** (*on de ráit*)
a la izquierda	**on the left** (*on de left*)
abajo	**below** (*belóu*)
adentro	**inside** (*insáid*)
afuera	**outside** (*autsáid*)
al lado de	**next to the** (*nekst tu de*)
allá	**way over there** (*uéi over der*)
allí	**there** (*der*)
aquí	**here** (*jíar*)
arriba	**above** (*abóuv*)
cerca	**near** (*níar*)
debajo	**underneath** (*anderníz*)
delante de	**in front of** (*in front of*)
detrás	**behind** (*bijáind*)
encima	**on top** (*on top*)
lejos	**far** (*far*)

Veamos vocabulario referente a palabras sobre tiempos:

¿Cuándo es?	**When is it?** (*uén is it*)
Es...	**It's...** (*its*)
ahora	**now** (*náu*)
antes	**before** (*bifóar*)
ayer	**yesterday** (*iésterdei*)
después	**after** (*áfter*)
en la mañana	**A.M.** (*éi em*) o **in the morning** (*in de mórnin*)
en la noche	**at night** (*at náit*)
en la tarde	**P.M.** (*pi em*) o **in the afternoon** (*in de afternún*) (temprano por la tarde) o **in the evening** (*in de ívnin*) (tarde por la tarde)
entonces	**then** (*den*)
hoy	**today** (*tudéi*)
luego	**later** (*léiter*)
mañana	**tomorrow** (*tumórou*)
nunca	**never** (*néver*)
pronto	**soon** (*sun*)
siempre	**always** (*álueis*)
tarde	**late** (*léit*)
temprano	**early** (*érli*)

¡Hay que practicar! (2)

A. Cambie estas frases al plural:

1. **The house**   <u>**The houses**</u>
2. **the bathroom**   _____
3. **that car**   _____
4. **a friend**   _____
5. **this chair**   _____

B. Traduzca y practique:

1. **Me? My name is Susan.**   _____
2. **Her? Her name is Kathy.**   _____
3. **Us? Our names are Susan and Kathy.** _____

¿QUÉ HORA ES?
What time is it?
(uát táim is it)

Para decir qué hora es, simplemente dé la hora, seguida por los minutos. Por ejemplo, seis y quince es **six-fifteen**. Lea en voz alta estos ejemplos:

Es la, Son las...   **It's...** *(its)*
A las...   **At...** *(at)*

3:40	**three-forty** *(zri fórti)*
	It's three-forty in the afternoon. *(its zri fórti in de afternún)*
10:30	**ten-thirty** *(ten zérti)*
	It's ten-thirty in the morning. *(its ten zérti in de mórnin)*
11:10	**eleven-ten** *(iléven ten)*
	It's eleven-ten at night. *(its iléven ten at náit)*

Para decir la hora exacta, use **o'clock** *(oclác)*.

Es la una.   **It's one o'clock.** *(its uán oclác)*
A las ocho.   **At eight o'clock.** *(at éit oclác)*

¿CUAL ES LA FECHA?
What is the date?
(uát is de déit)

¿Entiende las palabras en el calendario? Repítalas **every day** *(évrí déi)* (todos los días):

Los días de la semana	**Days of the Week** *(déis of de uíc)*
lunes	**Monday** *(mándi)*
martes	**Tuesday** *(túsdi)*
miércoles	**Wednesday** *(uénsdi)*
jueves	**Thursday** *(zérsdi)*
viernes	**Friday** *(fráidi)*
sábado	**Saturday** *(sáterdi)*
domingo	**Sunday** *(sándi)*

What day is today?   **Today is** _____ . *(tudéi is)*

Los meses del año	**Months of the Year** *(mans of de íer)*
enero	**January** *(llánuari)*
febrero	**February** *(fébruari)*
marzo	**March** *(márch)*
abril	**April** *(éipril)*
mayo	**May** *(méi)*
junio	**June** *(llun)*
julio	**July** *(llulái)*
agosto	**August** *(ógast)*
septiembre	**September** *(septémber)*
octubre	**October** *(octóber)*
noviembre	**November** *(novémber)*
diciembre	**December** *(desémber)*

What month is it? *(uát mans is it)* **It's** _____ . *(its)*

Para decir la fecha completa necesitará los números ordinales. Revíselos en la página 13:

El dos de junio.	**June second.** *(llun sécond)*
El primero de octubre.	**October first.** *(octóber ferst)*
El catorce de febrero.	**February fourteenth.** *(fébruari fortínz)*

El año es un poco diferente. Estudie los ejemplos:

1999	**nineteen ninety-nine** *(naintín naitináin)*
2011	**twenty eleven** *(tuénti iléven)*
1776	**seventeen seventy-six** *(seventín séventi siks)*

Información adicional

Aprenda otras frases que expresan la hora y el tiempo:

a mediados de	**in the middle of** *(in de mídel of)*
anoche	**last night** *(last náit)*
anteayer	**the day before yesterday** *(de déi bifór yesterdéi)*
de la tarde	**in the evening** *(in de ívnin)*
el próximo mes	**next month** *(nekst mans)*
en punto	**on the dot** *(on de dat)*
hace una hora	**an hour ago** *(an áur egóu)*
la semana pasada	**last week** *(last uíc)*
medianoche	**midnight** *(mídnait)*
mediodía	**noon** *(nun)*
pasado mañana	**the day after tomorrow** *(de déi áfter tumórou)*
un cuarto para	**a quarter till** *(a cuórter til)*
y media	**half past** *(jaf past)*

¡Hay que practicar!

(3)

A. Conecte estas palabras opuestas:

1. **sick**	never
2. **down**	up
3. **tomorrow**	happy
4. **sad**	behind
5. **always**	today
6. **in front**	fine

B. Llene los espacios en blanco:

January, February, _____ , April, May, _____
Tuesday, Wednesday, _____ , Friday, Saturday, _____

C. Dígalo en inglés:

11:45 P.M.
November 2, 2012
On Monday, at noon.

☞ **Consejos**

¿Como usar las letras mayúsculas—**capital letters** (*cápital léters*) en inglés?

1. Los nombres propios de personas, lugares y cosas siempre se escriben con mayúscula:
   Juan es de Cuba.   **John is from Cuba.** *(llon is from quiúba)*
2. Los días de la semana y los meses del año se escriben siempre con mayúscula:
   lunes y martes   **Monday and Tuesday** *(mándi an tiúsdi)*
3. Las religiones, nacionalidades e idiomas se escriben siempre con mayúscula:
   español, inglés y francés **Spanish, English, and French** *(spánich, ínglich an french)*

¿QUÉ TIEMPO HACE?
How is the weather?
(jáo is de uéder)

Esta es mi estación favorita. **This is my favorite season.** *(dis is mái féivorit síson)*

Es...	**It's...** *(its)*
el invierno	**winter** *(uínter)*
el otoño	**fall** *(fol)*
el verano	**summer** *(sámer)*
la primavera	**spring** *(spring)*

Fíjese que todos sus comentarios del clima empiezan con **It's...***(its)*

Hace...	**It's...** *(its)*
buen tiempo	**nice weather** *(náis uézer)*
calor	**hot** *(jat)*
frío	**cold** *(cold)*
sol	**sunny** *(sáni)*
viento	**windy** *(uíndi)*

Está...	**It's...** *(its)*
despejado	**clear** *(clíar)*
lloviendo	**raining** *(réinin)*
lloviznando	**drizzling** *(drízlin)*
nevando	**snowing** *(snóuin)*
nublado	**cloudy** *(cláudi)*

EJEMPLO
What's the weather like today? *(uáts de uézer láic tudéi)*
It's sunny and clear. This is my favorite season! *(its sáni an clíar. Dis is mái féivorit síson)*

LA HORA, EL CALENDARIO Y EL CLIMA

```
Y  B  H  N  T  E  X  S  U  Y  N  P  D  Z  D
G  A  Y  C  T  O  W  E  Z  R  B  J  B  R  M
V  Q  D  U  R  H  W  P  K  A  G  S  C  K  T
O  S  N  S  O  A  S  T  L  U  W  X  E  H  F
Q  I  U  L  E  Z  M  E  R  N  V  E  U  I  O
M  A  S  N  X  U  N  M  U  A  W  R  E  I  H
X  W  A  E  D  T  T  B  O  J  S  X  G  P  L
K  O  N  I  B  A  O  E  H  D  T  E  Y  B  C
J  I  Z  T  W  I  Y  R  A  M  V  D  B  L  A
F  F  Q  J  N  O  V  Y  S  B  V  Q  O  V  R
R  E  B  M  E  C  E  D  P  J  J  U  C  Z  L
F  J  M  O  N  D  A  Y  R  S  D  J  U  N  E
W  N  F  F  H  Q  R  P  I  Y  H  T  N  O  M
E  Z  Y  D  Q  S  U  S  N  T  C  U  D  W  X
E  Q  B  O  Y  K  T  Q  G  K  D  M  Y  G  O
```

Este cuadro posee las palabras que aparecen a continuación. Las palabras pueden aparecer horizontales, verticales, diagonales y al revés.

CLOUDY	DECEMBER	HOUR
JANUARY	JUNE	MARCH
MINUTE	MONDAY	MONTH
SEPTEMBER	SPRING	SUNDAY
THURSDAY	TUESDAY	WEEK

(Respuestas en la página 261)

LAS PALABRAS **AM** *(AM)*, **IS** *(IS)* Y **ARE** *(AR)*
The words am, is, and are
(de uérds am, is an ar)

Para tener una conversación apropiada, necesitará las palabras **am, is** y **are**. Éstas se derivan del verbo **to be** *(tu bi)*, que en español se traduce a "ser" y "estar".

I am *(ái am)*	Yo soy/Yo estoy	**I am happy.** *(ái am jápi)*
He is *(ji is)*	Él es/Él está	**He is my friend.** *(ji is mái fren)*
She is *(chi is)*	Ella es/Ella está	**She is from Peru.**
		(chi is from perú)
You are *(iú ar)*	Tú eres/Tú estás	**Where are you?** *(uéar ar iú)*
	Ud. es/Ud. está	**Are you Carlos?** *(ar iú cárlos)*
	Uds. son/Uds. están	**You are students.** *(iú ar stúdents)*
They are *(déi ar)*	Ellos son/Ellos están	**They are very big.** *(déi ar véri big)*
We are *(uí ar)*	Nosotros somos/	**We are working.** *(uí ar uérquin)*
	Nosotros estamos	

Use **is** *(is)* cuando se refiera a *it* *(it)* (una cosa o idea). *It + is = It's:*

It is a chair. *(it is a chéar)*	Es una silla.
It's important. *(its impórtant)*	Es importante.
It is five o'clock. *(it is fáiv oclac)*	Son las cinco.

Y para hacer preguntas con **is** o **are**, póngalas al principio de la frase. Por ejemplo:

¿Está trabajando Ud.?   **Are you working?** *(ar iú uérquin)*

Traduzca estas preguntas al español:

Is Richard at work?   _____

Are you OK?   _____

Is it a big house?   _____

¡Hagamos una frase!

A veces, por comodidad, dos palabras se unen en inglés. Mire cómo se juntan los pronombres personales con **is** y **are**:

I am from Mexico. *(ái am from méxico)*	→	**I'm from Mexico.** *(áim from méxico)*
You are correct. *(iú ar corréct)*	→	**You're correct.** *(iúr corréct)*
He is my friend. *(ji is mái fren)*	→	**He's my friend.** *(jis mái fren)*
We are fine. *(uí ar fáin)*	→	**We're fine.** *(uér fáin)*
They are in the office. *(déi ar in de ófis)*	→	**They're in the office.** *(déir in de ófis)*
It is yellow. *(it is iélou)*	→	**It's yellow.** *(its iélou)*

¡Hay que practicar! ④

A. ¡A ver si puede traducir estas frases!

1. **I am a student.** _____
2. **He is Mexican.** _____
3. **You are my friend.** _____
4. **Kathy is in the hospital.** _____
5. **The students are intelligent.** _____
6. **Susan and Carol are ten.** _____
7. **We are very happy.** _____
8. **Are you and John hot?** _____
9. **Is it ten-fifteen?** _____
10. **Is there a problem?** _____

B. Llene los espacios en blanco con **am**, **is**, o **are**:

1. **My friend** _____ **an excellent doctor.**
2. **The boys** _____ **in the car.**
3. **Mary's party** _____ **at 7:30 tonight.**
4. **I** _____ **twenty, and**
5. **he** _____ **thirty.**
6. _____ **you a student?**
7. **Where** _____ **the tables?**

LA PALABRA **NOT**
The word *not*
(de uérd nat)

Ponemos **not** después de **am, is**, y **are** para expresar "no". Mire la posición dentro de la oración:

No soy de Guatemala.   **I am not from Guatemala.**
    (ái am nat from Guatemála)
Ella no está en la casa.   **She is not in the house.** *(chi is nat in de jáus)*
No somos doctores.   **We are not doctors.** *(uí ar nat dóctors)*

Not e **is** pueden juntarse con **is** o **are** tal como ya vimos con los pronombres personales:

Él no está aquí.   **He isn't here.** *(ji ísnt jir)*
Ellos no están enfermos.   **They aren't sick.** *(déi árent sic)*
Mi carro no es verde.   **My car isn't green.** *(mái car isnt grin)*

Información adicional

Aparte de **thank you**, las respuestas en inglés son breves:

Pregunta	Respuesta afirmativa	Respuesta negativa
Are you OK? *(ar iú oquéi)*	**Yes, I am.** *(iés ái am)*	**No, I'm not.** *(nóu ái am nat)*
Is she OK? *(is chi oquéi)*	**Yes, she is.** *(iés chi is)*	**No, she isn't.** *(nóu chi isnt)*
Are they OK? *(ar déi oquéi)*	**Yes, they are.** *(iés déi ar)*	**No, they aren't.** *(nóu déi árent)*

¡Hay que practicar! ⑤

A. ¡Traduzca!

1. **Mr. Smith isn't here.** _____
2. **The books aren't blue.** _____
3. **I'm not from Honduras.** _____
4. **It's not important.** _____
5. **This isn't my soda.** _____

B. Diga que NO con **not**. Complete las frases:

I am from Spain.   <u>I am not from Spain.</u>
1. **Pedro is my brother.** _____
2. **We are in the office.** _____
3. **It is seven o'clock.** _____
4. **They are very tall.** _____

LOS VERBOS
Verbs
(verbs)

No hay caso: aprender requiere memorizar. Así que, ¡vamos memorizando estos infinitivos:

comer	**to eat** *(tu it)*	
correr	**to run** *(tu ran)*	
escribir	**to write** *(tu ráit)*	
manejar	**to drive** *(tu dráiv)*	
trabajar	**to work** *(tu uérc)*	

Mire como los tiempos en una determinada acción repiten la misma palabra clave:

to work	**trabajar**
I can work. (*ái can uérc*)	Puedo trabajar.
Work! (*uérc*)	¡Trabaja!
I'm working. (*ái am uérquin*)	Estoy trabajando.
I worked. (*ái uérct*)	Trabajé.
Joel works. (*chóul uércs*)	Joel trabaja.

En el diccionario al final de este libro encontrará más de cien verbos que le servirán de referencia.

¡Acción!

Ya sabe que muchas palabras en inglés se asemejan a su equivalente en español. Esto ocurre con bastante frecuencia en el mundo de los verbos. Mire y memorice las diferencias:

controlar	**to control** (*tu cantról*)
mover	**to move** (*tu muv*)
plantar	**to plant** (*tu plant*)
referir	**to refer** (*tu rifér*)
visitar	**to visit** (*tu vísit*)

La verdadera comunicación comienza cuando Ud. comienza a usar los verbos. No se pierda éstos:

caminar	**to walk** (*tu uóc*)
dormir	**to sleep** (*tu slip*)
escribir	**to write** (*tu ráit*)
hablar	**to talk** (*tu toc*)
ir	**to go** (*tu góu*)
lavar	**to wash** (*tu uách*)
leer	**to read** (*tu rid*)
limpiar	**to clean** (*tu clin*)

Una forma de memorizar la forma básica de los verbos es mediante órdenes. Mire el patrón:

correr	**to run** (*tu ran*)	¡Corra!	**Run!** (*ran*)
escribir	**to write** (*tu ráit*)	¡Escriba!	**Write!** (*ráit*)
ir	**to go** (*tu góu*)	¡Vaya!	**Go!** (*góu*)
trabajar	**to work** (*tu uérc*)	¡Trabaje!	**Work!** (*uérc*)

Escriba y pronuncie las órdenes:

caminar	**to walk** *(tu uóc)*	¡Camine!	_____
comer	**to eat** *(tu it)*	¡Coma!	_____
limpiar	**to clean** *(tu clin)*	¡Limpie!	_____

Fíjese como, igual que en español, el pronombre personal **you** (singular o plural) puede estar sobreentendido pero sin mencionarse:

| (Uds.) | Lean los libros. | **(You) Read the books.** *(iú rid de bucs)* |
| (Ud.) | Lave el carro. | **(You) Wash the car.** *(iú uách de car)* |

Please (por favor), usado al principio o al final de una oración en forma imperativa, hace la expresión más amable:

Lave el carro, por favor   **Wash the car, please.** *(uách de car plis)*
                                           Please wash the car. *(plis uách de car)*

¡Acción!

Estas cuatro palabras trabajan bien con las órdenes:

Coma <u>esos</u>.	**Eat <u>those</u>.** *(it dóus)*
Lave <u>estos</u>.	**Wash <u>these</u>.** *(uách des)*
Lea <u>eso</u>.	**Read <u>that</u>.** *(rid dat)*
Limpie <u>esto</u>.	**Clean <u>this</u>.** *(clin dis)*

¡Hagamos una frase!

El presente progresivo

Muchos principiantes han tenido éxito con el tiempo presente progresivo porque éste es fácil de construir y es muy práctico, pues se refiere a lo que está pasando en este momento. El presente progresivo es similar a los verbos con las terminaciones *-ando* y *-iendo* en español:

eat *(it)*	comer	**eating** *(ítin)*	comiendo
work *(uérc)*	trabajar	**working** *(uérquin)*	trabajando
learn *(lern)*	aprender	**learning** *(lérnin)*	aprendiendo

Para hacer oraciones completas, empecemos con **am, is,** y **are**:

I am eating. *(ái am ítin)*   Yo estoy comiendo.
She is working. *(chi is uérquin)*   Ella está trabajando.
We are learning. *(uí ar lérnin)*   Nosotros estamos aprendiendo.

A veces deberá cambiar las últimas letras antes de agregar la terminación **-ing**:

run *(ran)*   **I'm running.** *(áim ránin)*
write *(ráit)*   **He's writing.** *(jis ráitin)*

¡Hay que practicar!   ⑥

Ahora estudie este ejemplo. ¿Puede traducirlo?

Francisco is driving and Jaime is looking at a map. The two friends are returning from their vacations in Florida. *(fransísco is dráivin an jáime is lúquin at a map. De tu frens ar ritérnin from déar vaquéichens in flórida)*

_____

_____

Mire y aprenda esta lista de verbos. Luego haga frases completas con el vocabulario que ha aprendido.

dar	**to give** *(tu giv)*	<u>I'm giving the money to you.</u>
llegar	**to arrive** *(tu arráiv)*	<u>We're arriving at nine.</u>
abrir	**to open** *(tu ópen)*	<u>She's opening the door.</u>
aprender	**to learn** *(tu lern)*	_____
beber	**to drink** *(tu drinc)*	_____
cerrar	**to close** *(tu clóus)*	_____
cocinar	**to cook** *(tu cuc)*	_____
comprar	**to buy** *(tu bái)*	_____
contestar	**to answer** *(tu ánser)*	_____
decir	**to say, to tell** *(tu séi tu tel)*	_____
empezar	**to begin, to start** *(tu beguín tu start)*	_____
entender	**to understand** *(tu anderstán)*	_____
escuchar	**to listen** *(tu lísen)*	_____
estudiar	**to study** *(tu stádi)*	_____
jugar	**to play** *(tu pléi)*	_____
llamar	**to call** *(tu col)*	_____
llevar	**to carry** *(tu quéri)*	_____
mirar	**to look, to watch** *(tu luc, tu uách)*	_____
pagar	**to pay** *(tu péi)*	_____
parar	**to stop** *(tu stap)*	_____
pasar	**to happen** *(tu jápen)*	_____
poner	**to put** *(tu put)*	_____

preguntar	**to ask** *(tu asc)*	_____
recibir	**to receive, to get** *(tu risív, tu get)*	_____
salir	**to leave** *(tu liv)*	_____
terminar	**to end, to finish** *(tu end, tu fínich)*	_____
tomar	**to take** *(tu téic)*	_____
trabajar	**to work** *(tu uérc)*	_____
usar	**to use** *(tu iús)*	_____
vender	**to sell** *(tu sel)*	_____
venir	**to come** *(tu cam)*	_____
ver	**to see** *(tu si)*	_____
vivir	**to live** *(tu liv)*	_____
volver	**to return** *(tu ritérn)*	_____

¡Hagamos una frase!

Estudie y practique la manera más sencilla para crear sus propias frases en inglés. Estos son tres verbos corrientes:

necesitar	**need** *(nid)*	**Do you need** _____? *(du iú nid)*
	¿Necesita ir?	**Do you need to go?** *(du iú nid to góu)*
querer	**want** *(uánt)*	**Do you want** _____? *(du iú uánt)*
	¿Quiere comer?	**Do you want to eat?** *(du iú uánt tu it)*
tener que	**have to** *(jaf tu)*	**Do you have to** _____? *(du iú jaf tu)*
	¿Tiene que salir?	**Do you have to leave?** *(du iú jaf tu liv)*

¡Hay que practicar! ⑦

A. Traduzca cada frase:

1. **Clean the table.** _____
2. **Work there.** _____
3. **Speak English.** _____

B. Complete las oraciones y hágalas más amables añadiendo **please**.

1. **Clean the** _____ . _____
2. **Work** _____ . _____
3. **Speak** _____ . _____

C. Cambie el verbo al presente progresivo:

1. **We go to his office.**   <u>**We are going to his office.**</u>
2. **They work a lot.** _____
3. **I study English.** _____
4. **We eat good food.** _____
5. **I talk to the supervisor.** _____

Consejos

Cualquier palabra de vocabulario puede aprenderse más rápidamente si se practica junto con órdenes. Por ejemplo, para aprender los nombres de muebles, haga que una persona le ordene tocar, mirar, o señalar objetos que hay alrededor de la casa. Por ejemplo:

Toque...	**Touch** (tach)	**Touch the table.** (tach de téibol)
Mire...	**Look** (luc)	**Look at the door.** (luc at de dóar)
Señale...	**Point to** (póint tu)	**Point to the chair.** (póint tu de chéar)

LAS COSAS DIARIAS

```
P  C  C  S  T  D  E  H  S  U  W  L  A  A  M
Q  V  L  F  T  R  V  H  Z  I  A  T  J  O  B
Z  U  O  D  R  H  U  U  Q  X  T  T  O  I  N
T  O  T  W  K  F  G  C  X  I  E  R  P  M  L
M  B  H  Z  F  T  Y  C  K  D  R  D  L  P  E
P  M  I  C  L  E  O  Z  E  R  E  U  E  G  B
L  O  N  I  N  M  X  S  Y  I  B  B  H  H  G
B  I  G  O  P  R  K  R  J  A  H  S  E  L  N
L  Q  M  U  S  A  M  G  V  H  D  A  X  E  G
L  I  T  Y  N  A  P  M  O  C  W  V  U  M  X
J  E  C  Q  W  B  I  O  T  V  D  R  O  O  D
R  G  T  N  T  H  J  X  D  A  B  O  K  Z  P
J  V  B  U  E  R  L  Q  Y  V  L  O  O  M  G
Z  T  W  Q  P  P  T  L  P  C  Q  Y  Q  F  G
P  A  P  E  R  G  C  R  G  L  G  E  Z  V  S
```

CHAIR	CLOTHING	COMPANY
COMPUTER	DESK	DOOR
FOOD	HELP	JOB
MONEY	PAPER	PENCIL
ROOM	TRUCK	WATER

(Respuestas en la página 262.)

Los empleados
The Employees
(de emploís)

LA ENTREVISTA DE TRABAJO
The job interview
(de chab interviú)

Antes que comience la entrevista de trabajo, tome asiento y repase lo que aprendió en el capítulo anterior. Aquí tiene algunos saludos y frases amigables:

Empresario:	**Good morning. How are you doing today?**
	(gud mórnin jáo ar iú dúin tudéi)
Solicitante:	**Fine, thanks, and you?** *(fáin zéncs, an iú)*
Empresario:	**Not bad. Please take a seat. I'm Bob Wilson, one of the managers.**
	(nat bad plis téic a sit áim bob uílson uán of de mánachers)
	Your name is Juan Carlos García, correct?
	(iór néim is juán cárlos garsía corréct)
Solicitante:	**No, sir. My name is Juan Carlos Gonzales.**
	(nóu ser mái néim is juán cárlos gonsáles)
Empresario:	**Oh, I'm sorry. Juan Carlos Gonzales. Nice to meet you, Juan.**
	(o áim sóri juán cárlos gonsáles náis tu mit iú)
Solicitante:	**Nice to meet you, too.** *(náis tu mit iú tu)*

Las siguientes palabras de inglés le ayudarán inmediatamente:

la solicitud de trabajo **job application** *(chab apliquéichen)*
Necesito la solicitud de trabajo.
I need the job application. *(ái nid de chab apliquéichen)*

la entrevista de trabajo **job interview** *(chab interviú)*
Estoy aquí para la entrevista de trabajo.
I'm here for the job interview. *(áim jir for de chab interviú)*

la cita **appointment** *(apóintmen)*
Tengo una cita.
I have an appointment. *(ái jaf an apóintmen)*

¿Se acuerda de estas frases? Traduzca:

I don't speak English very well. _____

I need an interpreter. _____

Thanks for your patience. _____

☞ **Consejos**

> Las primeras impresiones en la entrevista de trabajo son de gran importancia. Muchos empresarios consideran que son capaces de decidir sobre la valía de un candidato al observar su forma de dar la mano y sentarse. Por eso, salude al entrevistador de manera convencional, sonriendo, dándole un apretón de manos y mirándole a los ojos. No se siente hasta que le ofrezcan asiento y siempre siéntese derecho.

Debe comenzar la entrevista con todos sus papeles en orden. Así que, elija los documentos que necesite de este grupo y haga sus propias frases siguiendo los ejemplos iniciales.

Tiene...?   **Do you have the...?** *(du iú jaf de)*

tarjeta   **card** *(card)*   **Do you have the card?**
(du iú jaf de card)
Yes, I do. *(iés ái du)*

certificado   **certificate** *(sertífiqueit)*   **Do you have the certificate?**
(du iú jaf de sertífiqueit)
No, I don't. *(nóu ái dont)*

carta   **letter** *(léter)*   _____

contrato   **contract** *(cóntract)*   _____

correo electrónico   **e-mail** *(ímeil)*   _____

currículum   **résumé** *(résume)*   _____

diploma   **diploma** *(diplóma)*   _____

formulario   **form** *(form)*   _____

foto   **photo** *(fóto)*   _____

horario   **schedule** *(squéchul)*   _____

identificación   **identification**
(aidentifiquéichen)   _____

licencia de chofer   **driver's license**
(dráivers láisens)   _____

pasaporte   **passport** *(pásport)*   _____

EJEMPLO
Do you have the resume? *(du iú jaf de résume)*
Yes, I do! It's on the table. *(iés ái du its on de téibol)*
Thanks a lot. *(zenks a lat)*

Cuando le pidan información personal, recuerde que la mayoría de las siguientes palabras se encuentran en la solicitud escrita. Hemos puesto el inglés primero porque el entrevistador comienza la conversación:

Give me your... *(guiv mi iór)*   Déme su...
What is your...? *(uát is iór)*   ¿Cuál es su...?
I need your... *(ái nid iór)*   Necesito su...

    address *(ádres)*   dirección
    area code *(érea cóud)*   código telefónico
    cell phone number   número del teléfono celular
    (sel fóun námber)
    date of birth *(déit of berz)*   fecha de nacimiento
    first name *(férst néim)*   primer nombre
    full name *(ful néim)*   nombre completo
    last name *(last néim)*   apellido
    last place of employment   último lugar de empleo
    (last pléis of emplóiment)
    license number *(láisens námber)*   número de licencia
    maiden name *(méiden néim)*   nombre de soltera
    place of birth *(pléis of berz)*   lugar de nacimiento
    social security number   número de seguro social
    (sóuchal sequiúriti námber)
    zip code *(zip cóud)*   zona postal

Write your... *(ráit iór)*   Escriba su...

    e-mail address *(ímeil ádres)*   correo electrónico
    signature *(sígnacher)*   firma
    telephone *(télefon)*   teléfono

A ver si puede entender la siguiente conversación:

Give me your place of birth. *(giv mi iór pléis of berz)*
Mexico. *(mécsico)*
What is your full name? *(uát is iór ful néim)*
Juan Roberto Ochoa Cárdenas. *(juán robérto ochóa cárdenas)*
I need your area code. *(ái nid iór érea cóud)*
Seven-one-three. *(séven uán zri)*

Información adicional

Durante cualquier entrevista, escuchará una variedad de palabras descriptivas.
Siga los ejemplos y anote cómo las puede usar:

Es...	It's... *(its)*	
válido	**valid** *(valid)*	**The license is not valid.** *(de láisens is nat valid)*
actual	**current** *(quérent)*	**It's the current address.** *(its de quérent ádres)*
vencido	**expired** *(ekspáiert)*	**The permit is expired.** *(de permit is ekspáiert)*
verificado	**verified** *(vérifait)*	_____
correcto	**correct** *(corréct)*	_____
aprobado	**approved** *(aprúvt)*	_____
legal	**legal** *(lígal)*	_____
firmado	**signed** *(sáint)*	_____

LA ENTREVISTA CONTINÚA
The interview continues
(de interviú cantínius)

Necesitará más inglés para contestar estas preguntas.

What's your...? *(uáts iór)* ¿Cuál es su...?

marital status *(mérital státus)* estado civil
  married *(mérrid)* casado: **I'm married.** *(áim mérrid)*
  single *(síngol)* soltero
sex *(seks)* sexo
  male *(méil)* masculino: **I'm a male.** *(áim a méil)*
  female *(fiméil)* femenino: **I'm a female.** *(áim a fiméil)*
height *(jáit)* altura: **I'm 5 feet 6 inches tall.**
      (áim fáif fit siks ínchis tol)
  feet *(fit)* pies
  inches *(ínchis)* pulgadas
weight *(uéit)* peso **I weigh 170 pounds.**
      (ái uéi uán jándred séventi páunds)
  pounds *(páunds)* libras

Cuando deba consultar un mapa, estas palabras serán vitales:

What's the name of the...? ¿Cuál es el nombre de el/la...?
(uát is de néim of de)

  city *(síti)* ciudad
  country *(cántri)* país

county *(cáunti)*	condado
state *(stéit)*	estado
town *(táun)*	pueblo

Escriba su respuesta en inglés:

What's the name of the city, state, and county where you live?
(uát is de néim of de síti stéit an cáunti uér iú liv)

_____

¡Hagamos una frase!

Aquí tiene un paso sencillo para contestar preguntas en inglés. Escuche los verbos auxiliares que aparecen al comienzo de las preguntas y verá que puede usarlos para responder.

<u>Do</u> you have a car? *(du iú jav a car)*
Yes, I <u>do</u>. *(iés ái du)*   **No, I <u>don't</u>.** *(nóu ái dont)*

<u>Are</u> there any questions? *(ar der éni quéschens)*
Yes, there <u>are</u>. *(iés der ar)*   **No, there <u>aren't</u>.** *(nóu der árent)*

<u>Have</u> you studied English? *(jaf iú stádid ínglich)*
Yes, I <u>have</u>. *(iés ái jaf)*   **No, I <u>haven't</u>.** *(nóu ái jávent)*

<u>Can</u> you drive? *(can iú dráiv)*
Yes, I <u>can</u>. *(iés ái can)*   **No, I <u>can't</u>.** *(nóu ái cant)*

<u>Does</u> he work? *(das ji uérc)*
Yes, he <u>does</u>. *(iés ji das)*   **No, he <u>doesn't</u>.** *(nóu ji dásent)*

MÁS PREGUNTAS PERSONALES
More personal questions
(móar pérsonal quéschens)

Aunque legalmente no le pueden hacer muchas preguntas personales, es importante que tenga las respuestas referentes a su estado migratorio a mano. Cuando le pregunten algo empezando con **Are you...?** *(ar iú)*, **Do you know...?** *(du iú nóu)*, o **Do you have...?** *(du iú jaf)*, simplemente conteste con **yes** *(iés)* o **no** *(nóu)*:

Are you a U.S. citizen? *(ar iú a iú es cítizen)*
¿Es usted ciudadano de Estados Unidos?
Yes, (I am). *(iés ái am)*   **No, (I am not).** *(nóu ái am nat)*

Do you know your resident card number? *(du iú nóu iór résident card námber)*
¿Sabe usted su número de tarjeta de residencia?
Yes, (I do). *(iés ái du)*   **No, (I don't).** *(nóu ái dont)*

Do you have a green card? *(du iú jaf a grin card)*
¿Tiene usted una tarjeta verde?
Yes, (I do). *(iés ái du)*   **No, (I don't).** *(nóu ái dont)*

Are you a naturalized citizen? *(ar iú a nachuraláizd sítisen)*
¿Es usted un ciudadano naturalizado?
Yes, (I am). *(iés ái am)*   **No, (I'm not).** *(nóu áim nat)*

Do you have a work permit? *(du iú jaf a uérc pérmit)*
¿Tiene usted permiso de trabajo?
Yes, (I do). *(iés ái du)*   **No, (I don't).** *(nóu ái dont)*

Consejos

Si el entrevistador permanece callado por largos períodos de tiempo, puede ser que lo haga para conocer su reacción ante una situación tensa. Si se opone a lo que usted dice de modo enfático y muestra cierto enojo, quizás desee saber su reacción ante una situación conflictiva. Por el contrario, si se presenta amigable y muestra total acuerdo puede ser que lo haga para que usted se confíe y se muestre tal como es.

¡Hay que practicar!

A. Lea y conteste cada pregunta en inglés (en voz alta):

1. **What's your marital status?**
2. **Do you have a work permit?**
3. **What is your zip code?**
4. **Is your driver's license valid?**
5. **What is your full name?**
6. **Write your age:** _____
7. **Do you have a passport?**
8. **Can you drive?**

¿CUÁL ES SU PROFESIÓN?
What's your occupation?
(uáts iór aquiupéichen)

Busque su profesión en la lista de abajo y escriba una frase completa, afirmativa o negativa, en la línea a la derecha.

EJEMPLO
Are you a bus driver? *(ar iú a bas dráiver)*
Yes, I'm a bus driver. *(iés áim a bas dráiver)*
No, I'm a doctor. *(nóu áim a dóctor)*

camionero	**truck driver** *(trac dráiver)*	_____
cantinero	**bartender** *(barténder)*	_____
carnicero	**butcher** *(bútcher)*	_____
carpintero	**carpenter** *(cárpenter)*	_____
chofer	**driver** *(dráiver)*	_____
cocinero	**cook** *(cuc)*	_____
comerciante	**merchant** *(mérchant)*	_____
conserje	**janitor** *(chánitor)*	_____
criado	**housekeeper** *(jausquíper)*	_____
dependiente	**clerk** *(clerc)*	_____
florista	**florist** *(flórist)*	_____
guardia	**guard** *(gard)*	_____
guía	**guide** *(gáid)*	_____
jardinero	**gardener** *(gárdener)*	_____

> **Nota:** Sepa que **a** se usa para "un" o "una" seguido por una consonante (**a car**) mientras que **an** se usa para "un" o "una" seguido por una vocal (**an apple**).

Ahora pregunte usted:

¿Necesita...?	**Do you need a/an...?** *(du iú nid a/an)*	
¿Está contratando...?	**Are you hiring a/an...?** *(ar iú jáirin a/an)*	
¿Hay trabajo para...?	**Is there work for a/an...?** *(is der uérc for a/an)*	

ayudante de camarero	**busboy** *(básboi)*	Do you need a busboy?
cajero	**cashier** *(cachíer)*	Are you hiring a cashier?
lavaplatos	**dishwasher** *(dichuácher)*	_____
mecánico	**mechanic** *(mecánic)*	_____
mesero	**waiter** *(uéiter)*	_____
modisto	**dressmaker** *(dresméiquer)*	_____
niñero	**babysitter** *(beibisíter)*	_____
operario de máquina	**machinist** *(machínist)*	

panadero	**baker** *(béiquer)*	_____
peluquero	**hairdresser** *(jerdréser)*	_____
pintor	**painter** *(péinter)*	_____
plomero	**plumber** *(plámer)*	_____
secretario	**secretary** *(sécretari)*	_____
técnico	**technician** *(tecníchen)*	_____
vendedor	**salesperson** *(séilsperson)*	_____

Aquí tenemos más carreras tradicionales. ¿Está leyendo el inglés en voz alta?

¿Ha trabajado como...? **Have you worked as a/an...?** *(jaf iú uérct as a/an)*
He trabajado como... **I've worked as a/an...** *(áif uérct as a/an)*

contador	**accountant** *(acáuntant)*	**Have you worked as an accountant? Yes, I have.**
abogado	**lawyer** *(lóier)*	_____
arquitecto	**architect** *(árquitect)*	_____
banquero	**banker** *(bánquer)*	_____
bibliotecario	**librarian** *(laibrérian)*	_____
bombero	**firefighter** *(fairfáiter)*	_____
cartero	**mail carrier** *(méil cárrier)*	_____
dentista	**dentist** *(déntist)*	_____
granjero	**farmer** *(fármer)*	_____
ingeniero	**engineer** *(enchiníar)*	_____
médico	**doctor** *(dóctor)*	_____

¿Está aplicando para un trabajo de...?
Are you applying for a job as a/an...? *(ar iú apláin for a chab as a/an)*
Estoy aplicando para un trabajo de...
I'm applying for a job as a/an... *(áim apláin for a chab as a/an)*

músico	**musician** *(miusíchen)*	**Are you applying for a job as a musician? No, I'm not. I'm a nurse.**
enfermera	**nurse** *(ners)*	_____
contratista	**contractor** *(contráctor)*	_____
escritor	**writer** *(ráiter)*	_____
maestro	**teacher** *(tícher)*	_____
piloto	**pilot** *(páilot)*	_____
policía	**police officer** *(polís óficer)*	_____
sastre	**tailor** *(téilor)*	_____

Otra manera de preguntar es diciendo...

| ¿Ha sido...? | **Have you been a/an...?** *(jaf iú bin a/an)* |
| He sido... | **I've been a/an...** *(áif bin a/an)* |

ingeniero mecánico	**mechanical engineer** *(mecánical enchiníar)*
subcontratista	**subcontractor** *(sabcontráctor)*
obrero automotriz	**auto worker** *(óto uérquer)*

| ¿Ha trabajado en...? | **Have you worked in...?** *(jaf iú uérct in)* |
| He trabajado en... | **I've worked in...** *(áif uérct in)* |

construcción de casas	**home construction** *(jóum canstrákchen)*
cuidado de niños	**childcare** *(cháilquer)*
fabricación	**manufacturing** *(manufákchurin)*
reparación de autos	**auto repair** *(óto ripér)*
ventas al detalle	**retail sales** *(ritéil séils)*

EJEMPLO
Are you applying for a job as a painter? *(ar iú apláin for a chab as a péinter)*
Yes, I am. *(iés ái am)*
Have you worked in construction? *(jaf iú uérct in constrákchen)*
Yes, I have worked in home construction for five years.
(iés ái jaf uérct in jóum constrákchen for fáif íers)

Y no olvide los puestos administrativos:

| ¿Era usted el/la...? | **Were you the...?** *(uér iú de)* |
| Yo era el/la... | **I was the...** *(ái uás de)* |

dueño	**owner** *(óuner)*	<u>**Were you the owner?** *(uér iú de óuner)*</u> **No, I wasn't. I was a supervisor.** *(nóu ái uásnt ái uás a superváisor)*
supervisor	**supervisor** *(superváiser)*	_____
administrador	**administrator** *(administréiter)*	_____
coordinador	**coordinator** *(cordinéiter)*	_____
director	**director** *(dairéctor)*	_____
empresario	**employer** *(emplóier)*	_____
encargado	**person in charge** *(pérson in chárch)*	_____
gerente	**manager** *(mánacher)*	_____
jefe	**boss** *(bos)*	_____
presidente	**president** *(président)*	_____
vicepresidente	**vice president** *(vais président)*	_____

Información adicional

A veces es un poco difícil explicar precisamente lo que uno ha hecho:

¿Trabajó como un...? **Did you work as a/an...?** *(did iú uérc as a/an)*
Era como un... **I was kind of a/an...** *(ái uás cáind of a/an)*

obrero	**laborer** *(léiborer)*	**Did you work as a laborer?**
		Yes, I did. I was kind of an assistant.
asistente	**assistant** *(asístent)*	_____
ayudante	**helper** *(jélper)*	_____
empleado	**employee** *(empluaí)*	_____
especialista	**specialist** *(spéchialist)*	

¡Hay que practicar!

(8)

Traduzca lo que está diciendo el solicitante aquí:

Do you need a good employee? I've worked as a carpenter in home construction, and I have been a subcontractor. I was kind of a specialist, and I was also the person in charge.

_____
_____
_____

Consejos

En aquellos momentos de silencio forzado cuando usted está tratando de recordar palabras y formas de responder, puede ganar un poco de tiempo si intercala palabras vagas que no dicen mucho:

pues . . .	**Well...** *(uél)*		así que . . .	**So...** *(so)*
bueno . . .	**OK....** *(oquéi)*		a ver . . .	**Let's see...** *(lets si)*
este . . .	**Oh...** *(oh)*		o sea . . .	**In other words...** *(in áder uérds)*

Los norteamericanos recurren muy a menudo a este truco. Note que la mayoría de las veces comienzan con "Well..."

HÁBLEME DE SU PERSONA
Tell me about yourself
(tel mi abáut iursélf)

Tendrá que compartir un poco más de su vida privada para que le conozcan mejor.

¿Está o Es...?	**Are you...?** *(ar iú)*
Estoy o Soy...	**I'm...** *(áim)*

casado/a	**married** *(mérrid)*
divorciado/a	**divorced** *(divórst)*
separado/a	**separated** *(sépareited)*
soltero/a	**single** *(síngol)*
viudo/a	**widowed** *(uídoud)*

EJEMPLO
Are you married? *(ar iú mérrid)*
No, I'm not. I'm divorced and single. *(nóu áim nat áim divórst an síngol)*

¿ Es...?	**Are you...?** *(ar iú)*
Soy...	**I'm...** *(áim)*

de Cuba	**from Cuba** *(from quiúba)*
cubano/a	**Cuban** *(quiúban)*
de México	**from Mexico** *(from méksico)*
mexicano/a	**Mexican** *(méksican)*
de Puerto Rico	**from Puerto Rico** *(from puérto ríco)*
puertorriqueño/a	**Puerto Rican** *(puérto rícan)*
de Sudamérica	**from South America** *(from sáuz américa)*
sudamericano	**South American** *(sáuz américan)*

EJEMPLO
And where are you from? Are you Mexican? *(an uéar ar iú from ar iú méksican)*
No, I'm not. I'm from Peru. I'm South American.
(nóu áim nat áim from perú áim sáuz américan)

No olvide mencionar sus habilidades y sus mejores características personales:

¿Es usted una persona _____ ?	**Are you a/an _____ person?** *(ar iú a an _____ pérson)*	
Soy una persona _____ .	**I'm a/an _____ person.** *(áim a/an _____ person)*	
capaz	**competent** *(cámpetent)*	<u>**Are you a competent person?**</u> <u>*(ar iú a cámpetent pérson)*</u> <u>**Yes, I am. I'm very competent.**</u> <u>*(iés ái am áim véri cámpetent)*</u>
amistosa	**friendly** *(frénli)*	_____
calificada	**qualified** *(cuálifaid)*	_____

cumplidora	**dependable** *(depéndabol)*	_____
disponible	**available** *(avéilabol)*	_____
entrenada	**trained** *(tréind)*	_____
especializada	**skilled** *(squílt)*	_____
inteligente	**intelligent** *(intélichent)*	_____
interesada	**interested** *(ínterested)*	_____
paciente	**patient** *(péichent)*	_____
puntual	**punctual** *(pánchual)*	_____
quieta	**quiet** *(cuáiet)*	_____
segura	**self-assured** *(self achúrd)*	_____
seria	**serious** *(sírias)*	_____
simpática	**likeable** *(láicabol)*	_____
trabajadora	**hard-working** *(jar uérquin)*	_____

EJEMPLO
Tell me about yourself. *(tel mi abáut iorsélf)*
I'm dependable and very hard-working. *(áim depéndabol an véri jar uérquin)*
I'm also likeable and very friendly. *(áim ólso láicabol an véri frénli)*

EL EXAMEN FÍSICO
The physical exam
(de físical exam)

El proceso de contratar a alguien podría incluir un examen físico. Generalmente las preguntas son cortas y pueden ser contestadas con **yes** o **no**. Recuerde que normalmente hay dos o tres maneras de decir la misma cosa. Mire los ejemplos:

¿Está Ud. con buena salud? **Are you in good health?** *(ar iú in gud jelz)* o
Are you healthy? *(ar iú jélzi)* o **Is your health OK?** *(is iór jelz oquéi)*

¿Tiene algún problema médico? **Do you have any medical problems?** *(du iú jaf éni médical práblems)* o **Are there any medical problems?** *(ar der éni médical práblems)*

¿Está tomando medicamentos? **Are you taking any medication?** *(ar iú téiquin éni mediquéichen)* o **Do you take medication?** *(du iú téic mediquéichen)*

Siga practicando con estas preguntas y respuestas:

¿Está embarazada?
Are you pregnant? *(ar iú prégnant)*
No, I'm not. *(nóu áim nat)*

¿La han operado alguna vez?
Have you had any surgeries? *(jaf iú jad éni sércheris)*
No, never. *(nóu néver)*

¿Está en buen estado físico?
Are you in good physical condition? *(ar iú in gud físical candíchon)*
Yes, I feel great. *(iés ái fil gréit)*

Estas frases le ayudarán también. Léalas en voz alta:

Me siento bien.	**I feel fine.** *(ái fil fáin)*
Estoy con muy buena salud.	**I'm in good health.** *(áim in gud jelz)*
Estoy en buen estado físico.	**I'm in good shape.** *(áim in gud chéip)*

Ahora mencionaremos problemas específicos. Continúe con las respuestas de **yes** y **no**:

¿Sufre de...?	**Do you suffer from...?** *(du iú sáfer from)*
¿Tiene Ud....?	**Do you have...?** *(du iú jaf)*

alérgias	**allergies** *(álerchis)*	**Do you suffer from allergies?** *(du iú sáfer from álerchis)* **No, I don't.** *(nóu ái dont)*
alguna enfermedad	**an illness** *(an ílnes)*	_____
desmayos	**fainting spells** *(féintin spels)*	_____
dolores fuertes	**severe pain** *(sevíar péin)*	_____
una incapacidad física	**a physical disability** *(a físical disabíliti)*	_____

¿Ha tenido...?	**Have you had...?** *(jaf iú jad)*	
varicela	**chicken pox** *(chíquen poks)*	_____
sarampión	**measles** *(mísels)*	_____
paperas	**mumps** *(mamps)*	_____

☞ Consejos

Para cualquier entrevista, es importante que se sienta cómodo con la ropa que lleva. Elija su vestuario un día antes y asegúrese de que éste esté conforme con los reglamentos de la empresa. No se presente a una entrevista con ropa manchada o arrugada. Tampoco use pantalones de mezclilla, camisetas sin mangas ni sandalias. Una visita a la peluquería un día antes no vendría mal.

LAS PARTES DEL CUERPO
Parts of the body
(parts of de bádi)

Si tiene problemas médicos necesitará dar una explicación en inglés. Cuando se le pregunte "¿Tiene usted problemas con...?" (**Do you have problems with...** [*du iú jaf próblems uíd*]) aproveche las siguientes frases acompañadas de la lista de vocabulario.

Tengo problemas con...   **I have trouble with my...** *(ái jaf trábol uíd mái)*
No tengo problemas con...   **I don't have trouble with my...**
                            (ái dont jaf trábol uíd mái)

brazo	**arm** *(arm)*	_____
cabeza	**head** *(jed)*	_____
cadera	**hip** *(jip)*	_____
codo	**elbow** *(élbou)*	_____
corazón	**heart** *(jart)*	_____
cuello	**neck** *(nec)*	_____
dedo	**finger** *(fínguer)*	_____
espalda	**back** *(bac)*	_____
estómago	**stomach** *(stómac)*	_____
hígado	**liver** *(líver)*	_____
hombro	**shoulder** *(chólder)*	_____
mano	**hand** *(jand)*	_____
muñeca	**wrist** *(rist)*	_____
nariz	**nose** *(nóus)*	_____
oído	**ear** *(íar)*	_____
ojo	**eye** *(ái)*	_____
pecho	**chest** *(chest)*	_____
piel	**skin** *(squin)*	_____
pulmones	**lungs** *(langs)*	_____
riñones	**kidneys** *(quídnis)*	_____
rodilla	**knee** *(ni)*	_____
tobillo	**ankle** *(áncol)*	_____

EJEMPLO
Do you have problems with your back? *(du iú jaf próblems uíd iór bac)*
Yes, I do. I have problems with my neck, too. *(iés ái du ái jaf práblems uíd mái nec tu)*

Cuidado: Estas palabras son diferentes en el singular y el plural:

pie	**foot** *(fut)*	diente	**tooth** *(tuz)*
pies	**feet** *(fit)*	dientes	**teeth** *(tiz)*

EJEMPLO
Are your feet OK? *(ar iór fit oquéi)*
Yes, they are. *(iés déi ar)*

Para practicar su nuevo idioma, toque las partes del cuerpo mencionadas mientras lee el inglés en voz alta.

Esta/esto es mi...	**This is my...** *(dis is mái)*
boca	**mouth** *(máuz)*
cara	**face** *(féis)*
dedo de pie	**toe** *(tóu)*
lengua	**tongue** *(tong)*
pelo	**hair** *(jéar)*

¡Hay que practicar!

A. Responda en inglés y lea en voz alta estas preguntas:

Are you in good health? *(ar iú in gud jélz)* _____

Do you have allergies? *(du iú jaf álerchis)* _____

Do you have problems with your back?
(du iú jaf práblems uíd iór bac) _____

B. Escriba cinco partes del cuerpo en inglés:

_____ _____ _____ _____ _____

Información adicional

Aprenda los nombres de pruebas que algunas empresas requieren:

¿Ha tenido...?	**Have you ever had a/an...?** *(jaf iú éver had a/an)*
He tenido...	**I've had a/an...** *(áif jad a/an)*
prueba de aliento	**breath test** *(brez test)*
prueba de drogas	**drug test** *(drag test)*
prueba de la visión	**eye exam** *(ái exam)*
prueba de tuberculosis	**TB test** *(tibí test)*
prueba del polígrafo	**polygraph test** *(póligraf test)*
prueba del SIDA	**AIDS test** *(éids test)*
verificación de antecedentes penales	**background check** *(bágraun test)*

EJEMPLO
Have you had an eye exam? *(jaf iú had an ái exam)*
Yes, I have. *(iés ái jaf)*
When? *(uén)*
In November. *(in novémber)*

Consejos

Cuando lo crea oportuno, intervenga en la entrevista con preguntas o comentarios breves en inglés. Creará una situación más cómoda, impresionará al entrevistador con su conocimiento del idioma y evitará que la entrevista parezca un monólogo. Hable lo suficientemente alto como para que le entiendan. Por poco inglés que sepa, asegúrese de saberlo bien.

¿TIENE ALGUNA PREGUNTA?
Do you have a question?
(du iú jaf a quéschen)

Después de llenar la solicitud de empleo, tendrá la oportunidad de preguntar acerca del trabajo. Use estas palabras para formar sus propias frases:

No entiendo todo.
I don't understand everything. *(ái dont anderstán évrizin)*

Estoy un poco confundido.
I'm a little confused. *(áim a lítel canfiúst)*

Quisiera confirmar algo.
I'd like to confirm something. *(áid láic tu canférm sámzin)*

Tengo algunas preguntas.
I have a few questions. *(ái jaf a fiú quéschens)*

¿Dijo usted que...?
Did you say that...? *(did iú séi dat)*

Muchas preguntas en una entrevista de trabajo tienen que ver con dinero. Éste es el vocabulario necesario:

cada	**each** o **every** *(ich évrí)*
centavos	**cents** *(sents)*
día	**day** *(déi)*
dólares	**dollars** *(dálars)*
hora	**hour** *(áuer)*
mes	**month** *(manz)*
por	**per** *(per)*
semana	**week** *(uíc)*
sueldo	**salary** *(sálari)*

EJEMPLO
$10.50/hr. **ten dollars and fifty cents per hour** *(ten dálars an fífti sents per áuer)*
40 hr./wk. **forty hours per week** *(fórti áurs per uíc)*

Continúe:

¿Sabe cuánto pagamos por ...?
Do you know how much we pay for...? (du iú nóu jáo mach uí péi for)
¿Cuánto pagan Uds. por....?
How much do you pay for...? (jáo mach du iú péi for)

el trabajo	**the job** (de chab)
el turno de trabajo de día	**the day shift** (de déi chift)
el turno de trabajo de la tarde	**the swing shift** (de swin chift)
el turno de trabajo de noche	**the night shift** (de náit chift)
horas extra	**overtime** (overtáim)
medio tiempo	**part-time** (par táim)
tiempo completo	**full-time** (ful táim)

¿Hay...?   **Are there...?** (ar der)
Hay...   **There are...** (der ar)

deducción de impuestos **tax deductions** (taks didákchens)

> **Are there tax deductions?**
> (ar der taks didákchens)
> **Yes, there are.** (iés der ar)

aumentos de sueldo	**raises** (réisis)	_____
beneficios	**benefits** (bénefits)	_____
días de descanso	**days off** (déis of)	_____
vacaciones pagadas	**paid vacations** (péid vaquéichens)	_____

¿Tiene...?   **Do you have...?** (du iú jaf)
¿Necesito tener...?   **Do I need to have...?** (du ái nid tu jaf)

equipo	**equipment** (ecuípment)	**Do you have equipment?** (du iú jaf ecuípment) **Yes, I do.** (iés ái du)
experiencia	**experience** (ekspírians)	**Do you have experience?** (du iú jaf ekspírians) **No, I don't.** (nóu ái dont)
herramientas	**tools** (tuls)	_____
seguro	**insurance** (inchúrans)	_____
transporte	**transportation** (transportéichen)	_____
uniforme	**a uniform** (a iúniform)	_____

Estudie el diálogo. Ya debiera entender lo que están diciendo. Si no, repase las lecciones anteriores:

How much do you pay for the night shift? *(jáo mach du iú péi for de náit chift)*
Twelve dollars an hour. *(tuélf dálars an áuer)*
Are there raises? *(ar der réisis)*
Sure, but only after you work here six months. *(chúar bat ónli áfter iú uérc jir siks manz)*
Do I need to have the tools? *(du ái nid tu jaf de tuls)*
No, we have everything you need. *(nóu uí jaf évrizin iú nid)*

Información adicional

Si existe algo en su pasado que pueda causar un problema en la entrevista, debiera obtener documentos que le ayuden a explicar o mitigar las circunstancias:

Este explica el...	**This explains the...** *(dis ekspléins de)*
delito grave	**felony** *(féloni)*
delito menor	**misdemeanor** *(misdemínor)*
problema médico	**medical problem** *(médical próblem)*
problema personal	**personal problem** *(pérsonal próblem)*

COMENTARIOS POSITIVOS
Positive comments
(pósitif cáments)

Preséntese positivamente:

Aprendo rápidamente.	**I learn quickly.** *(ái lern cuícli)*
Estoy listo.	**I'm looking forward to it.** *(áim lúquin fóruard tu it)*
Lo haré bien.	**I'll do well.** *(áil du uél)*
No hay ningún problema.	**It's not a problem.** *(its nat a próblem)*
Sabré responder.	**I'll know how to respond.** *(áil nóu jáo tu rispón)*
Soy la persona adecuada para el trabajo.	**I'm the person for the job.** *(áim de pérson for de chab)*

Practique en voz alta:

¿A Ud. le gusta el/la...?	**Do you like the...?** *(du iú láic de)*
A mi me gusta el/la...	**I like the...** *(ái láic de)*
trabajo	**job** *(chab)*

Do you like the job?
(du iú láic de chab)
Yes, I do. I like it a lot!
(iés ái du ái láic it a lat)

carrera	**career** *(caríer)*	_____
negocio	**business** *(bísnes)*	_____
oportunidad	**opportunity** *(oportúniti)*	_____
profesión	**profession** *(proféchen)*	_____
puesto	**position** *(posíchen)*	_____

¿Puede...? **Can you...?** *(can iú)*
Yo puedo... **I can...** *(ái can)*

hablar inglés **speak English** *(spic ínglich)*
    Can you speak English? *(can iú spic ínglich)*
    Yes, I can speak a little. *(iés ái can spic a lítel)*
comenzar mañana **begin tomorrow** *(biguín tumórrou)*
entender todo **understand everything** *(anderstán évrizin)*
hacer el trabajo **do the job** *(du de chab)*
leer y escribir **read and write** *(rid an ráit)*
manejar **drive** *(dráiv)*
trabajar con
  computadoras **work with computers** *(uérc uíd campiúters)*
trabajar de noche **work at night** *(uérc at náit)*
usar uno de éstos **use one of these** *(iús uán of des)*

Aquí vienen frases más largas:

¿Ha...? **Have you...?** *(jaf iú)*
Yo he... **I've...** *(áif)*

graduado en la escuela
  secundaria **graduated from high school** *(grachuéited from jái scul)*
tomado cursos en la
  universidad **taken courses in college** *(téiquen córses in cálech)*
usado esa máquina antes **used that machine before** *(iúsd dat machín bífóar)*

Mi licenciatura es en... **I majored in...** *(ái méichert in)*
Me especialicé en... **I specialized in...** *(ái spéchalaist in)*

Hice práctica en... **I did an internship at...** *(ái did an ínternchip at)*
Trabajé como voluntario en... **I did volunteer work as a...** *(ái did volontíar uérc as a)*

EJEMPLO
I'm the person for the job. *(áim de pérson for de chab)*
I like the business. *(ái láic de bísnes)*
I can work with computers and I've taken courses in college.
(ái can uérc uíd campiúters an áif téiquen córses in cálech)

Información adicional

Nunca sabe lo que le van a pedir:

Necesitamos...	**We need more...** *(uí nid móar)*
datos	**facts** *(facts)*
detalles	**details** *(ditéils)*
explicación	**explanation** *(eksplanéichen)*
historia personal	**personal history** *(pérsonal jístori)*
información	**information** *(informéichen)*
parchivos escolares	**school transcripts** *(scul tránscripts)*
recomendaciones	**recommendations** *(ricomendéichens)*
referencias	**references** *(réferencis)*

Consejos

Su actitud frente a la entrevista de trabajo es un factor muy importante. Tenga cuidado con los mensajes verbales y no verbales que pueda transmitir al entrevistador. Demuestre ser una persona tranquila y confiada en si misma. Tenga además en cuenta que el entrevistador no está ahí para dificultar su paso hacia el empleo sino que está realmente interesado en encontrar un buen candidato lo más pronto posible.

¡Hay que practicar!　⑨

A. Dígalas en inglés:

$15.50/hr. _____

30 hr./wk. _____

B. Ponga las palabras en orden para que formen tres preguntas completas:

1. **night you much shift for how the do pay?** _____
2. **with work can computers you?** _____
3. **that you before used machine have?** _____

MÁS PREGUNTAS CLAVES
More key questions
(móar quí cuéschens)

Dependiendo del tipo de trabajo, los empresarios podrían preguntarle una variedad de cosas diferentes. El secreto consiste en poner atención a la idea principal y contestar en forma breve. Mire:

¿Cuál es su...?	**What's your...** *(uáts iór)*	
formación	**background** *(bágraun)*	**What's your background?** *(uáts iór bágraun)* **I'm a cook. I have ten years' experience.** *(áim a cuc ái jaf ten yíars ekspírians)*
práctica	**expertise** *(ekspertís)*	**What is your expertise?** *(uát is iór ekspertís)* **French cooking.** *(french cúquin)*
campo de trabajo	**field of work** *(fild of uérc)*	_____
especialidad	**specialty** *(spéchalti)*	_____
nivel de destreza	**skill level** *(squil lével)*	_____
título	**title** *(táitel)*	_____
¿Quién es su...?	**Who is your...?** *(ju is iór)*	
pariente mas cercano	**closest relative** *(clósest rélatif)*	**Who is your closest relative?** *(ju is iór clósest rélatif)* **My father.** *(mái fázer)*
compañero de cuarto	**roommate** *(rúmeit)*	_____
empresario previo	**previous employer** *(prívias emplóier)*	_____
médico familiar	**family physician** *(fámili fizíchen)*	_____
socio	**partner** *(pártner)*	_____
vecino	**neighbor** *(néibor)*	_____
¿Cuándo...?	**When...?** *(uén)*	
puede trabajar	**can you work** *(can iú uérc)*	**When can you work?** *(uén can iú uérc)* **Every day.** *(éveri déi)*
llegó	**did you arrive** *(did iú arráiv)*	_____
puede empezar	**can you start** *(can iú start)*	_____
puedo comunicarme con usted	**can I reach you** *(can ái rich iú)*	_____
se graduó	**did you graduate** *(did iú gráchueit)*	_____
trabajaba ahí	**did you work there** *(did iú uérc der)*	_____

¿Dónde...?	Where...? *(juéar)*	
aprendió a hacer eso	**did you learn how to do that** *(did iú lern jáo tu du dat)*	_____
estudió	**did you study** *(did iú stádi)*	_____
nació	**were you born** *(uér iú born)*	_____
trabaja ahora	**do you work now** *(du iú uérc náu)*	_____
trabajaba antes de eso	**did you work before that** *(did iú uérc bifór dat)*	_____
vivía antes	**did you live** *(did iú liv)*	_____

EJEMPLO

What's your field of work? *(uáts iór fild of uérc)*
Landscaping. *(lánsqueipin)*
Who's your previous employer? *(jus iór prívias emplóier)*
City Gardening Company. *(síti gárdenin cámpani)*
When did you work there? *(uén did iú uérc der)*
1999 to 2010. *(naintín náiti náin tu tuénti ten)*
Where did you work before that? *(uér did iú uérc bifór dat)*
Miller's Lawn Service. *(mílers lon sérvis)*

Información adicional

Debe memorizar más vocabulario:

Hablemos de la/del...	Let's talk about the... *(lets toc abáut de)*
antecedentes académicos	**education background** *(ediuquéichen bágraun)*
colocación de personal	**job placement** *(chab pléisment)*
descripción del trabajo	**job description** *(chab descrípchen)*
experiencia de trabajo	**work experience** *(uérc ekspírians)*
horario de trabajo	**work schedule** *(uérc squéchul)*
igualdad de oportunidades	**equal opportunities** *(ícual oportiúnitis)*
nivel avanzado	**advanced level** *(advánst lével)*
nivel básico	**entry level** *(éntri lével)*
procedimiento de contratación	**hiring procedure** *(jáirin prosícher)*

Consejos

Más reglas para la entrevista de empleo

No cruce los brazos (puede parecer en actitud defensiva).
No fume.
No hable demasiado.
No hable mal de las empresas donde trabajó.
No interrumpa.
No mastique chicle.
No muestre que necesita el trabajo con urgencia.
No ponga los codos encima de la mesa.
No responda con evasivas o dudas.
No se aproxime mucho al entrevistador.
No se ponga gafas de sol.

LAS ÚLTIMAS PALABRAS
Final words
(fáinal uérds)

Terminaremos la entrevista de trabajo con una serie de frases tradicionales. Todos los entrevistadores las usan:

Gracias por su tiempo.
Thank you for your time. *(zenc iú for iór táim)*

¿Tiene usted alguna pregunta?
Do you have any questions? *(du iú jaf éni cuéschens)*

Fue un gusto conocerle.
It was a pleasure meeting you. *(it uós a plécher mítin iú)*

Le avisaré tan pronto como decidamos.
I'll let you know as soon as we decide. *(áil let iú nóu as sun as uí disáid)*

Quisiera...   **I would like...** *(ái uód láic)*

confirmar todo   **to confirm everything** *(tu canférm évrizin)*
contratarle   **to hire you** *(tu jáir iú)*
darle algo   **to give you something** *(tu giv iú sámzin)*
describir el puesto   **to describe the position** *(tu descráib de posíchen)*
explicar por qué   **to explain why** *(tu espléin uái)*
hablar con su jefe anterior   **to talk to your previous boss**
                                (tu toc tu iór prívias bos)
leer su currículum   **to read your résumé** *(tu rid iór résume)*
llamarle más tarde   **to call you later** *(tu col iú léiter)*
mandarle un correo electrónico **to send you an e-mail** *(tu send iú an ímeil)*
ofrecerle el trabajo   **to offer you the job** *(tu ófer iú de chab)*

pensarlo	**to think about it** *(tu zinc abáut it)*
recomendarle otro sitio	**to recommend another place** *(tu recomén anáder pléis)*
saber si está interesado	**to know if you're interested** *(tu nóu if iú ar ínterested)*
tener una segunda entrevista	**to have a second interview** *(tu jaf a sécon ínterviu)*

Practique esta conversación ahora mismo:

Thank you for your time. It was a pleasure meeting you.
(zenc iú for iór táim it uós a plécher mítin iú)
Nice to meet you, too. *(náis tu mit iú tu)*
I'll let you know as soon as we decide. *(áil let iú nóu as sun as uí disáid)*
I would like to talk to your previous boss. *(ái uód laic tu toc tu iór prívias bos)*
Sure. No problem. *(chúar nóu próblem)*
Do you have any questions? *(du iú jaf éni cuéschens)*
No, not now. Maybe later. *(nóu nat náu méi bi léiter)*

Ahora aprenda las palabras usadas cuando hay malas noticias sobre el trabajo:

Lo siento, pero...	**I'm sorry, but...** *(áim sóri bat)*
contratamos a otra persona	**we hired someone else** *(uí jáird sámuan els)*
estamos buscando _____	**we're looking for a** _____ *(uíar lúquin for a)*
necesita más experiencia	**you need more experience** *(iú nid móar ekspírians)*
no estamos contratando	**we're not hiring** *(uíar nat jáirin)*
podría tratar otra compañía	**you could try another company** *(iú cud trái anáder cámpani)*
quizás más tarde	**maybe later** *(méibi léiter)*
regrese el próximo mes	**try back next month** *(trái bac necst manz)*
ya no hay vacante	**the position has been filled** *(de posíchen jas bin fild)*

Aquí tiene más oraciones valiosas. ¿Está practicando todo?

Es una oferta de trabajo muy buena.	**It's a great job offer.** *(its a gréit chab ófer)*
Firme este convenio	**Sign this agreement.** *(sáin dis agríment)*.
Hable con su familia.	**Talk to your family.** *(toc tu iór fámili)*
Llámeme a este número.	**Call me at this number.** *(col mi at dis námber)*
Revise nuestra página de web.	**Check our website.** *(chec áur uébsait)*
Usted es un buen solicitante.	**You're a great applicant.** *(iú ar a gréit áplicant)*

¡Hay que practicar!

Conteste en inglés las siguientes preguntas:

1. **What is your field of work?**
2. **Who is your neighbor?**
3. **When and where were you born?**
4. **Which of your previous jobs did you like best?**

¡Acción!

¿Reconoce los siguientes verbos? Note que la palabra **it** significa "lo" o "la" cuando se refiere a un objeto. Escriba la forma imperativa (la orden) en la línea en blanco:

firmar	**to sign** (*tu sáin*)	Fírmelo	<u>Sign it.</u>
revisar	**to check** (*tu chec*)	Revíselo	<u>Check it.</u>
buscar	**to look for** (*tu luc for*)	Búsquelo	_____
cambiar	**to change** (*tu chench*)	Cámbielo	_____
devolver	**to return** (*tu ritérn*)	Devuélvalo	_____
explicar	**to explain** (*tu ekspléin*)	Explíquelo	_____
hacer	**to do** (*tu du*)	Hágalo	_____
probar	**to try** (*tu trái*)	Pruébelo	_____

Más verbos importantes. Estudie los ejemplos:

contratar	**to hire** (*tu jáir*)
	We need to hire you. (*uí nid tu jáir iú*)
despedir	**to fire, to let go** (*tu fáir tu let góu*)
	We need to let you go. (*uí nid to let iú góu*)
renunciar	**to quit** (*tu cuít*)
	Do you want to quit? (*du iú uánt tu cuít*)
entrevistar	**to interview** (*tu ínterviu*)
	Do you want an interview? (*du iú uánt an ínterviu*)
presentarse	**to apply** (*tu aplái*)
	You have to apply. (*iú jaf tu aplái*)
graduarse	**to graduate** (*tu gráchueit*)
	You have to graduate. (*iú jaf tu gráchueit*)
avisar	**to advise** (*tu adváis*)
	_____
ganar	**to earn** (*tu ern*)
	_____
pensar	**to think** (*tu zinc*)
	_____

¡Hagamos una frase!

El tiempo presente de indicativo

Estudiaremos el uso de los verbos en el presente de indicativo, donde todo pasa de modo regular. La conjugación en inglés sigue un patrón fácil y constante:

I work there. *(ái uérc der)*	Yo trabajo allí.
You work there. *(iú uérc der)*	Ud. trabaja allí./Tú trabajas allí./Uds. trabajan allí.
He/she <u>works</u> there. *(ji chi uércs der)*	Él/ella trabaja allí.
They work there. *(déi uérc der)*	Ellos trabajan allí.
We work there. *(uí uérc der)*	Nosotros trabajamos allí.

¿Se da cuenta? El verbo **work** sólo cambia cuando se habla de él o ella, añadiéndose una **-s** al final. Note que también se añade una **-s** cuando se habla de una cosa o de "ello", es decir, **it**:

My car works OK. *(mái car uércs oquéi)*	Mi carro trabaja bien.
It works great! *(it uércs gréit)*	¡Trabaja excelente!

Este sistema es consistente para todos los verbos regulares en inglés:

Hablar	**To Speak** *(tu spic)*	
Yo hablo	**I speak** *(ái spic)*	**I speak English.**
Tú hablas, usted habla	**You speak** *(iú spic)*	You _____.
Él, ella habla	**He, she speaks** *(ji chi spics)*	He _____.
Nosotros hablamos	**We speak** *(uí spic)*	We _____.
Ustedes, ellos hablan	**You, they speak** *(iú déi spic)*	They _____.

La forma interrogativa es un poco diferente. Simplemente comience su pregunta con **Do**—o **Does** cuando se trate de él, ella, o ello (**it**):

Presente de indicativo	Forma interrogativa
You speak English. *(iú spic ínglich)*	**Do you speak English?** *(du iú spic ínglich)*
They work here. *(déi uérc jir)*	**Do they work here?** *(du déi uérc jir)*
He <u>speaks</u> English. *(ji spics ínglich)*	**Does he <u>speak</u> English?** *(das ji spic ínglich)*
She <u>works</u> here. *(chi uércs jir)*	**Does she <u>work</u> here?** *(das chi uérk jir)*

¡Acción!

Do y **does** se usan con gran frecuencia. ¡Practique!

Do you have a license? *(du iú jaf a láisens)*   **Yes, I do.** *(iés ái du)*
Does she need a job? *(das chi nid a chab)*   **Yes, she does.** *(iés chi das)*
Do you want the book? *(du iú uánt de buc)*   **No, I do not.** *(nóu ái du nat)*
Does Pedro like the food? *(das pédro laic de fud)*   **No, he does not.** *(nóu ji das nat)*

Consejos

Otras formas de la tercera persona del singular (**he, she, it**) terminan con las letras **es**. Esto ocurre con los verbos que terminan en las letras *x, z, ch,* y *s:*

mirar	**to watch** *(tu uách)*	→	**watches** *(uachis)*	He watches TV.
pescar	**to fish** *(tu fich)*	→	**fishes** *(fíchis)*	She fishes at night.
besar	**to kiss** *(tu quís)*	→	**kisses** *(quísis)*	Mary kisses John.

Y algunos verbos son irregulares. Aquí tenemos un par de ejemplos:

tener	**to have** *(tu jaf)*	→	**has** *(jas)*	Mike has money.
hacer	**to do** *(tu du)*	→	**does** *(das)*	Sandra does the work.

¡Hay que practicar!

Cámbielas según el ejemplo:

1. **I work.**   <u>**José works.**</u>
2. **I drive**   **She** _____ .
3. **I play.**   **Paula** _____ .
4. **I write.**   **He** _____ .
5. **I walk.**   **Mr. Smith** _____ .

DON'T Y *DOESN'T*
Don't and doesn't
(dont an dásnt)

Durante su aprendizaje del inglés, descubrirá muchos usos de la palabra **not**. Por ejemplo, ésta se combina con **do** *(du)* y **does** *(das)* para hacer las palabras **don't** *(dont—*abreviación de **do not**) y **doesn't** *(dásent—*abreviación de **does not**), las cuales se usan en muchísimas frases:

Don't worry! *(dont uérri)*	¡No te preocupes!
I <u>don't</u> have it. *(ái dont jaf it)*	No lo tengo.
He <u>doesn't</u> understand. *(ji dásent anderstán)*	Él no entiende.

El uso de frases con **I don't, You don't, They don't** y **We don't** debe entenderse bien. Use **doesn't** con el tiempo presente de indicativo para decir "no" cuando Ud. habla de una sola persona o cosa (la tercera persona singular). Esta es la combinación de **does** con **not**:

Lucy no fuma.	**Lucy does not (doesn't) smoke.**
	(lúsi das nat dásnt smóuc)
Mi carro no parte.	**My car does not (doesn't) start.**
	(mái car does nat dásnt start)
La puerta no cierra.	**The door does not (doesn't) close.**
	(de dóar das nat dásnt clóus)

¡Hay que practicar!

(11)

A. Lea y traduzca este diálogo:

Where do you work? *(juéar do iú uérc)*

_____

At the hotel. And you? *(at de otél an iú)*

_____

I don't work. I'm a student. *(ái dont uérc áim a stiúdent)*

_____

Really? Where do you go to study? *(ríli juéar do iú góu tu stádi)*

_____

To the university. *(tu de iunivérsiti)*

_____

What do you study? *(uát du iú stádi)*

_____

English, Art, and Music. *(ínglich art an miúsic)*

_____

Wow! That's great! *(uáu dats gréit)*

_____

B. Llene los espacios en blanco con **do** o **does**:

1. _____ **you watch a lot of TV?**
2. _____ **Samuel speak Spanish?**
3. _____ **they have tools?**
4. **What** _____ **Philip want?**
5. **Where** _____ **you guys live?**
6. **When** _____ **we work?**

C. Siga el ejemplo:

1. **I do not**   <u>I don't</u>
2. **We do not**   _____
3. **He does not**   _____
4. **You do not**   _____
5. **She does not** _____

BUSCAR TRABAJO

Ponga las letras en orden para formar palabras en inglés:

1. HECDULES _____

2. TNTCOARC _____

3. NTPAIIOACPL _____

4. NCSILEE _____

5. ATTENPINMOP _____

6. REIVTWINE _____

7. YELTMENPOM _____

8. ASDRDSE _____

9. ROCTYNU _____

10. OICAPNCOTU _____

(Respuestas en la página 265.)

Capítulo tres

El lugar de trabajo
The Workplace
(de uércpleis)

EN EL TRABAJO
On the job
(on de chab)

Comencemos con una descripción de su lugar de trabajo. Lea la pregunta y la respuesta:

¿Ve el/la...?	**Do you see the...?** *(du iú si de)*	
Veo el/la...	**I see the...** *(ái si de)*	
edificio	**building** *(bíldin)*	<u>Do you see the building?</u> *(du iú si de bíldin)* <u>No, I don't. I see the factory.</u> *(nóu ái dont ái si de fáctori)*
fábrica	**factory** *(fáctori)*	_____
almacén	**warehouse** *(uéarjaus)*	_____
oficina	**office** *(ófis)*	_____
taller	**shop** *(chop)*	_____
tienda	**store** *(stóar)*	_____
¿Es parte del/de la...?	**Is it part of the...?** *(is it part of de)*	
Es parte del/de la...	**It's part of the...** *(its part of de)*	
agencia	**agency** *(éichensi)*	<u>Is it part of the agency?</u> *(is it part of de éichensi)* <u>Yes, it is!</u> *(iés it is)*
cadena	**chain** *(chéin)*	_____
complejo industrial	**industrial complex** *(indástrial cámpleks)*	_____
concesión	**franchise** *(fránchais)*	_____
empresa	**firm** *(ferm)*	_____
instalación	**facility** *(fasíliti)*	_____
institución	**institution** *(instatúchen)*	_____
negocio	**business** *(bísnes)*	_____
organización	**organization** *(organizéichen)*	_____

planta	**plant** (*plant*)	_____
propiedad	**property** (*práperti*)	_____
sociedad mercantil	**industry** (*índastri*)	_____

EJEMPLO
Where do you work? (*juéar du iú uérc*)
I work in that store. It's part of an industrial complex.
(*ái uérc in dat stóar its part of an indástrial cámpleks*)

¿Está en el/la...?	**Is it at the...?** (*is it at de*)	
Está en el/la ...	**It's at the...** (*its at de*)	
aeropuerto	**airport** (*éarport*)	**Is it at the airport?** (*is it at de éarport*) **No, it isn't. It's at the bank.** (*nóu it isnt its at de banc*)
banco	**bank** (*banc*)	**Is it at the bank?** (*is it at de banc*) **No, it isn't. It's at the car lot.** (*nóu it isnt its at de car lat*)
lote de carros	**car lot** (*car lat*)	_____
cine	**movie theater** (*múvi ziéter*)	_____
clínica	**clinic** (*clínic*)	_____
distrito escolar	**school district** (*scul dístrict*)	_____
gasolinera	**gas station** (*gas stéichen*)	_____
hospital	**hospital** (*jóspital*)	_____
hotel	**hotel** (*jotél*)	_____
iglesia	**church** (*cherch*)	_____
museo	**museum** (*miuzíum*)	_____
parque	**park** (*parc*)	_____
restaurante	**restaurant** (*réstoran*)	_____
supermercado	**supermarket** (*supermárquet*)	_____

Continúe:

¿Trabaja usted en el/la...?	**Do you work at the...?** (*du iú uérc at de*)	
parque de diversions	**amusement park** (*amiúsment parc*)	**Do you work at the amusement park?** (*du iú uérc at de amiúsment parc*) **Yes, I do.** (*iés ái du*)
lugar de vacaciones	**resort** (*risórt*)	**Do you work at the resort?** (*du iú uérc at de resort*) **No, I don't.** (*nóu ái dont*)

edificio	**building** (*bíldin*)	_____
estadio	**stadium** (*stédium*)	_____
teatro	**theater** (*ziéter*)	_____
universidad	**university** (*iunivérsiti*)	_____
zoológico	**zoo** (*zu*)	_____

Estudie la forma corta para contestar:

¿Dónde?	**Where?** (*juéar*)

En el centro de _____   **In the** _____ **center** (*in de sénter*)

comunidad	**community** (*camiúniti*)	**In the community center** (*in de camiúniti sénter*)
comercio	**shopping** (*chópin*)	_____
convenciones	**convention** (*canvénchen*)	_____
recreo	**recreation** (*ricriéichen*)	_____
salud	**medical** (*médical*)	_____
visitantes	**visitor** (*vísitor*)	_____

En la estación de _____   **At the** _____ **station** (*at de stéichen*)

autobús	**bus** (*bas*)	**At the bus station** (*at de bas stéichen*)
metro	**subway** (*sábuei*)	_____
tren	**train** (*tréin*)	_____

EJEMPLO

Do you work at the restaurant or at the theater? (*du iú uérc at de réstoran or at de ziéter*)
I work at the restaurant. (*ái uérc at de réstoran*)
Where? (*juéar*)
At the new restaurant in the shopping center. (*at de niú réstoran in de chópin sénter*)

Ahora, lea las siguientes frases en voz alta y practique:

Yo trabajo en el/la...	**I work at the...** (*ái uérc at de*)
Ellos trabajan en el/la...	**They work at the...** (*déi uérc at de*)
Nosotros trabajamos en el/la...	**We work at the...** (*uí uérc at de*)

refinería	**refinery** (*rifáineri*)	**I work at the refinery.** (*ái uérc at de rifáineri*)
cafetería	**coffee shop** (*cófi chop*)	_____
carnicería	**butcher shop** (*búcher chop*)	_____
floristería	**flower shop** (*fláuer chop*)	_____

frutería	**fruit market** *(frut márquet)*	_____
joyería	**jewelry shop** *(chúleri chop)*	_____
juguetería	**toy store** *(tói stóar)*	_____
librería	**bookstore** *(buc stóar)*	_____
mueblería	**furniture store** *(férnicher stóar)*	_____
panadería	**bakery** *(béiqueri)*	_____
peluquería	**beauty shop** *(biúti chop)*	_____
tapicería	**upholstery shop** *(apjólsteri chop)*	_____
tintorería	**dry cleaner's** *(drái clíners)*	_____
verdulería	**vegetable market** *(véchtabol márquet)*	_____
zapatería	**shoe store** *(chu stóar)*	_____

Información adicional

Estudie la pregunta en inglés:

¿Ha trabajado en un/una...?	**Have you worked at a...?** *(jáo iú uérct at a)*
aserradero	**sawmill** *(sómil)*
campo	**field** *(fild)*
cantera	**quarry** *(cuéri)*
finca	**farm** *(farm)*
mina	**mine** *(máin)*
planta de procesamiento	**processing plant** *(prásesin plant)*
plataforma de perforación	**drilling rig** *(drílin rig)*
rancho	**ranch** *(ranch)*
taller de fundición	**foundry** *(fáundri)*

Consejos

Estudie y practique el inglés a su propio ritmo. Aprender un nuevo idioma toma tiempo, así que ¡tómelo con calma! Solo acuérdese que la persona de habla inglesa con la cual está tratando de comunicarse está probablemente teniendo tanta dificultad como usted. Tenga confianza en si mismo y verá que todo lo que aprenda comenzará a tener sentido.

LOS DEPARTAMENTOS
The departments
(de depártments)

Cuando describimos el lugar de trabajo en detalle necesitamos más vocabulario:

área	**area** *(érea)*	**Do you work in this area?**
		(du iú uérc in dis érea)
		Yes, I do. *(iés ái du)*
sucursal	**branch** *(branch)*	**Do you work at this branch?**
		(du iú uérc at dis branch)
		No, I don't. *(nóu ái dont)*
cabina	**cubicle** *(quiúbicol)*	_____
cuarto	**room** *(rum)*	_____
departamento	**department** *(depártment)*	_____
distrito	**district** *(dístrict)*	_____
división	**division** *(divíchen)*	_____
espacio	**space** *(spéis)*	_____
estación	**station** *(stéichen)*	_____
lugar	**place** *(pléis)*	_____
oficina	**office** *(ófis)*	_____
punto de ventas	**outlet** *(áutlet)*	_____
región	**region** *(ríchen)*	_____
sección	**section** *(sékchen)*	_____
subdivisión	**subdivision** *(sabdivíchen)*	_____
territorio	**territory** *(térritori)*	_____
unidad	**unit** *(iúnit)*	_____
zona	**zone** *(zóun)*	_____

EJEMPLO

Excuse me. Do you work in this office? *(eksquiús mi du iú uérc in dis ófis)*
No, I don't. I work in a different department.
(nóu ái dont ái uérc in a dífrent depártment)

¿Es éste el departamento de _____ ?	**Is this the _____ department?** *(is dis de depártment)*	
contabilidad	**accounting** *(acáuntin)*	**Is this the accounting department?** *(is dis de acáuntin depártment)* **No, it isn't. It's administration.** *(nóu it isnt its administréichen)*
administración	**administration** *(administréichen)*	_____
admisión	**receiving** *(risívin)*	_____
comunicaciones	**communications** *(camiuniquéichens)*	_____

control de calidad	**quality control** (*cuáliti contról*)	_____
crédito	**credit** (*crédit*)	_____
embalaje	**packaging** (*páquichin*)	_____
fabricación	**manufacturing** (*maniufákchurin*)	_____
finanzas	**finance** (*fáinans*)	_____
investigación	**research** (*risérch*)	_____
mantenimiento	**maintenance** (*méintenans*)	_____
mercadotecnia	**marketing** (*márquetin*)	_____
montaje	**assembly** (*asémbli*)	_____
operaciones	**operations** (*operéichens*)	_____
personal	**human resources** (*iúman risórses*)	_____
producción	**production** (*prodákchen*)	_____
publicidad	**advertising** (*advertáisin*)	_____
publicidad	**publicity** (*pablísiti*)	_____
servicio para los clientes	**customer service** (*cástumer sérvis*)	_____
seguridad	**security** (*sequiúriti*)	_____
transporte	**shipping** (*chípin*)	_____
ventas	**sales** (*séils*)	_____

Información adicional

Aquí tiene otro diálogo. Una palabra importante es **floor** (*flóar*) que conocemos como "piso". ¿Se acuerda de los números ordinales en inglés?

Where's the sales department? (*juéars de séils depártment*)
It's on the _____ floor. (*its on de flóar*)

1st	**first** (*ferz*)
2nd	**second** (*sécon*)
3rd	**third** (*zerz*)
4th	**fourth** (*fóarz*)
5th	**fifth** (*fifz*)
6th	**sixth** (*sikz*)
7th	**seventh** (*sévenz*)
8th	**eighth** (*éitz*)
9th	**ninth** (*náinz*)
10th	**tenth** (*tenz*)

¡Hay que practicar! (12)

A. Traduzca:

1. **warehouse** _____
2. **factory** _____
3. **shopping center** _____
4. **business** _____
5. **sales department** _____
6. **office** _____

B. Conecte las palabras que van juntas:

1. **student**	hospital
2. **money**	zoo
3. **medicine**	gas station
4. **french fries**	university
5. **horse**	bank
6. **truck**	restaurant

EL EDIFICIO DE LA ADMINISTRACIÓN
The administration building
(de administréichen bíldin)

Ahora, describa su lugar de trabajo. Hable con frases completas:

Trabajo en el/la/las...	**I work at the...** (ái uérc at de)	
centro de operaciones	**operations center** (operéichens sénter)	I work at the operations center. (ái uérc at de operéichens sénter)
oficinas principales	**headquarters** (jedcuórters)	_____
oficina matriz	**home office** (jóum ófis)	_____

Tiene un/una...	**It has a/an...** (it jas a an)	
cafetería	**cafeteria** (cafitíria)	It has a cafeteria. (it jas a cafitíria)
buzón	**mailbox** (méilbaks)	_____
cajero automático	**ATM machine** (eitiém machín)	_____
estacionamiento	**parking area** (párquin érea)	_____
máquina vendedora	**vending machine** (véndin machín)	_____
recepción	**reception desk** (resépchen desc)	_____
reloj de control	**punch clock** (panch clac)	_____
servicios higiénicos	**restroom** (réstrum)	

| surtidor de agua | **water fountain** (*uáter fáunten*) | _____ |
| vestíbulo | **lobby** (*lóbi*) | _____ |

EJEMPLO

Do you work at the home office? (*du iú uérc at de jóum ófis*)
Yes, I do. (*iés ái du*)
Does it have a parking area? (*das it jaf a párquin érea*)
Yes, it does. It has a big one in front. (*iés it das it jas a big uán in front*)

Ahora, siga los ejemplos:

| ¿Dónde está el/la...? | **Where's the** _____ **?** (*juéars de*) | |
| sala de conferencias | **conference room** (*cánferens rum*) | **Excuse me. Where's the conference room?** (*eksquiús mi juéars de cánferens rum*) **It's on the second floor.** (*its on de sécon flóar*) _____ |

_____
(*láibreri*)
... **nter** (*uérc sénter*)
... **om** (*stóarum*)
... **ory** (*láboratori*)
... **om** (*méilrum*)
... **g room** (*tréinin rum*)
... **g room** (*uéitin rum*)
... **oom** (*chóurum*)
... **g bay** (*lóudin béi*)

... **looking for the...?**
... **quin for de**)

... **tor** (*elevéitor*)

Are you looking for the elevator? (*ar iú lúquin for de elevéitor*)
Yes, I am. Can you help me? (*iés ái am can iú jelp mi*)

... **lway** (*jóluei*)
... **trance** (*éntrans*)
... **calator** (*escaléitor*)
... **airs** (*stéars*)
... **eps** (*steps*)
... **ont gate** (*front guéit*)
... **xit** (*éksit*)

Describa su lugar de trabajo con más detalle. Mire los ejemplos y haga sus propias oraciones:

balcón	**balcony** (*bálconi*)	**The office has a small balcony.** (*de ófis jas a smol bálconi*)
puente	**bridge** (*brich*)	**There's a bridge in front.** (*ders a brich in front*)
cerca	**fence** (*fens*)	**The fence is green and white.** (*de fens is grin an uáit*)
farol	**lightpost** (*láitpost*)	_____
jardín	**garden** (*gárden*)	_____
muro	**wall** (*uól*)	_____
puertas dobles	**double doors** (*dábol dóars*)	_____
rampa	**ramp** (*ramp*)	_____
sendero	**walkway** (*uócuei*)	_____
techo	**ceiling** (*sílin*)	_____
tejado	**roof** (*ruf*)	_____
torre	**tower** (*táuer*)	_____
ventana	**window** (*uíndou*)	_____

Información adicional

Estudie el vocabulario relacionado con la hora de comer.

Esta es la zona para comer y descansar.
This is the dining and break area. (*dis is de dáinin an bréic érea*)

Puede sentarse dónde quiera.
You may sit where you want. (*iú méi sit juéar iú uánt*)

Estas son las horas de servicio.
These are the hours of service. (*des ar de áurs of sérvis*)

La comida es muy buena/mala.
The food is very good/bad. (*de fud is véri gud/bad*)

Tiene que pagar ahí.
You have to pay over there. (*iú jaf tu péi óver der*)

Sirven el/la...	**They serve...** (*déi serf*)
almuerzo	**lunch** (*lanch*)
bebidas	**drinks** (*drincs*)
cena	**dinner** (*díner*)
comida ligera	**snacks** (*snacs*)
desayuno	**breakfast** (*brécfast*)

Consejos

La comida en Estados Unidos no es solo hamburguesas, pizza y tacos. Las cadenas de comida chatarra han tenido gran éxito alrededor del mundo y, desafortunadamente, las personas de muchos países creen ahora que eso es todo lo que se come en Estados Unidos. Pero no es así. El que esté dispuesto a buscar, encontrará una gran variedad de estilos y calidad culinaria que complacerán al más exigente.

EN LA OFICINA
In the office
(in de ófis)

Nuestro vocabulario de trabajo incluye todo el mobiliario que se encuentra en cualquier oficina de negocios. Practiquemos con la orden **Look at** *(luc at)*:

Mire los muebles.	**Look at the furniture.** *(luc at de férnicher)*
Mire el/la _____ .	**Look at the** _____ . *(luc at de)*

    banco   **bench** *(bench)*
    banquillo   **stool** *(stul)*
    cesto de basura   **wastebasket** *(uéistbasquet)*
    librero   **bookshelf** *(búkchelf)*
    mesa   **table** *(téibol)*
    mostrador   **counter** *(cáunter)*
    silla   **chair** *(chéar)*
    sillón   **armchair** *(ármchear)*
    sofá   **sofa** *(sófa)*

¿Qué más hay? Lea con voz alta:

alfombra	**carpet** *(carpet)*	**Look at the white carpet.** *(luc at de uáit carpet)*
escritorio	**desk** *(desc)*	**Look at the desk.** *(luc at de desc)*
lámpara	**lamp** *(lamp)*	**Look at the little lamp.** *(luc at de lítel lamp)*
reloj	**clock** *(clac)*	**Look at the old clock.** *(luc at de old clac)*

EJEMPLO
Look at the desk. *(luc at de desc)*
Yes, but where is the little lamp? *(iés bat juéar is de lítel lamp)*

Prepárese para escuchar más órdenes en inglés en su lugar de trabajo.

Use el/la...	**Use the...** *(iús de)*	
gabinete	**cabinet** *(cábinet)*	<u>Use the cabinet!</u> *(iús de cábinet)*
archivo	**file cabinet** *(fáil cábinet)*	_____
armario	**closet** *(cláset)*	_____
caja fuerte	**safe** *(séif)*	_____
cajón	**drawer** *(dróuer)*	_____
compartimiento	**compartment** *(campártment)*	_____
repisa	**shelf** *(chelf)*	_____
vitrina	**showcase** *(chóuqueis)*	_____

Póngalo en el/la...	**Put it in the...** *(put it in de)*	
pasillo	**aisle** *(áil)*	<u>Put it in the aisle!</u> *(put it in de áil)*
fila	**row** *(róu)*	_____
grupo	**group** *(grup)*	_____
juego	**set** *(set)*	_____
pila	**stack** *(stac)*	_____
serie	**series** *(síris)*	_____

EJEMPLO
Where do I put the book? *(uér du ái put de buc)*
Use the shelf. Put it in the series. *(iús de chelf put it in de síris)*

Información adicional

Aquí tiene varios recipientes en el lugar de trabajo. Siga el ejemplo:

botella	**bottle** *(bótel)*	<u>It's in the bottle.</u> *(its in de bótel)*
bolsa	**bag** *(bag)*	_____
caja	**box** *(boks)*	_____
cesto	**basket** *(básquet)*	_____
copa	**cup** *(cap)*	_____
lata	**can** *(can)*	_____

MÁS COSAS PARA LA OFICINA
More things for the office
(móar zings for de ófis)

Aparatos electrónicos: Conteste las siguientes palabras en forma afirmativa o negativa.

¿Sabe usar el/la....? | **Do you know how to use the...?**
(du iú nóu jáo tu iús de)

sumadora	**adding machine** *(áding machín)*	**Do you know how to use the adding machine?** *(du iú nóu jáo tu iús de áding machín)* **Yes, I do.** *(iés ái du)* **No, I don't.** *(nóu ái dont)*
acondicionador de aire	**air conditioner** *(éar condíchoner)*	_____
calculadora	**calculator** *(calquiuléiter)*	_____
calentador	**heater** *(jíter)*	_____
cámara digital	**digital camera** *(díchital cámera)*	_____
computadora	**computer** *(campiúter)*	_____
contestador telefónico	**answering machine** *(ánserin machín)*	_____
filmadora	**camcorder** *(camcórder)*	_____
fotocopiadora	**copier** *(cápier)*	_____
intercomunicador	**intercom** *(íntercom)*	_____
laminadora	**laminator** *(laminéitor)*	_____
máquina de fax	**fax machine** *(faks machín)*	_____
registradora	**cash register** *(cach réchister)*	_____
teléfono celular	**cell phone** *(sel fóun)*	_____
ventilador	**fan** *(fan)*	_____

¿Ha usado alguna vez un/una...? | **Have you ever used a/an...?**
(jaf iú éver iúsd a an)

computadora portátil	**laptop** *(láptop)*	**Have you ever used a laptop?** *(jaf iú ever iúsd a láptop)* **Yes, I have.** *(iés ái jaf)*
altavoz	**speaker** *(spíquer)*	_____
báscula	**scale** *(squéil)*	_____
cafetera	**coffeemaker** *(cófimeiquer)*	_____
computadora de bolsillo	**PDA** *(pidiéi)*	_____
control remoto	**remote control** *(rimóut contról)*	_____
escáner	**scanner** *(scáner)*	_____
grabadora	**recorder** *(ricórder)*	_____
impresora	**printer** *(prínter)*	_____

micrófono	**microphone** (*máicrofon*)	_____
monitor	**monitor** (*mónitor*)	_____
organizador	**organizer** (*organáizer*)	_____
pantalla	**screen** (*scrín*)	_____
proyector	**projector** (*prochéctor*)	_____
tocador	**player** (*pléier*)	_____
trituradora	**shredder** (*chréder*)	_____

EJEMPLO

Do you know how to use the remote control and projector?
(*du iú nóu jao tu iús de rimóut contról an prochéctor*)
No, I don't. Can you help me?
(*nóu ái dont can iú jelp mi*)

Continúe:

¿Necesita Ud. el/la...?	**Do you need the...?** (*du iú nid de*)	
calendario	**calendar** (*cálendar*)	**Do you need the calendar?** (*du iú nid de cálendar*) **Yes, I do. Thanks.** (*iés ái du zenks*)
almohadilla	**cushion** (*cúchen*)	_____
atril	**podium** (*pódium*)	_____
carrito	**cart** (*cart*)	_____
casillero	**pegboard** (*pégbord*)	_____
divisor	**partition** (*partíchen*)	_____
esquema	**chart** (*chart*)	_____
mapa	**map** (*map*)	_____
pizarrón	**board** (*bord*)	_____
planificador	**planner** (*pláner*)	_____
rotafolio	**flipchart** (*flípchart*)	_____

EJEMPLO

Do you need the podium? (*du iú nid de pódium*)
Yes, I do. Where is it? (*iés ái du juéar is it*)

¿Quiere Ud. el/la/los/las...?	Do you want the...? *(du iú uánt de)*	
accesorios	**accessories** *(acsésoris)*	**Do you want the accessories?** *(du iú uánt de acsésoris)* **No, thank you.** *(nóu zenk iú)*
artefactos	**devices** *(diváises)*	_____
electrodomésticos	**appliances** *(apláianses)*	_____
equipo	**equipment** *(ecuípment)*	_____
herramientas	**tools** *(tuls)*	_____
instrumentos	**instruments** *(ínstruments)*	_____
máquinas	**machines** *(machíns)*	_____
materiales	**materials** *(matírials)*	_____
mercancías	**merchandise** *(mérchandais)*	_____
muebles	**furniture** *(férnicher)*	_____
objetos de escritorio	**stationery** *(stéichenari)*	_____
suministros	**supplies** *(sapĺais)*	_____

EJEMPLO

Do you want the supplies? *(du iú uánt de sapláis)*
Yes, I do. And I want the tools, too! *(iés ái du an ái uánt de tuls tu)*

Añada estas palabras con su nuevo vocabulario:

detrás	**in back** *(in bac)*
	The wastebasket is in back of the room. *(de uéistbasquet is in bac of de rum)*
en frente	**in front** *(in front)*
	The materials are in front of the file cabinet. *(de matírials ar in front of de fáil cábinet)*
en medio	**in the middle** *(in de mídel)*
	The calendar is in the middle of the screen. *(de cálendar is in de mídel of de scrín)*

Información adicional

Ahora mire por toda la oficina y nombre todo que pueda ver:

Eso es un...	That's a...*(dats a)*
adorno	**decoration** *(decoréichen)*
cuadro	**painting** *(péintin)*
espejo	**mirror** *(mírror)*
florero	**vase** *(véis)*
tapete	**mat** *(mat)*

SUMINISTROS PARA LA OFICINA
Office supplies
(ófis sapláis)

Vamos a incluir las palabras de orden con este vocabulario útil. Estudie:

Por favor...   **Please...** *(plis)*

Busque...	**Look for...** *(luc for)*	Repare...	**Fix...** *(fiks)*
Guarde...	**Put away...** *(put euéi)*	Revise...	**Check...** *(chec)*
Limpie...	**Clean...** *(clin)*	Tome...	**Take...** *(téic)*
Lleve...	**Carry...** *(quéri)*	Traiga...	**Bring...** *(brin)*
Mire...	**Look at...** *(luc at)*	Use...	**Use...** *(iús)*

Traiga el/la...   **Bring the...** *(brin de)*

perforadora	**hole punch** *(jóul panch)*	**Please bring the hole punch.** *(plis brin de jóul panch)*
cortapapeles	**paper cutter** *(péiper cáter)*	_____
engrapadora	**stapler** *(stéipler)*	_____
estampillas	**stamps** *(stamps)*	_____
regla	**ruler** *(rúler)*	_____
tijeras	**scissors** *(sísers)*	_____

Use el/la...   **Use the...** *(iús de)*

carpeta	**binder** *(báinder)*	**Please use the binder.** *(plis iús de báinder)*
borrador	**eraser** *(eréiser)*	_____
cartón	**cardboard** *(cárbor)*	_____
sobre	**envelope** *(énveloup)*	_____
tarjeta	**card** *(card)*	_____

Mire el/la...   **Look at the...** *(luc at de)*

cuaderno	**folder** *(fólder)*	**Please look at the folder.** *(plis luc at de fólder)*
etiqueta	**label** *(léibol)*	_____
marcador	**marker** *(márquer)*	_____
papel	**paper** *(péipar)*	_____
resaltador	**highlighter** *(jailáiter)*	_____
sujetapapeles	**paper clip** *(péipar clip)*	_____

Guarde el/la/los/las...   **Put away the...** *(put euéi de)*

  lapicero   **pen** *(pen)*   <u>**Please put away the pen.**</u>
                                                (plis put euéi de pen)

  broches de presión   **push pins** *(puch pins)*   _____
  cartel   **poster** *(póster)*   _____
  cinta adhesiva   **Scotch tape** *(scach téip)*   _____
  lápiz   **pencil** *(pénsil)*   _____
  ligas   **rubber bands** *(ráber bands)*   _____

Busque el/la/los/las...   **Look for the...** *(luc for de)*

  grapas   **staples** *(stéipels)*   <u>**Please look for the staples.**</u>
                                                (plis luc for de stéipels)

  abrecartas   **letter opener** *(léter ópener)*   _____
  marcador de libro   **bookmark** *(búcmarc)*   _____
  pegamento   **glue** *(glu)*   _____
  sello   **rubber stamp** *(ráber stamp)*   _____
  tachuelas   **tacks** *(tacs)*   _____

Tome el/la/los/las...   **Take the...** *(téic de)*

  pilas   **batteries** *(báteris)*   <u>**Please take the batteries.**</u>
                                                (plis téic de báteris)

  bombillas   **bulbs** *(bolbs)*   _____
  cinta   **ribbon** *(ríbon)*   _____
  película   **film** *(film)*   _____
  tinta   **ink** *(ink)*   _____
  tóner   **toner** *(tóner)*   _____

Información adicional

De cosas específicas pasemos a material relacionado:

bolígrafo	**ball point pen** *(bol póint pen)*
papel cuadriculado	**graph paper** *(graf péipar)*
papel de chorro de tinta	**ink jet paper** *(inc chet péipar)*
papel fotográfico	**photo paper** *(fóto péipar)*
pluma	**fountain pen** *(fáunten pen)*
repuesto	**refill** *(rifíl)*

¡Hay que practicar! (13)

A. Escriba la palabra que falta en cada línea:

box, seat, elevator, cabinet, pencil, planner, printer

1. **steps, stairs,** _____
2. **schedule, calendar,** _____
3. **closet, vault,** _____
4. **copier, computer,** _____
5. **can, bottle,** _____
6. **sofa, chair,** _____
7. **eraser, pen,** _____

B. Llene las líneas con cosas de la oficina:

Bring the _____ .
Where's the _____ ?
_____ **is black and white.**
I don't work with the _____ .
Look for the _____ .

Consejos

Fumar en Estados Unidos está ahora prohibido en prácticamente todos los lugares públicos, incluyendo hoteles, tiendas, hospitales, mercados, cines, trenes y aviones. Los restaurantes tienen mesas para "fumadores" y "no fumadores". Muchas compañías prefieren que sus empleados no fumen en el trabajo, así que antes de encender un cigarrillo, pida la ubicación de las **smoking areas** (*smókin éreas*) y siempre pregunte a las personas alrededor si el cigarrillo les incomoda.

EL TALLER
The workshop
(de uérkchop)

Los trabajadores de taller, almacén y fábrica tienen que decir las siguientes palabras todo el tiempo. Haga una pregunta y después contéstela con el nuevo vocabulario:

¿Dónde está el/la...?	**Where's the...?** *(juéars de)*	
Está allí.	**It's over there.** *(its óver der)*	
correa	**belt** *(belt)*	**Where's the belt?** *(juéars de belt)*
		It's over there. *(its óver der)*
abrazadera	**clamp** *(clamp)*	_____
bloque	**block** *(bloc)*	_____
broche	**clasp** *(clasp)*	_____

carretilla	**cart** *(cart)*	_____
cierre	**fastener** *(fástener)*	_____
cucharón	**ladle** *(léidel)*	_____
escalera	**ladder** *(láder)*	_____
estaca	**stake** *(stéic)*	_____
filtro	**filter** *(fílter)*	_____
gancho	**hook** *(juc)*	_____
imán	**magnet** *(mágnet)*	_____
manguera	**hose** *(jóus)*	**Where's the hose?** *(juéars de jóus)*
		It's over here. *(its óver jir)*
molde	**molding** *(mólding)*	_____
navaja	**blade** *(bléid)*	_____
paleta	**pallet** *(pálet)*	_____
palo	**stick** *(stic)*	_____
plancha	**plate** *(pléit)*	_____
polea	**pulley** *(púli)*	_____
red	**net** *(net)*	_____
rueda	**wheel** *(uíl)*	_____
soporte	**brace** *(bréis)*	_____
tabla	**board** *(bord)*	_____
travelín	**dolly** *(dóli)*	_____

EJEMPLO
Hey, Bob! Where's the fastener? *(jéi bab juéars de fástener)*
It's over there, next to the dolly. *(its óver der nekst tu de dóli)*

En la fábrica, use las órdenes que ya ha aprendido:

Mire el/la...	**Look at the...** *(luc at de)*	
barrera	**barrier** *(bérier)*	**Look at the barrier.**
		(luc at de bérier)
conducto	**duct** *(dac)*	**Check the duct.**
		(chec de dac)
media puerta	**hatch** *(jach)*	**Fix the hatch.**
		(fiks de jach)
andamio	**scaffold** *(scáfol)*	_____
baranda	**railing** *(réilin)*	_____
carril	**track** *(trac)*	_____
descanso	**landing** *(lándin)*	_____
divisor	**partition** *(partíchen)*	_____
plataforma	**platform** *(plátform)*	_____
poste	**post** *(póust)*	_____
pozo	**shaft** *(chaft)*	_____
rampa	**ramp** *(ramp)*	_____
viga	**rafter** *(ráfter)*	_____
vigueta	**joist** *(chóist)*	_____

Vaya al/a la...	Go to the... (góu tu de)	
puesto	**booth** (buz)	**Go to the booth.** (góu tu de buz)
banco de trabajo	**workbench** (uércbench)	_____
cobertizo	**shed** (ched)	_____
estación	**station** (stéichen)	_____
mesa de trabajo	**work table** (uérc téibol)	_____

Cuando escriba sus ejemplos, es importante que utilice todos los verbos y todo el vocabulario que hemos visto. ¿Reconoce estas órdenes?

Cambie el/la...	**Change the...** (chench de)
Limpie el/la...	**Clean the...** (clin de)
Saque el/la...	**Remove the...** (rimúv de)

grifo	**faucet** (fóset)	**Change the faucet.** (chench de fóset)
drenaje	**drain** (dréin)	**Clean the drain.** (clin de dréin)
cargador	**charger** (chárcher)	**Remove the charger.** (rimúv de chárcher)
circuito	**circuit** (sércut)	_____
conexión	**connection** (canékchen)	_____
cortacircuitos	**breaker** (bréiquer)	_____
enchufe	**plug** (plag)	_____
engranaje	**gear** (guíar)	_____
generador	**generator** (cheneréiter)	_____
indicador	**gauge** (géich)	_____
interruptor	**switch** (suích)	_____
medidor	**meter** (míter)	_____
tablero de control	**control panel** (contról pánel)	_____
termómetro	**thermometer** (zermómeter)	_____
termostato	**thermostat** (zérmostat)	_____
toma de corriente	**electrical outlet** (eléctrical áutlet)	_____
transformador	**transformer** (transfórmer)	_____
válvula	**valve** (valf)	_____

¡Ahora más órdenes!

Abra...	**Open...** (ópen)	Jale...	**Pull...** (pul)
Apague...	**Turn off...** (tern of)	Llene...	**Fill...** (fil)
Cierre...	**Close...** (clóus)	Meta...	**Insert...** (insért)
Conecte...	**Connect...** (canéct)	Oprima...	**Press...** (pres)
Empuje...	**Push...** (puch)	Prenda...	**Turn on...** (tern on)
Haga clic...	**Click...** (clic)	Vacíe...	**Empty...** (émpti)

Prenda el/la ...   **Turn on the...** *(tern on de)*

   aparato   **device** *(diváis)*   <u>**Turn on the device.**</u>
(tern on de diváis)

   equipo   **equipment** *(ecuípment)*   _____
   máquina   **machine** *(machín)*   _____
   motor   **engine** *(énchin)*, **motor** *(mótor)*   _____

Conecte el/la...   **Connect the...** *(canéct de)*

   batería   **battery** *(báteri)*   <u>**Connect the battery.**</u>
(canéct de báteri)

   alambre   **wire** *(uáir)*   _____
   bobina   **coil** *(cóil)*   _____
   cable de extensión   **extension cord** *(eksténchen cord)*   _____
   cable eléctrico   **electrical cable** *(eléctrical quéibol)*   _____
   foco   **bulb** *(bolb)*   _____
   fusible   **fuse** *(fiús)*   _____
   pila   **dry cell battery** *(drái sel báteri)*   _____
   tubo   **pipe** *(páip)*   _____

Llene el/la...   **Fill the...** *(fil de)*

   barril   **barrel** *(bárel)*   <u>**Fill the barrel.**</u> *(fil de bárel)*
   balde   **bucket** *(báquet)*   _____
   bandeja   **tray** *(tréi)*   _____
   caja de transporte   **crate** *(créit)*   _____
   tanque   **tank** *(tanc)*   _____
   tina   **tub** *(tab)*   _____

Oprima el/la...   **Press the...** *(pres de)*

   botón   **button** *(báten)*   <u>**Press the button.**</u> *(pres de báten)*
   interruptor   **switch** *(suích)*   _____
   marcador   **dial** *(dáial)*   _____
   reloj   **timer** *(táimer)*   _____
   tecla   **key** *(qui)*   _____
   timbre   **buzzer** *(bázer)*   _____
   tirador   **knob** *(nob)*   _____

EJEMPLOS
Press the button and turn on the machine. *(pres de báten an tern on de machín)*
Remove the electric cable and check the control panel.
(rimúv de eléctric quéibol an chec de contról pánel)
Fill the bucket and clean the workbench. *(fil de báquet an clin de uércbench)*

Información adicional

Cada edificio tiene su terminología especializada. Lea con voz alta:

Hay...	There is... *(der is)*
calefacción	**heating** *(jítin)*
cañerías	**piping** *(páipin)*
iluminación	**lighting** *(láitin)*
un medidor de gas	**a gas meter** *(a gas míter)*
un sistema de irrigación	**a sprinkler system** *(a spríncler sístem)*
un sistema de seguridad	**a security system** *(a sequiúriti sístem)*
una válvula de agua	**a water valve** *(a uáter válf)*

¡Hay que practicar!

(14)

A. Traduzca:

1. **Press the button!** _____
2. **Fill the box!** _____
3. **Check the meter!** _____

B. Conecte las palabras que están relacionadas:

1. **engine**	stake
2. **barrier**	dial
3. **bucket**	wire
4. **cable**	tub
5. **knob**	divider
6. **stick**	motor

LA MAQUINARIA PESADA
Heavy machinery
(jévi machíneri)

Preste atención a estas palabras si trabaja con equipo pesado. Use la expresión **there is** *(der is)* en forma interrogativa:

¿Hay un/una...?	Is there a...? *(is der a)*	
alto horno	**blast furnace** *(blast férnas)*	**Is there a blast furnace?** *(is der a blast férnas)* **Yes, there is.** *(iés der is)* **No, there isn't.** *(nóu der isnt)*
antorcha	**torch** *(torch)*	_____
apiladora	**stacker** *(stáquer)*	_____
bomba	**pump** *(pamp)*	_____
caldera	**boiler** *(bóiler)*	_____
carretilla elevadora	**forklift** *(fórclift)*	_____
compactadora	**compactor** *(campáctor)*	_____
compresor	**compressor** *(camprésor)*	_____
correa transportadora	**conveyor belt** *(canvéior belt)*	_____
cortadora	**cutter** *(cáter)*	_____
fragua	**forge** *(forch)*	_____
grúa	**crane** *(créin)*	_____
molinero	**grinder** *(gráinder)*	_____
molino	**mill** *(mil)*	_____
prensa de tornillo	**vise** *(váis)*	_____
robot	**robot** *(róbot)*	_____
simuladora	**simulator** *(simiuléiter)*	_____
soplador	**blower** *(blóuer)*	_____
taladradora	**drill** *(dril)*	_____
torno	**lathe** *(léiz)*	_____
turbina	**turbine** *(térbain)*	_____

Ahora, conteste la pregunta. Estudie los ejemplos primero:

¿Puede manejar un/una...?	Can you drive a...? *(can iú dráiv a)*	
retroexcavadora	**backhoe** *(bácjou)*	**Can you drive a backhoe?** *(can iú dráiv a bácjou)* **Yes, I can.** *(iés ái can)* **No, I can't.** *(nóu ái cant)*
camión cisterna	**tanker truck** *(tánquer trac)*	_____
camión de plataforma	**flatbed truck** *(flátbed trac)*	_____
camión grúa	**crane truck** *(créin trac)*	_____
camión hormigonero	**cement truck** *(semént trac)*	_____
camión tractor	**tractor trailer** *(tráctor tréiler)*	_____
camión volquete	**dump truck** *(damp trac)*	_____
cargadora	**loader** *(lóuder)*	_____
semirremolque	**semitrailer** *(sémaitreiler)*	_____
tractor oruga	**bulldozer** *(buldózer)*	_____

EJEMPLO
Can you drive a loader? *(can iú dráiv a lóuder)*
No I can't, but I can drive a cement truck. *(nóu ái cant bat ái can dráiv a semént trac)*

Información adicional

Aprenda los nombres de todos los vehículos. Practique:

camión	**truck** *(trac)*
	That's a big truck. *(dats a big trac)*
camioneta	**pick-up** *(picáp)*
	Use the pick-up! *(iús de picáp)*
carro	**car** *(car)*
	I have a new car. *(ái jaf a niú car)*
furgoneta	**van** *(van)*
	Look at the yellow van. *(luc at de iélou van)*
vehículo deportivo utilitario	**SUV** *(esiuví)*
	There's the SUV. *(ders de esiuví)*

MÁS TERMINOLOGÍA TÉCNICA
More technical terminology
(mor técnical terminólochi)

El mundo tecnológico ha cambiado nuestro lugar de trabajo, así que tome unos minutos para revisar los siguientes grupos:

Trabajamos con...	**We're working on...** *(uír uérquin on)*
el sistema de _____	**the _____ system** *(de sístem)*
alarmas	**alarm** *(alárm)*
computadoras	**computer** *(campiúter)*
telecomunicaciones	**telecommunications** *(telecamiuniquéichens)*
el _____ inalámbrico	**the wireless _____** *(de uáierles)*
monitor	**monitor** *(mónitor)*
micrófono	**microphone** *(máicrofon)*
teléfono	**telephone** *(télefon)*
el equipo de _____	**the _____ equipment** *(de ecuípment)*
bombeo	**pumping** *(pámpin)*
medición	**measuring** *(méchurin)*
presión	**pressurizing** *(préchuraizin)*

EJEMPLO
The telecommunications system has wireless microphones.
(de telecamiuniquéichens sístem jas uáierles máicrofons)

¿Se ha fijado cuántas palabras son parecidas en los dos idiomas? ¡Pero cuidado!
La pronunciación (y acentuación) pueden ser distintas.

artificial *(artifíchal)* **monitor** *(mónitor)*
conductor *(candáctor)* **normal** *(nórmal)*
detector *(detéctor)* **radio** *(rédio)*
digital *(díchital)* **sensor** *(sénsor)*
gradual *(gráchual)* **virtual** *(vérchual)*

Las terminaciones de muchas palabras siguen cirtas reglas—fíjese en estos grupos:

activation *(activéichen)* activación
concentration *(cansentréichen)* concentración
installation *(instaléichen)* instalación
reduction *(ridákchen)* reducción

automatic *(otomátic)* automático
electronic *(electrónic)* electrónico
hydraulic *(jaidrólic)* hidráulico
static *(státic)* estático

capacity *(capásiti)* capacidad
electricity *(electrísiti)* electricidad
intensity *(inténsiti)* intensidad
polarity *(poláriti)* polaridad

Aquí tiene más vocabulario de tecnología. Use las palabras en oraciones sencillas:

amperaje	**amperage** *(ámperech)*	**Check the amperage.**
célula	**cell** *(sel)*	**How many cells?**
canal	**channel** *(chánel)*	**There are six channels.**
componente	**component** *(campónent)*	_____
filamento	**filament** *(fílament)*	_____
láser	**laser** *(léiser)*	_____
memoria	**memory** *(mémori)*	_____
remoto	**remote** *(rimóut)*	_____
vatiaje	**wattage** *(uátach)*	_____
voltaje	**voltage** *(vóltach)*	_____

Continúe:

adaptadores	**adapters** *(adápters)*	**Where are the adapters?** *(juéar ar de adápters)*
capacitores	**capacitors** *(capásitors)*	**It has capacitors.** *(it jas capásitors)*

condensadores	**condensers** (candénsers)	<u>**Change the condensers.**</u> (chench de candénsers)
circuitos integrados	**integrated circuits** (íntegreited sércuts)	_____
detectores	**detectors** (ditéctors)	_____
diodos	**diodes** (dáiouds)	_____
electrodos	**electrodes** (électrouds)	_____
microprocesadores	**microprocessors** (maicroprasésors)	_____
osciladores	**oscillators** (osiléitors)	_____
resistores	**resistors** (risístors)	_____
semiconductores	**semiconductors** (semaicandáctors)	_____
sensores	**sensors** (sénsors)	_____
transductores	**transducers** (transdiúsers)	_____
transformadores	**transformers** (transfórmers)	_____
transistores	**transistors** (transístors)	_____

EJEMPLO
Do you need to check the sensors? (du iú nid tu chec de sénsors)
Yes, I do. I also want to check the adapters. (iés ái du ái ólso uánt tu chec de adápters)

Información adicional

Es más fácil aprender cuando el vocabulario está dividido en grupos:

corriente alterna	**AC** (eisí)
corriente directa	**DC** (disí)
alto voltaje	**high voltage** (jái vóltach)
bajo voltaje	**low voltage** (lóu vóltach)
carga positiva	**positive charge** (pásitif charch)
carga negativa	**negative charge** (négatif charch)

Consejos

La tecnología sigue desarrollándose todos los días. Una carrera en este campo puede ser muy lucrativa y con abundantes oportunidades. En Estados Unidos hay miles de escuelas bilingües donde pueden enseñarle todas las habilidades técnicas necesarias para tener éxito en numerosas carreras.

¡Hay que practicar!

A. Llene la linea con la traducción correcta:

chemical   químico

1. _____ técnico
2. _____ mecánico
3. _____ eléctrico

B. Traduzca:

1. **transformers** _____
2. **copier** _____
3. **heating** _____
4. **bulldozer** _____
5. **microphone** _____
6. **DC** _____

HERRAMIENTAS COMUNES
Common tools
(cómon tuls)

Mire el nuevo vocabulario y las frases de muestra. Luego haga sus propias frases.

¿Necesita Ud. un/una...?	**Do you need a/an...?** *(du iú nid a an)*	
Necesito un/una...	**I need a/an...** *(ái nid a an)*	
hacha	**ax** *(aks)*	**Do you need the ax?** *(du iú nid de aks)* **No, I don't. I need the chisel.** *(nóu ái dont ái nid de chísel)*
cincel	**chisel** *(chísel)*	
brocha para pintar	**paint brush** *(péint brach)*	
cinta de medir	**measuring tape** *(méchurin téip)*	
cuchilla	**utility knife** *(iutíliti náif)*	
destornillador	**screwdriver** *(scrudráiver)*	
destornillador de cruz	**Philips head** *(fílips jed)*	
lima	**file** *(fáil)*	
llave inglesa	**wrench** *(rench)*	
martillo	**hammer** *(jámer)*	
nivel	**level** *(lével)*	
palanca	**crowbar** *(króubar)*	
paleta	**trowel** *(tráuel)*	
papel de lija	**sandpaper** *(sandpéipar)*	

pinzas	**pliers** (*pláiers*)	_____
raspador	**scraper** (*scréiper*)	_____
serrucho	**handsaw** (*jándso*)	_____
sierra de metal	**hacksaw** (*jácso*)	_____
tenazas	**tongs** (*tóngs*)	_____

¿Tiene Ud. un/una...?	**Do you have a/an...?** (*du iú jaf a an*)	
Tengo un/una...	**I have a/an...** (*ái jaf a an*)	
motosierra	**chainsaw** (*chéinso*)	**Do you have the chainsaw?** (*du iú jaf de chéinso*) **No, I don't. I have the compressor.** (*nóu ái dont ái jaf de camprésor*)
compresor	**compressor** (*camprésor*)	_____
martillo de presión	**jackhammer** (*chacjámer*)	_____
pistola clavadora	**nail gun** (*néil gan*)	_____
taladro portátil	**cordless drill** (*córdles dril*)	_____

¿Quiere Ud. el/la...?	**Do you want the...?** (*du iú uánt de*)	
Sí, quiero el/la...	**Yes, I want the...** (*iés ái uánt de*)	
mazo	**mallet** (*málet*)	**Do you want the mallet?** (*du iú uánt de málet*) **No, I don't. I want the pick.** (*nóu ái dont ái uánt de pic*)
pico	**pick** (*pic*)	_____
almádena	**sledgehammer** (*sléchjamer*)	_____
carretilla	**wheelbarrow** (*uílbarou*)	_____
pala	**shovel** (*cháuel*)	_____
rastrillo	**rake** (*réic*)	_____

Ahora practique con más órdenes en inglés. Estudie las formas negativas:

Por favor no use el/la...	**Please don't use the...** (*plis dont iús de*)	
pegamento	**glue** (*glu*)	**Please don't use the glue.** (*plis dont iús de glu*)
aislante	**sealant** (*sílant*)	_____
cinta	**tape** (*téip*)	_____
masilla	**putty** (*páti*)	_____
pintura	**paint** (*péint*)	_____

No jale el/la... **Don't pull the...** *(dont pul de)*

    cable   **cable** *(quéibol)*   **Please don't pull the cable.**
(plis dont pul de quéibol)

    alambre   **wire** *(uáier)*   _____
    cadena   **chain** *(chéin)*   _____
    cordón   **cord** *(cord)*   _____
    cuerda   **string** *(stríng)*   _____
    hilo   **thread** *(zred)*   _____
    soga   **rope** *(róup)*   _____

No guarde el/la... **Don't put away the...** *(dont put euéi de)*

    broca   **bit** *(bit)*   **Please don't put away the bit.**
(plis dont put euéi de bit)

    arandela   **washer** *(uácher)*   _____
    clavo   **nail** *(néil)*   _____
    perno   **bolt** *(bolt)*   _____
    tornillo   **screw** *(scru)*   _____
    tuerca   **nut** *(nat)*   _____

No lleve el/la... **Don't take the...** *(dont téic de)*

    escoba   **broom** *(brum)*   **Please don't take the broom.**
(plis dont téic de brum)

    cepillo   **brush** *(brach)*   _____
    esponja   **sponge** *(spónch)*   _____
    tacho de basura   **dustpan** *(dástpan)*   _____
    toalla   **towel** *(táuel)*   _____
    trapeador   **mop** *(map)*   _____

EJEMPLO
Don't pull the wire and don't put away the screws!
(dont pul de uáir an dont put euéi de scrus)

Información adicional

¿Dónde poner la basura?

Usemos el/la... **Let's use the...** *(lets iús de)*

    basurero grande   **dumpster** *(dámpster)*
    bolsa de basura   **trashbag** *(tráchbag)*
    bote de basura   **trashcan** *(tráchcan)*

LOS MATERIALES
The materials
(de matírials)

No podemos trabajar sin los materiales necesarios. Escriba una oración al lado de cada nueva palabra:

amianto	**asbestos** *(asbéstos)*	**There's no asbestos.** *(ders no asbéstos)*
ladrillos	**bricks** *(brics)*	**Bring the bricks.** *(brin de brics)*
cemento	**cement** *(semént)*	**We need more cement.** *(uí nid mor semént)*
arena	**sand** *(sand)*	_____
baldosa	**floor tile** *(flóar táil)*	_____
gravilla	**gravel** *(grável)*	_____
madera	**lumber** *(lámber)*	_____
madera terciada	**plywood** *(pláivud)*	_____
piedras	**stones** *(stóuns)*	_____
tubería	**pipe** *(páip)*	_____

Ahora lea cada diálogo en voz alta:

¿Está hecho de...?	**Is it made of...?** *(is it méid of)*	
No, está hecho de...	**No, it's made of...** *(nóu its méid of)*	
aluminio	**aluminum** *(alúminum)*	**Is it made of aluminum?** *(is it méid of alúminum)* **No, it's made of an alloy.** *(nóu its méid of an áloi)*
aleación	**alloy** *(áloi)*	_____
acero	**steel** *(stil)*	_____
algodón	**cotton** *(cáten)*	_____
bronce	**bronze** *(brons)*	_____
cartón	**cardboard** *(cárbor)*	_____
cobre	**copper** *(cóper)*	_____
cuero	**leather** *(lézer)*	_____
estaño	**tin** *(tin)*	_____
fibra de vidrio	**fiberglass** *(fáiberglas)*	**Have you worked with fiberglass?** *(jaf iú uérct uít fáiberglas)* **Yes, I have. And I've also worked with glass.** *(iés ái jaf an áif ólso uérct uít glas)*
vidrio	**glass** *(glas)*	_____
goma	**rubber** *(ráber)*	_____
hierro	**iron** *(áiron)*	_____
lana	**wool** *(vul)*	_____

latón	**brass** *(bras)*	_____
lona	**canvas** *(cánvas)*	_____
malla	**mesh** *(mech)*	_____
plástico	**plastic** *(plástic)*	_____
tela	**fabric** *(fábric)*	_____
yeso	**plaster** *(pláster)*	_____

¿Es un...?	**Is it a/an...?** *(is it a an)*
No, es un...	**No, it's a...** *(nóu its a)*

gas	**gas** *(gas)*	**Is it a gas?** *(is it a gas)* **No, it's a liquid.** *(nóu its a lícuid)*
líquido	**liquid** *(lícuid)*	_____
aerosol	**spray** *(spréi)*	_____
metal	**metal** *(métal)*	_____
polvo	**powder** *(páuder)*	_____

¿Usa...?	**Does it use...?** *(das it iús)*
No, usa...	**No, it uses...** *(nóu it iúses)*

carbón	**coal** *(cóul)*	**Does it use coal?** *(das it iús cóul)* **No, it uses fuel.** *(nóu it iúses fiúl)*
combustible	**fuel** *(fiúl)*	_____
aceite	**oil** *(óil)*	_____
propano	**propane** *(propéin)*	_____
vapor	**steam** *(stim)*	_____

¡Hay que practicar! ⑯

A. Conéctelas:

1. **gasoline**	**steel**
2. **rope**	**cotton**
3. **iron**	**paint**
4. **wool**	**sand**
5. **brush**	**string**
6. **gravel**	**bit**
7. **drill**	**fuel**

B. ¿Cuál es más grande?

1. **screwdriver or nail** _____
2. **trowel or chainsaw** _____
3. **dumpster or mop** _____

¡Acción!

Hay una variedad de verbos útiles usados en el trabajo diario de la fábrica:

traer	**to bring** (tu brin)	**Bring the tools!** (brin de tuls)
llevar	**to carry** (tu quéri)	**Carry the** _____! (quéri de)
agarrar	**to grab** (tu grab)	_____
apagar	**to turn off** (tu tern of)	_____
bajar	**to lower** (tu lóuer)	_____
cargar	**to load** (tu lóud)	_____
cortar	**to cut** (tu cat)	_____
descargar	**to unload** (tu anlóud)	_____
desenchufar	**to unplug** (tu anplág)	_____
empujar	**to push** (tu puch)	_____
enchufar	**to plug in** (tu plag in)	_____
guardar	**to put away** (tu put euéi)	_____
instalar	**to install** (tu instól)	_____
jalar	**to pull** (tu pul)	_____
llenar	**to fill** (tu fil)	_____
meter	**to put inside** (tu put insáid)	_____
mover	**to move** (tu muv)	_____
pintar	**to paint** (tu péint)	_____
prender	**to turn on** (tu tern on)	_____
recoger	**to pick up** (tu pic ap)	_____
reparar	**to fix** (tu fiks)	_____
sacar	**to take out** (tu téic áut)	_____
subir	**to raise** (tu réis)	_____
tirar	**to throw away** (tu zróu euéi)	_____
vaciar	**to empty** (tu émpti)	_____
voltear	**to turn around** (tu tern aráun)	_____

¡Hay que practicar!

(17)

¿Se acuerda de lo que ya hemos aprendido? Termine las siguientes frases:

Ahora:	**Todos los días:**
I'm pushing the door. (áim púchin de dóar)	**I push the door.** (ái puch de dóar)
He's picking up the trash. (jis píquin ap de trach)	He _____ .
They're loading the truck. (déir lóudin de trac)	They _____ .
She's turning on the machine. (chis térnin on de machín)	She _____ .
We're filling the cans. (uír fílin de cans)	We _____ .

¡Hagamos una frase!

El tiempo del futuro

¿Recuerda usted que la frase **going to** significa "ir a"? La construcción **going to** también es la forma usada para hablar sobre acciones que pasarán en el futuro. Mire:

I'm going to eat. *(áim góin tu it)*	Voy a comer.
I'm going to watch TV. *(áim góin tu uách tiví)*	Voy a mirar televisión.
I'm going to sleep. *(áim góin tu slip)*	Voy a dormir.

Todo lo que tiene que hacer es añadir a **going to** la forma infinitiva del verbo. Vamos a ver unas cuantas más:

Vamos a mover las cajas.
We're going to move the boxes. *(uír góin tu muv de bákses)*
Van a terminar mañana.
They're going to finish tomorrow. *(déir góin tu fínich tumórrou)*
Ella va a trabajar más tarde.
She's going to work later. *(chis góin tu uérc léiter)*

Y estas son algunas frases interrogativas y negativas. Traduzca:

Are you going to drive the car? *(ar iú góin tu dráiv de car)*
No, I'm not going to drive the car. *(nóu áim nat góin tu dráiv de car)*
Are you guys going to fix the car? *(ar iú gáis góin tu fiks de car)*
No, we are not going to fix the car. *(nóu uí ar nat góin tu fiks de car)*
Is he going to wash the car? *(is ji góin tu uách de car)*
No, he isn't going to wash the car. *(nóu ji isnt góin to uách de car)*

Información adicional

Hay otra manera de hablar del futuro en inglés. Todo lo que se hace es agregar la palabra **will** al tiempo presente:

Yo hablaré	**I will speak** *(ái uíl spic)*
	I will speak to the boss. *(ái uíl spic tu de bos)*
Tú hablarás, usted hablará	**You will speak** *(iú uíl spic)*
	You will speak to him. *(iú uíl spic tu jim)*
Él, ella hablará	**He o she will speak*** *(ji chi uíl spic)*
	He will speak to her. *(ji uíl spic tu jer)*
Nosotros hablaremos	**We will speak** *(uí uíl spic)*
	We will speak to them. *(uí uíl spic tu dem)*
Ustedes, ellos hablarán	**You will speak** *(iú uíl spic)*
	They will speak to me. *(déi uíl spic tu mi)*

*Note que en este caso (**he** o **she**) no se require añadir **s** a **speak**.

¡Hay que practicar!

A. Llene el espacio con el verbo con el significado opuesto:

raise   **lower**

1. **unplug**   _____
2. **empty**   _____
3. **pull**   _____
4. **turn off**   _____
5. **load**   _____

B. Conteste las preguntas:

Where are you going to eat lunch tomorrow?
Are you going to apply for a job later?
What are you going to do tonight?
Who is going to read this book?
Are you going to turn on your computer this week?

C. Siga los ejemplos que se le han dado:

I'm working today.	**I'm going to work tomorrow.**
John is finishing today.	**John is going to finish tomorrow.**
We are starting today.	_____
They are painting today.	_____
He is cleaning today.	_____

LOS ELECTRODOMÉSTICOS

Ponga las letras en orden para formar palabras en inglés.

1. iretnrp   _____
2. rsahew   _____
3. traseot   _____
4. eerferz   _____
5. sadrehwsih   _____
6. eicererv   _____
7. Ivrwemaoc   _____
8. eyrrd   _____
9. ecrrroed   _____
10. toeepnleh   _____
11. aernscn   _____

(Respuestas en la página 265.)

Capítulo cuatro

El entrenamiento
The training
(de tréinin)

APRENDIZAJE
Learning
(lérnin)

Una vez familiarizado con su lugar de trabajo, comience su aprendizaje. Necesitará estas frases primero:

¿Qué tengo que hacer?	**What do I have to do?** (uát du ái jaf tu du)
¿Cómo lo hago?	**How do I do it?** (jáo du ái du it)
¿Está bien así?	**Is this OK?** (is dis oquéi)

Y para pedir ayuda...
Is there a problem? (is der a práblem)
Yes, ... (iés)

Tengo un problema.	**I have a problem.** (ái jaf a práblem)
Tengo una pregunta.	**I have a question.** (ái jaf a cuéschen)
No entiendo.	**I don't understand.** (ái dont anderstán)

Do you understand? (du iú anderstán)
No, ...(nóu)

¿Podría hablar más despacio?	**Could you speak more slowly?** (cud iú spic mor slóuli)
¿Podría repetirlo, por favor?	**Could you repeat that?** (cud iú ripít dat)
¿Podría ayudarme?	**Could you help me?** (cud iú jelp mi)

Ahora escuche las instrucciones del entrenador. Estudie cada grupo de palabras:

Mire y escuche.	**Watch and listen.** (uách an lísen)
Preste atención.	**Pay attention.** (péi aténchen)
Esto es muy importante.	**This is very important.** (dis is véri impórtant)

Este es el procedimiento.	**This is the procedure.** (dis is de prasícher)
Esto es lo que quiero.	**This is what I want.** (dis is uát ái uánt)
Así es como lo hacemos.	**This is how we do it.** (dis is jáo uí du it)

De esta manera.	**This way.** *(dis uéi)*	
Como esto.	**Like this.** *(láic dis)*	
Recuerde esto.	**Remember this.** *(rimémber dis)*	

Continúe:

¿Entiende el/la/los/las ____?	**Do you understand the ____?** *(du iú anderstán de)*	
tareas	**assignments** *(asáinments)*	<u>**Do you understand the assignments?**</u> *(du iú anderstán de asáinments)* **Yes, I do.** *(iés ái du)*
deberes	**duties** *(diútis)*	_____
faenas	**tasks** *(tascs)*	_____
labores domésticas	**chores** *(chóars)*	_____
responsabilidades	**responsibilities** *(risponsibílitis)*	_____
trabajos	**jobs** *(chabs)*	_____

EJEMPLO
Is this OK? *(is dis oquéi)*
No. Like this. This is the procedure. *(nóu láic dis dis is de prasícher)*
And what are my responsibilities? *(an uát ar mái risponsibílitis)*
Please pay attention. This is what I want. *(plis péi aténchen dis is uát ái uánt)*

Ahora practiquemos más frases y oraciones de entrenamiento:

Ahora el otro.	**Now, the other one.** *(náu de áder uán)*
Así no.	**Not like that.** *(nat laic dat)*
Eso es.	**That's it.** *(dats it)*
Eso está mejor.	**That's better.** *(dats béter)*
La misma cosa.	**The same thing.** *(de séim zing)*
¿Lo entiende?	**You understand?** *(iú anderstán)*
Otra vez.	**Again.** *(aguén)*
Siga.	**Keep going.** *(quip góin)*
¿Tiene un problema?	**Do you have a problem?** *(du iú jaf a práblem)*
Uno como éste.	**Like this one.** *(láic dis uán)*
Y éste también.	**And this one, too.** *(an dis uán tu)*

Ahora aprenda su vocabulario en grupos de palabras opuestas:

Eso es.	**That's it.** *(dats it)*
Eso no es.	**That's not it.** *(dats nat it)*
Un poco más.	**A little more.** *(a lítel mor)*
Un poco menos.	**A little less.** *(a lítel les)*
Más rápido.	**Faster.** *(fáster)*
Más despacio.	**Slower.** *(slóuer)*

EJEMPLO
Like this one? *(laic dis uán)*
Yes. Now, the other one. *(iés náu de áder uán)*
And this one, too? *(an dis uán tu)*
Yes, that's it. Keep going. *(iés dats it quip góin)*

Información adicional

Muchas frases de entrenamiento indican la posición de algo:

¡Al revés!	**Backwards!** *(bácuards)*
¡El otro lado!	**The other side!** *(de áder sáid)*
¡Boca abajo!	**Upside down!** *(ápsai dáun)*

MÁS PALABRAS CLAVES
More key words
(mor qui uérds)

Al dar instrucciones en inglés, a veces basta con decir una palabra clave para que todos puedan entender. Estos son excelentes ejemplos:

casi	**almost** *(ólmoust)*
	Ready? *(rédi)*
	Almost. *(ólmoust)*
basta, ya	**that's enough** *(dats ináf)*
	More? *(mor)*
	No, that's enough. *(nóu dats ináf)*

Continúe con la práctica:

ninguno	**none** *(nan)*	**How many?** *(jáo méni)*	None
demasiado	**too much** *(tu mach)*	**More?** *(mor)*	_____
la mayor parte	**most of it** *(most of it)*	**How much?** *(jáo mach)*	_____
lo demás	**the rest** *(de rest)*	**How much?** *(jáo mach)*	_____
sólo uno	**only one** *(ónli uán)*	**How many?** *(jáo méni)*	_____
todavía no	**not yet** *(nat iét)*	**Ready?** *(rédi)*	_____

Lea cada frase en voz alta y tradúzcala:

cualquiera	**anyone, anybody** *(éniuan énibadi)*
	Anyone can do the job. *(éniuan can du de chab)*
cualquier cosa	**anything** *(énizin)*
	Do you need anything? *(du iú nid énizin)*
en cualquier sitio	**anywhere** *(éniuear)*
	Sit anywhere you like. *(sit éniuear iú láic)*

todos	**everyone, everybody** (*évriuan évribadi*)
	Everyone is here. (*évriuan is jir*)
todo	**everything** (*évrizin*)
	Do you see everything? (*du iú si évrizin*)
por todas partes	**everywhere** (*évriuear*)
	They are everywhere. (*déi ar évriuear*)
nadie	**no one, nobody** (*no uán nóubadi*)
	Nobody knows. (*nóubadi nóus*)
nada	**nothing** (*názin*)
	Nothing happened. (*názin jápent*)
en ningún sitio	**nowhere** (*nóuear*)
	There is nowhere to put it. (*der is nóuear tu put it*)
alguien	**someone, somebody** (*sámuan sámbadi*)
	Someone is coming. (*sámuan is cámin*)
algo	**something** (*sámzin*)
	I'm looking for something. (*áim lúquin for sámzin*)
en algún sitio	**somewhere** (*sámuear*)
	It's somewhere in my car. (*its sámuear in mái car*)

Algunas frases instructivas son para emergencias:

No lo toque.	**Don't touch it.** (*don't tach it*)
¡Ojo!	**Look out!** (*luc áut*)
Tenga mucho cuidado.	**Be very careful.** (*bi véri quérful*)

EL HORARIO
The schedule
(de squéchul)

Parte del entrenamiento incluye el horario de trabajo. Practique:

calendario	**calendar** (*cálendar*)
¿Es esto el calendario?	**Is that the calendar?** (*is dat de calendar*)
horario	**schedule** (*squéchul*)
Necesito revisar el horario.	**I need to check the schedule.** (*ái nid tu chec de squéchul*)
horas	**hours** (*áurs*)
¿Estas son mis horas de trabajo?	**Are these my work hours?** (*ar des mái uérc áurs*)
agenda	**agenda** (*achénda*)
Busco la agenda.	**I'm looking for the agenda.** (*áim lúquin for de achénda*)
cambio	**change** (*chench*)
¿Hay un cambio?	**Is there a change?** (*is der a chench*)

plan   **plan** *(plan)*
Tengo que saber el plan.   **I have to know the plan.** *(ái jaf tu nóu de plan)*

EJEMPLO
Is there a change in the schedule? *(is der a chench in de squéchul)*
Yes, and these are your new hours. *(iés an des ar iór niú áurs)*

Ahora estudie el horario de trabajo en detalle:

Español	Inglés	
Se abre a _____ .	**It opens at _____ .**	*(it ópens at)*
Se cierra a _____ .	**It closes at _____ .**	*(it clóuses at)*
Empieza Ud. a _____ .	**You start at _____ .**	*(iú start at)*
Termina Ud. a _____ .	**You finish at _____ .**	*(iú fínich at)*
Hora de entrada _____ .	**Time in _____ .**	*(táim in)*
Hora de salida _____ .	**Time out _____ .**	*(táim áut)*
Almuerza Ud. a _____ .	**Your lunch is at _____ .**	*(iór lanch is at)*
Tome un descanso a _____ .	**Take a break at _____ .**	*(téic a bréic at)*
Esté aquí a _____ .	**Be here at _____ .**	*(bi jir at)*
Se puede ir a _____ .	**You may leave at _____ .**	*(iú méi liv at)*

EJEMPLO
You start at eight, your lunch is at twelve, and you may leave at four.
(iú start at éit iór lanch is at tuélf an iú méi liv at fóar)

¿Se acuerda de los días de la semana en inglés? Estos son los días con su forma abreviada:

Monday (Mon.)   Tuesday (Tue.)   Wednesday (Weds.)   Thursday (Thur.)
Friday (Fri.)   Saturday (Sat.)   Sunday (Sun.)

Estamos cerrados los _____ .	**We are closed on _____ .**	*(uí ar clóust on)*
Estamos abiertos los _____ .	**We are open on _____ .**	*(uí ar ópen on)*
Va a trabajar _____ .	**You will work on _____ .**	*(iú uíl uérc on)*
No trabaja _____ .	**You don't work on _____ .**	*(iú dont uérc on)*

EJEMPLO
What's my work schedule? *(uáts mái uérc squéchul)*
You will work every day but Sunday. We're closed on Sundays.
(iú uíl uérc évri déi bat sándi uí ar clóust on sándis)

Información adicional

Algunas compañías llaman la atención de sus empleados así:

Escuche la/el...	**Listen for the...** *(lísen for de)*
campana	**bell** *(bel)*
bocina	**horn** *(jorn)*
pito	**whistle** *(uísel)*

Consejos

La puntualidad vale mucho en la cultura norteamericana, así que intente estar en la reunión de trabajo 5–10 minutos antes de la hora fijada. También aprenda las siguientes frases:

Be here for sure! *(bi jir for chúar)*	¡Esté aquí sin falta!
Please arrive early! *(plis arráiv érli)*	¡Favor de llegar temprano!
Don't be late! *(dont bi léit)*	¡No llegue tarde!
We need to start on time. *(uí nid tu start on táim)*	Necesitamos comenzar a tiempo.
Call if you have a problem! *(col if iú jaf a práblem)*	¡Llame si tiene un problema!

¡Hay que practicar!

(19)

A. Traduzca al inglés:

1. Preste atención _____
2. Otra vez _____
3. Ninguno _____

B. Conecte las palabras opuestas:

1. **somebody** **many**
2. **only one** **finish**
3. **start** **no one**

C. Llene las líneas con sus horas y días de trabajo:

1. **Your time is** _____ .
2. **Your lunch is at** _____ .
3. **You don't work on** _____ .

PROCEDIMIENTOS DIARIOS
Everyday procedures
(évridei prasíchers)

¿Qué sabe Ud. de los procedimientos principales en su lugar de trabajo?

¿Dónde está el/la _____ para los empleados?	**Where's the employee _____ ?** *(juéars de emplollí)*	
cafetería	**cafeteria** *(cafitíria)*	**Where's the employee cafeteria?** *(uérs de emplollí cafitíria)* **It's there.** *(its der)*
baños	**restroom** *(réstrum)*	_____
entrada	**entrance** *(éntrans)*	_____
estacionamiento	**parking area** *(párquin érea)*	_____
salida	**exit** *(éksit)*	_____

Ahora pruebe palabras nuevas:

Necesito el/la...	**I need the...** *(ái nid de)*	
contraseña autorizada	**authorized password** *(ótoraizt pásuerd)*	**I need the authorized password.** *(ái nid de ótoraizt pásuerd)*
código de seguridad	**security code** *(sequiúriti cóud)*	_____
detector de metales	**metal detector** *(métal ditéctor)*	_____
identificación personal	**personal identification** *(pérsonal aidentifiquéichen)*	_____
lista de registración	**sign-in sheet** *(sáinin chit)*	_____
llaves de la compañía	**company keys** *(cámpani quís)*	_____
número de la placa	**badge number** *(bátch námber)*	_____
reloj de control	**time clock** *(táim clac)*	_____
tarjeta de trabajo	**time card** *(táim card)*	_____

EJEMPLO
Where's the parking area? *(uérs de párquin érea)*
Over there, to the right. *(óver der tu de ráit)*
Thanks. Do I need the security code? *(zenks du ái nid de sequiúriti cóud)*
Yes, it's three-six-one-zero. *(iés its zri sics uán zíro)*

Si es posible, obtenga la información que necesite en español. Estudie las preguntas:

Do you want to see it? *(du iú uánt tu si it)*	¿Quiere verlo?
Would you like to see it? *(uód iú láic tu si it)*	¿Quisiera verlo?

Ahora, responda con una frase completa:

Quiero ver el/la...	**I want to see the...** *(ái uánt to si de)*
Quisiera ver el/la...	**I'd like to see the...** *(áid láic tu si de)*

anuncio	**announcement** *(anáunsment)*	<u>**I want to see the announcement.**</u> *(ái uánt tu si de anáunsment)*
calendario	**calendar** *(cálendar)*	_____
carta	**letter** *(léter)*	_____
correo electrónico	**e-mail** *(ímeil)*	_____
disco	**disk, CD** *(disc sidí)*	_____
documento	**document** *(dáquiument)*	_____
lista	**list** *(list)*	_____
mensaje de texto	**text message** *(tekst mésech)*	_____
tablón de anuncios	**bulletin board** *(búletin bord)*	_____

¿Puedo ver el/la...?	**Can I see the...?** *(can ái si de)*
¿Podría ver el/la...?	**May I see the...?** *(méi ái si de)*

correo	**mail** *(méil)*	**Can I see the mail?** *(can ái si de méil)*
aviso	**notice** *(nótis)*	_____
cartel	**poster** *(póster)*	_____
folleto	**pamphlet** *(pámflet)*	_____
horario	**schedule** *(squéchul)*	_____
letrero	**sign** *(sáin)*	_____
memorándum	**memo** *(mémo)*	_____
mensaje	**message** *(mésech)*	_____
página	**page** *(péich)*	_____
papel	**paper** *(péipar)*	_____
pizarrón	**board** *(bord)*	_____
reporte	**report** *(ripórt)*	_____

EJEMPLO
Do you want to see the e-mail? *(du iú uánt tu si de ímeil)*
Yes, I do. And may I see the schedule? *(iés ái du an méi ái si de squéchul)*

Información adicional

No se preocupe si no puede encontrar algo. Aquí tiene la pregunta básica:

¿Está en el/la...?   **Is it in the...?** *(is it in de)*

archivo	**file** *(fáil)*
cajón	**drawer** *(dróuer)*
carpeta	**folder** *(fólder)*
estuche	**kit** *(quit)*
maletín	**briefcase** *(brífqueis)*
paquete	**package** *(páquich)*
sobre	**envelope** *(énveloup)*

LA REUNIÓN DE EMPLEADOS
The staff meeting
(de staf mítin)

Cuando hay reuniones en el trabajo, aprovéchelas para practicar inglés. Primero empiece con los saludos:

Hi! How are you? *(jái jáo ar iú)*
Not bad, and you? *(nat bad an iú)*
I'm fine, thanks. *(áim fáin zenks)*

¿Busca el/la...?   **Are you looking for the...?**
        (ar iú lúquin for de)

¿Es este el...?   **Is this the...?** *(is dis de)*

clase	**class** *(clas)*	**Are you looking for the class?** *(ar iú lúquin for de clas)* **Yes, I am.** *(iés ái am)*
comité	**committee** *(camíti)*	**Is this the committee?** *(is dis de camíti)* **No, it's not. It's the conference.** *(nóu its nat its de cánferens)*
conferencia	**conference** *(cánferens)*	_____
lección	**lesson** *(léson)*	_____
reunión	**meeting** *(mítin)*	_____
seminario	**seminar** *(séminar)*	_____
sesión	**session** *(séchon)*	_____

¿Y cuál es el propósito de la reunión?

¿Tiene que ver con el/la/los/las...?	**Is it about the...?** *(is it abáut de)*	
ventas	**sales** *(séils)*	**Is it about the sales?** *(is it abáut de séils)* **No, it isn't. It's about the law.** *(nóu it isnt its abáut de lo)*
ley	**law** *(lo)*	_____
cambio	**change** *(chench)*	_____
entrenamiento	**training** *(tréinin)*	_____
metas	**goals** *(góuls)*	_____
productos	**products** *(prádacts)*	_____
seguridad	**safety** *(séifti)*	_____
servicio	**service** *(sérvis)*	_____

¿Quiere...?	**Do you want to...?** *(du iú uánt tu)*	
asistir	**attend** *(aténd)*	**Do you want to attend?** *(du iú uánt tu aténd)* **Yes, I do. And I want to participate.** *(iés ái du an ái uánt tu partícipeit)*
participar	**participate** *(partísipeit)*	_____
aprender	**learn** *(lern)*	_____
conocer	**know** *(nóu)*	_____
escuchar	**listen** *(lísen)*	_____
mirar	**watch** *(uách)*	_____
oír	**hear** *(jíar)*	_____
practicar	**practice** *(práctis)*	_____

EJEMPLO

Excuse me, is this the training class? I need to attend.
(eksquiús mi is dis de tréinin clas ái nid tu aténd)
Yes, it is. Come in. *(iés it is cam in)*
Thank you. Is the training about the new machinery?
(zenk iú is de tréinin abáut de niú machíneri)
Yes, it is. The class begins at ten o'clock. *(iés it is de clas beguíns at ten oclác)*

Continúe:

| ¿Necesita el/la...? | **Do you need the...?** *(du iú nid de)* |
| Necesito el/la... | **I need the...** *(ái nid de)* |

| carpeta | **binder** *(báinder)* | **Do you need the binder?** *(du iú nid de báinder)* **No, thanks. I need the book.** *(nóu zenks ái nid de buc)* |

libro	**book** *(buc)*	_____
cuaderno	**notebook** *(nóutbuc)*	_____
folleto	**pamphlet** *(pámflet)*	_____
librito	**booklet** *(búclet)*	_____
manual de instrucciones	**instructions manual** *(instrákchens mánual)*	_____
portafolio	**portfolio** *(portfólio)*	_____

¡Acción!

Aquí note el uso de la palabra **it**:

| ¿Van a...? | **Are they going to...?** *(ar déi goín tu)* |

| aclararlo | **clarify it** *(clárifai it)* | **Are they going to clarify it?** *(ar déi góin tu clárifai it)* **Yes, they are!** *(iés déi ar)* |

discutirlo	**discuss it** *(discás it)*	_____
enseñarlo	**teach it** *(tich it)*	_____
explicarlo	**explain it** *(ekspléin it)*	_____
mostrarlo	**show it** *(chóu it)*	_____
repartirlo	**hand it out** *(jand it áut)*	_____
repasarlo	**review it** *(riviú it)*	_____

Consejos

- Si no puede recordar una palabra, trate otra con significado parecido.
- Más que otros idioms, el inglés está lleno de expresiones idiomáticas informales. En otras culturas el excesivo empleo de modismos y jerga es censurado, pero los estadounidenses los emplean con absoluta naturalidad en todas las clases sociales. Acostúmbrese a este concepto.
- Sus errores son normales; por eso, permita que lo corrijan. Así aprenderá más rápido.
- Los dialectos pueden variar, así que no se desanime cuando ciertas palabras o sonidos no le parezcan familiares.

MÁS EXPLICACIONES
More explanations
(mor eksplanéichens)

No puede mejorar en su trabajo si no entiende las palabras usadas en el entrenamiento. Pida explicaciones y aclaraciones:

Explique por favor el/la...	**Please explain the....** *(plis ekspléin de)*	**Please explain the concept.** *(plis ekspléin de cánsept)*
concepto	**concept** *(cánsept)*	
función	**function** *(fánkchen)*	_____
idea	**idea** *(aidía)*	_____
meta	**goal** *(góul)*	_____
objetivo	**objective** *(obchéctif)*	_____
principio	**principle** *(prínsipol)*	_____
proceso	**process** *(práses)*	_____
propósito	**purpose** *(pérpes)*	_____
tema	**subject** *(sábchect)*	_____
uso	**use** *(iús)*	_____

¿Entiende el/la ...?	**Do you understand the...?** *(du iú anderstán de)*	
¿Cuál...?	**Which...?** *(uích)*	
página	**page** *(péich)*	**Do you understand the page?** *(du iú anderstán de péich)* **Which page?** *(uích péich)*
capítulo	**chapter** *(chápter)*	_____
párrafo	**paragraph** *(páragraf)*	_____
parte	**part** *(part)*	_____
renglón	**line** *(láin)*	_____
sección	**section** *(sékchen)*	_____

EJEMPLO
Please explain the process again. *(plis ekspléin de práses aguén)*
It's in the binder. It explains the process in Spanish.
(its in de báinder it ekspléins de práses in spánich)
Great! What page? *(gréit uát péich)*
It's on pages 8 to 15. *(its on péiches éit tu fiftín)*

Ahora, dígales que Ud. necesita ayuda:

No encuentro el/la...	**I can't find the...** *(ái cant fáind de)*	
diagrama	**diagram** *(dáiagram)*	**I can't find the diagram.** *(ái cant fáind de dáiagram)*
dibujo	**drawing** *(dróuin)*	_____
foto	**photo** *(fóto)*	_____
gráfico	**graph** *(graf)*	_____
ilustración	**illustration** *(ilustréichen)*	_____
mapa	**map** *(map)*	_____

No entiendo los/las...	**I don't understand the...** *(ái dont anderstán de)*	
códigos	**codes** *(cóuds)*	**I don't understand the codes.** *(ái dont anderstán de cóuds)*
instrucciones	**instructions** *(instrákchens)*	_____
leyes	**laws** *(los)*	_____
medidas	**measures** *(méchers)*	_____
pasos	**steps** *(steps)*	_____
pautas	**guidelines** *(gáidlains)*	_____
políticas	**policies** *(pálisis)*	_____
procedimientos	**procedures** *(prasíchers)*	_____
reglamentos	**regulations** *(reguiuléichens)*	_____
reglas	**rules** *(ruls)*	_____

EJEMPLO
Excuse me, is this the chart? *(eksquiús mi is dis de chart)*
Yes, it is. Do you understand it? *(iés it is du iú anderstán it)*
I think so. My problem is I don't understand the instructions.
(ái zinc so mái próblem is ái dont anderstán de instrákchens)

Y estas son las frases que usted va a escuchar al final del entrenamiento. Copie cada palabra en las líneas en blanco:

¿Hay alguna pregunta?
Are there any questions? *(ar der éni cuéschens)*

_____

Espero que la reunión haya sido útil.
I hope this meeting has been helpful. *(ái jóup dis mítin jas bin jélpful)*

_____

Gracias a todos por venir.
Thank you all for coming. *(zenk iú ol for cámin)*

_____

Información adicional

Entrenemos con este nuevo vocabulario técnico:

Busque el/la...	**Look for the...** *(luc for de)*	
Recuerde el/la...	**Remember the...** *(rimémber de)*	
Mire el/la...	**Look at the...** *(luc at de)*	

ángulo	**angle** *(ángol)*	**Remember the angle.** *(remember de ángol)*
esquina	**corner** *(córner)*	**Look for the corner.** *(luc for de córner)*
borde	**edge** *(ech)*	_____
curva	**curve** *(quérf)*	_____
diseño	**design** *(disáin)*	_____
espacio	**space** *(spéis)*	_____
forma	**shape** *(chéip)*	_____
letra	**letter** *(léter)*	_____
línea	**line** *(láin)*	_____
marca	**mark** *(marc)*	_____
modelo	**model** *(mádel)*	_____
patrón	**pattern** *(pátern)*	_____
punta	**point** *(póint)*	_____
símbolo	**symbol** *(símbol)*	_____

¡Hay que practicar!

(20)

A. Escoja la palabra que va con las otras:

1. **model, pattern,** _____   law
2. **chapter, page,** _____   design
3. **rule, regulation,** _____   paragraph

B. Traduzca:

1. **We try to provide excellent service.** _____
2. **Please explain the theme of the book.** _____
3. **We're going to practice and review it.** _____

HABILIDADES ESPECIALES
Special skills
(spéchal squíls)

Cada vez más, las compañías exigen a sus empleados tener mayores conocimientos técnicos. Para evitar confusiones futuras, veamos las medidas básicas:

gramo	**gram** *(gram)*	**How many grams?** *(jáo méni grams)*
centímetro	**centimeter** *(sentimíter)*	_____
kilogramo	**kilogram** *(quílogram)*	_____
kilómetro	**kilometer** *(quilomíter)*	_____
litro	**liter** *(líter)*	_____
metro	**meter** *(míter)*	_____
milímetro	**millimeter** *(milimíter)*	_____
mililitro	**milliliter** *(mililíter)*	_____

Y estas son las medidas típicas de E.E.U.U.:

¿Puede medir por el/la...?	**Can you measure by the...?** *(can iú mécher bái de)*	
onza	**ounce (oz.)** *(áuns)*	**Can you measure by the ounce?** *(can iú méchur bái de áuns)* **Yes, I can!** *(iés ái can)*
cuarto	**quart (qt.)** *(cuórt)*	_____
galón	**gallon (gal.)** *(gálon)*	_____
libra	**pound (lb.)** *(páund)*	_____
milla	**mile (mi.)** *(máil)*	_____
pie	**foot (ft.)** *(fut)*	_____
pinta	**pint (pt.)** *(páint)*	_____
pulgada	**inch (in.)** *(inch)*	_____
yarda	**yard (yd.)** *(iárd)*	_____

Algunas medidas son un poco más complicadas:

onzas fluídas	**fluid ounces** *(flúid áunses)*	**There are 12 fluid ounces.** *(der ar tuélf flúid áunses)*
pies cuadrados	**cubic feet** *(quiúbic fit)*	_____
toneladas métricas	**metric tons** *(métric tons)*	_____

EJEMPLO
How many inches are in a foot? *(jáo méni ínchis in a fut)*
Twelve. *(tuélf)*
And how many feet are in a yard? *(an jáo méni fit ar in a iárd)*
Three. *(zri)*

Ahora practiquemos las órdenes:

Tome un/una...	**Take a...** *(téic a)*	
gruesa	**gross** *(gros)*	**Take seven grosses.** *(téic séven gróses)*
par	**pair** *(péar)*	**Take two pairs.** *(téic two pears)*
docena	**dozen** *(dázen)*	**Take three dozen.** *(téic zri dázen)* (No "dozens")

Use un/una...	**Use a...** *(iús a)*	
tercio	**third** *(zerd)*	<u>**Use a third of the product.**</u> *(iús a zerd of de prádact)*
mitad	**half** *(jaf)*	_____
cuarto	**quarter** *(cuórter)*	_____

No todas las medidas son exactas:

Deme un/una...	**Give me a...** *(guív mi a)*	
ramo	**bunch** *(banch)*	**Give me a bunch of flowers.** *(guív mi a banch of fláuers)*
camionada	**truckload** *(trácloud)*	_____
cucharada	**spoonful** *(spúnful)*	_____
cucharita	**teaspoonful** *(tispúnful)*	_____
pedazo	**piece** *(pis)*	_____
plataforma	**pallet** *(pálet)*	_____
porción	**portion** *(pórchon)*	_____
puñado	**handful** *(jánful)*	_____
unidad	**unit** *(iúnit)*	_____

Pese el/la...	**Weigh the...** *(uéi de)*	
carga	**cargo** *(cárgo)*	_____
carga útil	**payload** *(péiloud)*	_____
flete	**freight** *(fréit)*	_____

Cuente los...	**Count the...** *(cáunt de)*	
barriles	**barrels** *(bárrels)*	_____
grados	**degrees** *(digrís)*	_____
segundos	**seconds** *(séconds)*	_____

EJEMPLO
I have a truckload of barrels. *(ái jaf a trácloud of bárrels)*
Good! Unload all the pallets, but only use half.
(gud anlóud ol de pálets bat ónli iús jaf)

Información adicional

Use estas preguntas cuando trabaje con medidas:

¿Cuán largo?   **How long?** *(jáo long)*
¿Cuán alto?   **How high?** *(jáo jái)*
¿Cuán frío?   **How cold?** *(jáo cold)*

¿Cuánto pesa?   **How much does it weigh?** *(jáo mach das it uéi)*
¿Cuánto mide?   **What are the measurements?** *(uát ar de méchurments)*
¿Cuánto necesita?   **How much do you need?** *(jáo mach du iú nid)*

Consejos

Conversión de temperatura: Fahrenheit a Centígrados
El sistema métrico utiliza la escala Celsius (C) para medir la temperatura. Sin embargo la temperatura en Estados Unidos todavía se mide en grados Fahrenheit (F). El agua se congela a 0° centígrados y hierve a 100° centígrados, lo que indica una diferencia de 100°. El agua se congela a 32° Fahrenheit y hierve a 212° Fahrenheit.

Cómo convertir grados Fahrenheit a grados centígrados
Reste 32° para adaptar el equivalente en la escala Fahrenheit. Multiplique el resultado por 5/9.

Ejemplo: Converir 98.6° Fahrenheit a Celsius:
$$98.6 - 32 = 66.6$$
$$66.6 \times 5/9 = 333/9 = 37°C.$$

LOS RECIPIENTES
Containers
(cantéiners)

Ahora que sabe medir en inglés, memorice los nombres de recipientes comunes.

botella	**bottle** *(bátel)*	**It's in the bottle.** *(its in de bátel)*
bolsa	**bag** *(bag)*	_____
caja	**box** *(baks)*	_____
cesto	**basket** *(básquet)*	_____
copa	**cup** *(cap)*	_____
lata	**can** *(can)*	_____

Aquí tiene nombres de recipientes más complejos.

Llene el/la...	**Fill the...** *(fil de)*
Vacíe el/la...	**Empty the...** *(émpti de)*
Lleve el/la...	**Carry the...** *(quéri de)*

balde	**bucket** *(báquet)*	**Fill the bucket!** *(fil de báquet)*
bote	**canister** *(cánister)*	**Empty the canister!** *(émpti de cánister)*
cajón	**crate** *(créit)*	**Carry the crate!** *(quéri de créit)*
bidón	**drum** *(dram)*	_____
frasco	**vial** *(váial)*	_____
jarra	**jar** *(char)*	_____
paquete	**package** *(páquich)*	_____
saco	**sack** *(sac)*	_____
tanque	**tank** *(tanc)*	_____
tina	**tub** *(tab)*	_____
tubo	**tube** *(tiúb)*	_____

Información adicional

a nivel	**level** *(lével)*	**The floor is level.** *(de flóar is lével)*
desigual	**uneven** *(aníven)*	**The truckload is uneven.** *(de trácloud is aníven)*
doble	**double** *(dábol)*	**It is double the cost.** *(it is dábol de cost)*
dos veces	**twice** *(tuáis)*	**Turn the key twice.** *(tern de quí tuáis)*
en dos partes	**in two** *(in tu)*	**I'm cutting it in two.** *(áim cátin it in tu)*
recto	**straight** *(stréit)*	**The boxes are straight.** *(de bakses ar stréit)*

¡Hay que practicar! ㉑

Conteste las preguntas:

1. **Do you carry water in a sack or a bucket?** _____
2. **How much do you weigh?** _____
3. **Juan cut a 30 lb. board in two.**
   How much does each part weigh? _____
4. **How many quarts in a gallon?** _____
5. **How many seconds in a minute?** _____
6. **How many is half a dozen?** _____

LA MATEMÁTICA
Math
(maz)

Continuemos el entrenamiento usando terminología matemática. Conteste con
yes o **no**:

¿Sabe...?	**Do you know how...?** *(du iú nóu jáo)*	
sumar	**to add** *(tu ad)*	**Do you know how to add?** *(du iú nóu jáo tu ad)* **Yes, I do. And I can subtract.** *(iés ái du an ái can sabtrác)*
restar	**to subtract** *(tu sabtrác)*	_____
multiplicar	**to multiply** *(tu móltiplai)*	_____
dividir	**to divide** *(tu diváid)*	_____

Ahora haga la tarea:

Tres ____ tres son...	**Three ____ three is...** *(zri zri is)*	
más	**plus** *(plas)*	**Three plus three is six.** *(zri plas zri is siks)*
menos	**minus** *(máinus)*	**Three minus three is zero.** *(zri máinus zri is zíro)*
por	**times** *(táims)*	_____
dividido entre	**divided by** *(diváidid bái)*	_____

EJEMPLO

Excuse me. How much is two times five? *(eksquiús mi jáo mach is tu táims fáif)*
I'm going to multiply the two numbers. Two times five is ten.
(áim góin tu móltiplai de tu námbers tu táims fáif is ten)

Repasemos la geometría:

Dibuje un/una...	**Draw a...** *(dro a)*	
cilindro	**cylinder** *(sílinder)*	_____
círculo	**circle** *(sércol)*	_____
cono	**cone** *(cóun)*	_____
cuadrado	**square** *(scuéar)*	_____
cubo	**cube** *(quiúp)*	_____
línea	**line** *(láin)*	_____
punto	**point** *(póint)*	_____
rectángulo	**rectangle** *(réctangol)*	_____
triángulo	**triangle** *(tráiangol)*	_____

¿Cuál es el/la...?	What's the...? (uáts de)
altura	**height** (jáit)
	What's the height of the triangle?
	(uáts de jáit of de tráingol)
ancho	**width** (uíz)
	What's the width of the square?
	(uáts de uíz of de scuéar)
largo	**length** (lenz)
	What's the length of the line?
	(uáts de lenz of de láin)
profundidad	**depth** (depz)
	What's the depth of the cylinder?
	(uáts de depz of de sílinder)

Continúe:

área	**area** (érea)
distancia	**distance** (dístans)
porcentaje	**percentage** (perséntech)
proporción	**ratio** (réichio)
tamaño	**size** (sáiz)

Las fracciones están escritas con números de la misma manera en los dos idiomas. Sin embargo, las palabras son muy diferentes:

½	un medio	**a half** (a jaf)	6½	**six and a half** (siks an a jaf)
⅓	un tercio	**a third** (a zerd)	7 ⅓	**seven and a third**
¼	un cuarto	**a fourth** (a forz)		(séven an a zerd)
⅛	un octavo	**an eighth** (an eiz)	⅜	**three eighths** (zri éiz)
⅔	dos tercios	**two thirds** (tu zerz)		

LA TECNOLOGÍA INFORMÁTICA
Information technology (IT)
(informéichen tecnólochi áiti)

El mundo de negocios no puede sobrevivir sin la computadora y demás aparatos electrónicos. Aprendamos tecnología inglesa:

¿Tiene Ud. un/una...?	Do you have a/an...? (du iú jaf a an)	
adaptador	**adapter** (adápter)	**Do you have an adapter?**
		(du iú jaf an adápter)
		No, I don't. I have a burner.
		(nóu ái dont ái jaf a bérner)
reproductor	**burner** (bérner)	_____
altavoces	**speakers** (spíquers)	_____
cámara digital	**digital camera**	_____
	(díchital cámera)	

cargadora	**charger** *(chárcher)*	_____
computadora de bolsillo	**PDA** *(pidiéi)*	_____
computadora portátil	**laptop** *(láptop)*	_____
control remoto	**remote control** *(rimóut contról)*	_____
encaminador	**router** *(ráuter)*	_____
escáner	**scanner** *(scáner)*	_____
filmadora	**camcorder** *(camcórder)*	_____
grabadora	**recorder** *(ricórder)*	_____
sistema de navegación portátil	**GPS** *(chipiés)*	_____
teléfono celular	**cell phone** *(sel fóun)*	_____

EJEMPLO
Do you have your laptop? *(du iú jaf iór láptop)*
Yes, but I can't find the charger. *(iés bat ái cant fáind de chárcher)*
That's OK, use my PDA. *(dats oquéi iús mái pidiéi)*

¿Puede identificar las partes de su computadora en inglés?

monitor	**monitor** *(mónitor)*
pantalla	**screen** *(scrin)*
protector de pantalla	**screensaver** *(scrinséiver)*
ratón	**mouse** *(máus)*
servidor	**server** *(sérver)*
teclado	**keyboard** *(quíbord)*

Estos son componentes y funciones más especializados. Use este nuevo vocabulario y los verbos que ha aprendido para crear oraciones completas.

adjunto	**attachment** *(atáchmen)*	**Bring the attachment.** *(brin de atáchmen)*
aplicación	**application** *(apliquéichen)*	**Did you find the application?** *(did iú fáin de apliquéichen)*
banda ancha	**broadband** *(bróudban)*	**Check the broadband.** *(chec de bróudban)*
base de datos	**database** *(dátabeis)*	**Where's the database?** *(uérs de dátabeis)*
basura	**trash** *(trach)*	_____
buscador	**search engine** *(serch énchin)*	_____
buzón	**mailbox** *(méilbaks)*	_____
contaseña	**password** *(pásuer)*	_____
correo basura	**junk mail** *(chanc méil)*	_____
correo electrónico	**e-mail** *(ímeil)*	_____
directorio	**folder** *(fólder)*	_____
disco	**disc** *(disc)*	_____

disquetera	**disc drive** *(disc dráiv)*	_____
documento	**document** *(dáquiumen)*	_____
fichero	**computer file**	
	(campiúter fáil)	_____
flechita	**cursor** *(quérser)*	_____
ícono	**icon** *(áicon)*	_____
memoria	**memory** *(mémori)*	_____
mensaje	**message** *(mésech)*	_____
menú	**menu** *(méniu)*	_____
navegador	**browser** *(bráuser)*	_____
página inicial	**home page** *(jóum péich)*	_____
programa	**program** *(prógram)*	_____
red	**network** *(nétuerc)*	_____
sitio web	**website** *(uébsait)*	_____
volumen	**volume** *(válium)*	_____

¿Revisó el/la...?	**Did you check the...?** *(did iú chec de)*	
cable	**cable** *(quéibol)*	_____
conexión	**connection** *(canékchen)*	_____
disco duro	**hard drive** *(jar dráif)*	_____
enchufe	**plug** *(plag)*	_____
mensajería instantánea	**instant messaging**	
	(ínstant mésechin)	_____
reconocimiento de voz	**voice recognition**	
	(vóis ricagníchen)	_____
señal	**signal** *(sígnal)*	_____

Y estas son las partes principales de un típico correo electrónico en inglés:

SilviaTorres	@	earthlink	.	com
user name	**at**	**domain name**	**dot**	**com**
(iúser néim)	*(at)*	*(doméin néim)*	*(dat)*	*(com)*

EJEMPLO
I'm having trouble with this application. *(áim jávin trábol uít dis apliquéichen)*
That's because you need a password. *(dats bicós iú nid a pásuer)*
I don't remember it. I think it's on a document in my mailbox.
(ái dont rimémber it ái zinc its on a dáquiumen in mái méilbacs)
Sorry, but there's no connection right now. They're working on the website.
(sóri bat ders nóu canékchen ráit náu déi ar uérquin on de uébsait)

¡Hagamos una frase!

Use esta lista de verbos para conversar de la computadora. Mire los ejemplos:

navegar	**to surf** *(tu serf)*	**I like to surf the Internet.** *(ái láic tu serf de ínternet)*
entrar	**to enter** *(tu énter)*	**She needs to enter the website.** *(chi nids tu énter de uébsait)*
hacer "clic"	**to click** *(tu clic)*	**Click on this document.** *(clic on dis dáquiumen)*
actualizar	**to upgrade** *(tu ápgreid)*	_____
archivar	**to file** *(tu fáil)*	_____
buscar	**to search** *(tu serch)*	_____
conectar	**to connect** *(tu canéct)*	_____
conservar	**to save** *(tu séif)*	_____
contestar	**to reply** *(tu riplái)*	_____
descargar	**to download** *(tu dáunlou)*	_____
desplazar hacia abajo	**to scroll down** *(tu scrol dáun)*	_____
desplazar hacia arriba	**to scroll up** *(tu scrol ap)*	_____
eliminar	**to delete** *(tu dilít)*	_____
encontrar	**to find** *(tu fáind)*	_____
enviar	**to send** *(tu send)*	_____
escoger	**to select** *(tu seléct)*	_____
imprimir	**to print** *(tu print)*	_____
mover	**to drag** *(tu drag)*	_____
oprimir	**to press** *(tu pres)*	_____
recibir	**to receive** *(tu risíf)*	_____
reenviar	**to forward** *(tu fóruar)*	_____

Consejos

Mucha terminología técnica es igual los dos idiomas. Pero note que la pronunciación es diferente:

app *(eipipí)*	**HDTV** *(eichditiví)*	**PC** *(pisí)*
CD *(sidí)*	**iPad** *(áipad)*	**podcast** *(pódcast)*
DSL *(diesél)*	**iPhone** *(áifoun)*	**software** *(sóftuear)*
DVD *(dividí)*	**iPod** *(áipod)*	**Twitter** *(tuíter)*
Facebook *(féisbuc)*	**LCD** *(elsidí)*	**url** *(iuarél)*
Firefox *(fáirfaks)*	**LED** *(elidí)*	**USB** *(iuesbí)*
flash drive *(flach dráif)*	**MP3** *(empizrí)*	**webcam** *(uébcam)*
Google *(gúgol)*	**MySpace** *(mái spéis)*	**WiFi** *(uáifai)*

¡Hay que practicar!

(22)

A. Diga y escriba todo en inglés:

1. **1/4** _____
2. **7 mi.** _____
3. **100°** _____
4. **5 oz.** _____
5. **1/2** _____
6. **25%** _____
7. **3 lbs.** _____
8. **12 in.** _____

B. Conteste en inglés las preguntas:

1. **What's bigger—a mouse or a monitor?**
2. **What is smaller—a keyboard or a cursor?**
3. **How much is ten percent of one hundred?**
4. **How much is six times five?**
5. **How many lines does a square have?**
6. **Can a person go online to download music?**

ROPA APROPIADA PARA EL TRABAJO
Appropriate work attire
(apróprieit uérc atáir)

Algunas compañías requieren uniformes para sus trabajadores o tienen ciertos reglamentos respecto a vestimenta. Por eso, hay que aprender sobre ropa.

¿Necesito ponerme el/la...?　**Do I need to wear the...?** *(du ái nid tu uéar de)*

gorra	**cap** *(cap)*	**Do I need to wear the cap?** *(du ái nid tu uéar de cap)*
conjunto	**outfit** *(áutfit)*	_____
uniforme	**uniform** *(iúniform)*	_____

¿Está bien si uso este/esta...?　**Is it OK if I wear this...?** *(is it oquéi if ái uéar dis)*

blusa	**blouse** *(bláus)*	**Is it OK if I wear this blouse?** *(is it oquéi if ái uéar dis bláus)*
calcetines	**socks** *(sacs)*	_____
camisa	**shirt** *(chert)*	_____
chaqueta	**jacket** *(cháquet)*	_____
corbata	**tie** *(tái)*	_____

falda	**skirt** (*squért*)	_____
pantalones	**pants** (*pants*)	_____
traje	**suit** (*sut*)	_____
vestido	**dress** (*dres*)	_____

¿Se nos permite usar...?   **Are we allowed to wear...?** (*ar uí aláud tu uéar*)

yins	**jeans** (*chins*)	**Are we allowed to wear jeans?** (*ar uí aláud tu uéar chins*)
camisetas	**T-shirts** (*tícherts*)	_____
pantalones cortos	**shorts** (*chorts*)	_____
sandalias	**sandals** (*sándals*)	_____
sudaderas	**sweatsuits** (*suétsuts*)	_____
zapatillas	**sneakers** (*sníquers*)	_____

EJEMPLO
Is it OK if I wear this blouse? (*is it oquéi if ái uéar dis bláus*)
No, it isn't. We have uniforms. (*nóu it isnt uí jaf iúniforms*)
Do I need to wear the cap? (*du ái nid tu uéar de cap*)
Yes, you do. (*iés iú du*)

EQUIPOS DE SEGURIDAD
Safety equipment
(*séifti ecuípment*)

El entrenamiento incluye una presentación sobre equipos de seguridad. Sería buena idea tener toda esta información traducida al español y exhibida permanentemente:

Debe usar el/la...   **You must wear the...** (*iú mast uéar de*)

mandil	**apron** (*éipron*)	**You must wear the apron.** (*iú mast uéar de éipron*)
botas	**boots** (*buts*)	_____
casco	**hard hat** (*jard jat*)	_____
cinturón	**belt** (*belt*)	_____
faja	**back support** (*bac sapórt*)	_____
gafas	**goggles** (*gágols*)	_____
guantes	**gloves** (*glafs*)	_____
protección contra caídas	**fall equipment** (*fol ecuípment*)	_____
redecilla	**hair net** (*jéar net*)	_____
tapones de oído	**earplugs** (*íarplags*)	_____

¿Necesita el/la...?	**Do you need the...?** *(du iú nid de)*	
correaje	**harness** *(járnes)*	**Do you need the harness?** *(du iú nid de járnes)* **Yes, I do. And I need the hat.** *(iés ái do an ái nid de jat)*
sombrero	**hat** *(jat)*	_____
camisa de manga larga	**long sleeves** *(long slífs)*	_____
casco	**helmet** *(jélmet)*	_____
guardapolvo	**overcoat** *(óvercout)*	_____
máscara	**mask** *(masc)*	_____
overol	**overalls** *(óverols)*	_____
rodilleras	**knee pads** *(ni pads)*	_____

¿Dónde está el/la/los/las...?	**Where is/are the...?** *(uér is/ar de)*	
reflectores	**reflectors** *(rifléctors)*	**Where are the reflectors?** *(uér ar de rifléctors)*
chaleco	**vest** *(vest)*	_____
conjunto de seguridad	**safety outfit** *(séifti áutfit)*	_____
correa	**strap** *(strap)*	_____
cuerda de seguridad	**safety line** *(séifti láin)*	_____
espinilleras	**shin guards** *(zin gards)*	_____
lentes de seguridad	**safety glasses** *(séifti gláses)*	_____
protección para el sol	**sunscreen** *(sánscrin)*	_____
respirador	**respirator** *(respiréitor)*	_____

EJEMPLO

Hey! Where's your hard hat and your vest? *(jéi uérs iór jard jat an iór vest)*
They're in the truck. *(déi ar in de trac)*
Go get them right now. You need to wear them all the time!
(góu get dem ráit náu iú nid tu uéar dem ol de táim)

Información adicional

Si trabaja con maquinaria, preste atención a los avisos:

Tenga cuidado con el/la...	**Be careful with the...** *(bi quérful uíd de)*
anillo	**ring** *(ring)*
arete	**earring** *(írin)*
brazalete	**bracelet** *(bréislet)*
cadena	**chain** *(chéin)*
collar	**necklace** *(nécleis)*
joyería	**jewelry** *(chúleri)*

MÁS INSTRUCCIONES
More instructions
(mor instrákchens)

Aquí tiene una frase muy útil que puede usar con todo su vocabulario de entrenamiento:

No se olvide de...   **Don't forget to...** *(dont forguét tu)*

hacer el trabajo   **do the job** *(du de chab)*   **Don't forget to do the job!**
(dont forguét tu du de chab)

apagar la máquina   **turn off the machine**
(tern of de machín)   _____

cerrar todas las puertas   **lock all the doors**
(loc ol de dóars)   _____

estudiar el manual   **study the manual**
(stádi de mánual)   _____

guardar todo   **put everything away**
(put évrizin euéi)   _____

leer las instrucciones   **read the directions**
(rid de dairékchens)   _____

limpiar la basura   **clean up the garbage**
(clin ap de gárbich)   _____

repasar los pasos   **review the steps**
(riviú de steps)   _____

revisar los materiales   **check the materials**
(chec de matírials)   _____

Frases que nunca están de más:

¡Recuerde lo que le dije!
Remember what I told you! *(rimémber uát ái told iú)*
¡Pida ayuda si tiene un problema!
Ask for help if you have a problem! *(asc for jelp if iú jaf a práblem)*

Para dar instrucciones en forma negativa, use la palabra **Don't** *(dont)*:

No...   **Don't...** *(dont)*

estacione allí   **park there** *(parc jir)*
haga eso   **do that** *(du dat)*
lo toque   **touch it** *(tach it)*
los deje aquí   **leave them here** *(liv dem jir)*
mueva el equipo   **move the equipment** *(muv de ecuípment)*
use esta máquina   **use this machine** *(iús dis machín)*

EJEMPLO
Where do I put these boxes? *(uér du ái put des bákses)*
Don't leave them here. *(dont liv dem jir)*
And where do I park the truck? *(an uér du ái parc de trac)*
Don't park it there. Park it here. *(dont parc it der parc it jir)*

COMENTARIOS
Comments
(cáments)

Será fácil hacer comentarios en inglés con las siguientes palabras. Traduzca y lea en voz alta cada ejemplo, y continúe con sus propias oraciones:

Según...	**According to...** *(acórdin tu)*
	According to Mary, we open at nine.
	(acórdin tu méri uí ópen at náin)
Aunque...	**Even though...** *(íven dóu)*
	Even though it's raining, I will drive.
	(iven dóu its réinin ái uíl dráiv)
Al principio...	**At first...** *(at ferst)*
	At first, the company was small.
	(at ferst de cámpani uós smol)

A propósito...	**By the way...** *(bái de uéi)*	_____
Además...	**Besides...** *(bisáids)*	_____
Así que...	**So...** *(sóu)*	_____
Aún...	**Still...** *(stil)*	_____
En cambio...	**On the other hand...** *(on de áder jan)*	_____
En general...	**In general...** *(in chéneral)*	_____
Entonces...	**Then...** *(den)*	_____
Es decir...	**In other words...** *(in áder uérds)*	_____
Poco a poco...	**Little by little...** *(lítel bái lítel)*	_____
Por ejemplo...	**For example...** *(for eksámpol)*	_____
Por fin...	**At last...** *(at last)*	_____
Por lo menos...	**At least...** *(at list)*	_____
Sin embargo...	**However...** *(jauéver)*	_____

¡Acción!

Practiquemos el uso de verbos en el entrenamiento:

Necesita sentarse.	**You need to sit down.** *(iú nid tu sit dáun)*
Tiene que escuchar.	**You have to listen.** *(iú jaf tu lísen)*
Quiero aprender.	**I want to learn.** *(ái uánt tu lern)*
Voy a intentar.	**I'm going to try.** *(áim góin tu trái)*

Continúe:

Es importante...	**It's important...** *(its impórtant)*	
Es peligroso...	**It's dangerous...** *(its déncheras)*	
dejar	**to leave**	**It's dangerous to leave the tools here.** *(its déncheras tu liv de tuls jir)*
llegar	**to arrive**	**It's important to arrive at eight.** *(its impórtant tu arráiv at éit)*
amontonar	**to pile** *(tu páil)*	_____
aprender	**to learn** *(tu lern)*	_____
apretar	**to tighten** *(tu táiten)*	_____
armar	**to assemble** *(tu asémbol)*	_____
barrer	**to sweep** *(tu suíp)*	_____
calentar	**to heat** *(tu jit)*	_____
cargar	**to load** *(tu lóud)*	_____
cerrar con llave	**to lock** *(tu loc)*	_____
colgar	**to hang** *(tu jang)*	_____
conectar	**to attach** *(tu atách)*	_____
conectar	**to connect** *(tu canéct)*	_____
cortar	**to cut** *(tu cat)*	_____
descansar	**to rest** *(tu rest)*	_____
descargar	**to unload** *(tu anlóud)*	_____
doblar	**to bend** *(tu bend)*	_____
enseñar	**to teach** *(tu tich)*	_____
entrenar	**to train** *(tu tréin)*	_____
estudiar	**to study** *(tu stádi)*	_____
excavar	**to dig** *(tu dig)*	_____
explicar	**to explain** *(tu ekspléin)*	_____
fregar	**to scrub** *(tu scrab)*	_____
marcar	**to mark** *(tu marc)*	_____
medir	**to measure** *(tu mécher)*	_____
mezclar	**to mix** *(tu miks)*	_____
pedir	**to ask for** *(tu asc for)*	_____
pegar	**to glue** *(tu glu)*	_____
perder	**to lose** *(tu lus)*	_____
pintar	**to paint** *(tu péint)*	_____
reemplazar	**to replace** *(tu ripléis)*	_____
reparar	**to repair** *(tu ripér)*	_____
repasar	**to review** *(tu riviú)*	_____
soldar	**to weld** *(tu uéld)*	_____
subir	**to climb** *(tu claim)*	_____
taladrar	**to drill** *(tu dril)*	_____
tocar	**to touch** *(tu tach)*	_____
tratar	**to try** *(tu trái)*	_____
verificar	**to check** *(tu chec)*	_____

¡Acción!

Aprenda estas órdenes ahora mismo:

Démelo   **Give it to me.** *(guív it tu mi)*
Déselo   **Give it to him.** *(guív it tu jim)*
          Give it to her. *(guív it tu jer)*
          Give it to them. *(guív it tu dem)*

¡Hagamos una frase!

El tiempo pasado

La mejor manera de aprender el tiempo pasado del verbo en inglés es dividiendo los verbos en dos grupos: el grupo de los verbos regulares y el de los irregulares. Para los verbos regulares, añada la terminación **-ed** tal como lo muestra el siguiente ejemplo.

Trabajar	**To Work** *(tu uérc)*
Yo trabajé	**I worked** *(ái uérct)*
Tú trabajaste, usted trabajó	**You worked** *(iú uérct)*
Él, ella trabajó	**He, she worked** *(ji chi uérct)*
Nosotros trabajamos	**We worked** *(uí uérct)*
Ustedes, ellos trabajaron	**You, they worked** *(iú déi uérct)*

Yo trabajé anoche.
I worked last night. *(ái uérct last náit)*
Tú trabajaste el último jueves.
You worked last Thursday. *(iú uérct last zérsdi)*
Él trabajó hasta la medianoche.
He worked until midnight. *(ji uérct antíl mídnait)*
Usted trabajó para esta compañía.
You worked for this company. *(iú uérct for dis cámpani)*
Ellos trabajaron allá el año pasado.
They worked there last year. *(déi uérct der last íer)*
Nosotros trabajamos por ocho horas.
We worked for eight hours. *(uí uérct for éit áurs)*

Para formar una oración negativa en el pasado, incluya las palabras **did not** o **didn't** antes de la forma del verbo principal:

I stopped *(ái stápt)*   **I didn't stop.** *(ái didnt stap)*
We stayed *(uí stéit)*   **We didn't stay.** *(uí didnt stei)*
He painted *(ji péintit)*   **He didn't paint.** *(ji didnt péint)*

Y aquí tiene la forma interrogativa, usando la palabra **Did**:

¿Terminó?
Did you finish? *(did iú fínich)*
Sí, terminé. Pero Ricardo no terminó.
Yes, I did. But Ricardo didn't. *(iés ái did bat ricárdo didnt)*
¿Recibió el dinero?
Did she receive the money? *(did chi risíf de máni)*
Sí, lo recibió. Pero no lo depositó todavía.
Yes, she did. But she didn't deposit it yet. *(iés chi did bat chi didnt depósit it iét)*
¿Arreglaron ustedes el motor?
Did you fix the motor? *(did iú fiks de mótor)*
Sí, lo arreglamos. Pero no limpiamos nada.
Yes, we did. But we didn't clean anything. *(iés uí did bat uí didnt clin énizin)*

¡Hagamos una frase!

El pasado progresivo

Aquí tiene otra forma del verbo que se refiere a acciones previas. Es un tiempo progresivo (con la terminación **-ing**) que ya hemos aprendido (vea el Capítulo Uno). Para crear oraciones que ocurren en el pasado, la conjugación del verbo **to be** cambia de **am** y **are** a **was** y **were**:

trabajar   **to work** *(tu uérc)*
trabajando   **working** *(uérquin)*
Yo estoy trabajando hoy.   **I am working today.**   → **I was working yesterday.**
          We are working today. → **We were working yesterday.**

Practique:
Yo estaba trabajando.   **I was working.** *(ái uás uérquin)*
Tú estabas o usted estaba trabajando.   **You were working.** *(iú uér uérquin)*
Él estaba trabajando.   **He was working.** *(ji uás uérquin)*
Ella estaba trabajando.   **She was working.** *(chi uás uérquin)*
Nosotros estábamos trabajando.   **We were working.** *(uí uér uérquin)*
Ustedes estaban trabajando.   **You were working.** *(iú uér uérquin)*
Ellos estaban trabajando.   **They were working.** *(déi uér uérquin)*

¡Hay que practicar!

Cambie cada oración a la forma pasada del verbo, y luego pronúncielas correctamente:

1. **We always walk to work.** *(uí ólueis uóc tu uérc)*   <u>walked</u>
2. **My lunch ends at two o'clock.** *(mái lanch ends at tu oclác)* _____
3. **He lives in Miami.** *(ji livs in maiámi)* _____
4. **They stop to visit friends.** *(déi stap tu vísit frens)* _____
5. **We walk every morning.** *(uí uóc évri mórnin)* _____
6. **I need a new truck.** *(ái nid a niú trac)* _____
7. **We never carry our tools.** *(uí néver quéri áur tuls)* _____
8. **He wants a bigger office.** *(ji uánts a bíger ófis)* _____
9. **We learn many new words.** *(uí lern méni niú uérds)* _____

LOS VERBOS IRREGULARES
Irregular verbs
(irrégular verbs)

Desafortunadamente, en inglés hay muchos verbos irregulares. Aquí le mostramos algunos ejemplos:

IR	**to go** *(tu góu):*	**went** *(uént):* fui, fuiste, fue, fuimos, fueron **I went to the factory.** *(ái uént tu de fáctori)* Fui a la fábrica.

TENER	**to have** *(tu jaf):*	**had** *(jad):* tuve, tuviste, tuvo, tuvimos, tuvieron **She had a problem.** *(chi jad a próblem)* Ella tuvo un problema.

DECIR	**to say** *(tu séi):*	**said** *(sed):* dije, dijiste, dijo, dijimos, dijeron **They said no!** *(déi sed nóu)* ¡Ellos dijeron que no!

Verbo Irregular	Presente	Pasado
beber	**drink** *(drinc)*	**drank** *(dranc)*
comer	**eat** *(it)*	**ate** *(éit)*
comprar	**buy** *(bái)*	**bought** *(bot)*
conseguir	**get** *(get)*	**got** *(got)*
correr	**run** *(ran)*	**ran** *(ran)*
dar	**give** *(guív)*	**gave** *(guéiv)*
empezar	**begin** *(biguín)*	**began** *(bigán)*

encontrar	**find** *(fáind)*	**found** *(fáund)*
escribir	**write** *(ráit)*	**wrote** *(róut)*
ganar	**win** *(uín)*	**won** *(uón)*
hablar	**speak** *(spic)*	**spoke** *(spóuc)*
hacer	**do** *(du)*	**did** *(did)*
manejar	**drive** *(dráiv)*	**drove** *(dróuv)*
oír	**hear** *(jíar)*	**heard** *(jert)*
olvidar	**forget** *(forguét)*	**forgot** *(forgót)*
pagar	**pay** *(péi)*	**paid** *(péit)*
perder	**lose** *(lus)*	**lost** *(lost)*
romper	**break** *(bréic)*	**broke** *(bróuc)*
saber	**know** *(nóu)*	**knew** *(niú)*
salir	**leave** *(liv)*	**left** *(left)*
sentarse	**sit** *(sit)*	**sat** *(sat)*
tirar	**throw** *(zróu)*	**threw** *(zru)*
tomar	**take** *(téic)*	**took** *(tuc)*
traer	**bring** *(brin)*	**brought** *(brot)*
vender	**sell** *(sel)*	**sold** *(solt)*
venir	**come** *(cam)*	**came** *(quéim)*
ver	**see** *(si)*	**saw** *(so)*

¡Acción!

Para practicar, tiene una lista de los verbos irregulares más comunes en la parte de atrás de este libro. Repase todos los tiempos verbales que ya ha aprendido empleando el verbo **to work**:

Ahora mismo: **Are you working?** *(ar iú uérquin)*
Yes, I am. I'm working. *(iés ái am áim uérquin)*
No, I'm not. I'm not working. *(nóu áim nat áim nat uérquin)*

Todos los días: **Do you work?** *(du iú uérc)*
Yes, I do. I work. *(iés ái du ái uérc)*
No, I don't. I don't work. *(nóu ái dont ái dont uérc)*

Mañana: **Are you going to work?** *(ar iú góin tu uérc)*
Yes, I am. I'm going to work. *(iés ái am áim góin tu uérc)*
No, I'm not. I'm not going to work. *(nóu áim nat áim nat góin tu uérc)*

Ayer: **Did you work?** *(did iú uérc)*
Yes, I did. I worked. *(iés ái did ái uérct)*
No, I didn't. I didn't work. *(nóu ái didnt ái didnt uérc)*

¡Hay que practicar! (24)

A. Cambie estas oraciones al tiempo pasado:

1. **She drives to work.**   **She drove to work.**
2. **We sell furniture.**   We _____ furniture.
3. **Linda goes to training class.**   Linda _____ .
4. **He drives a bus.**   He _____ .

B.
1. **They don't drink Pepsi.**   **They didn't drink Pepsi.**
2. **Bob doesn't buy the materials.**   _____ .
3. **I don't speak much English.**   _____ .
4. **You don't have the key.**   _____ .

C. Traduzca al inglés:

1. Es peligroso tocar la máquina.   _____
2. Puedo mezclar los dos materiales.   _____
3. Es importante cerrar la puerta con llave.   _____
4. Ud. tiene que repasar la lección.   _____
5. Quiero aprender más inglés.   _____

D. Conteste las preguntas en inglés:

What time did you wake up this morning?
Did you work a lot last year?
Where did you go yesterday?

Consejos

Aprenda todo lo que pueda sobre las diferencias culturales entre las personas de habla hispana y las de habla inglesa. Mientras más costumbres, tradiciones e historia aprenda, más fácil se hará su comunicación.

No obstante, la comunicación en cualquier idioma incluye mucho más que la palabra hablada. Los gestos del cuerpo y los movimientos de las manos, como también las expresiones del rostro, dicen mucho. Note cómo los mensajes no hablados son a veces similares y otras distintos cuando usted compara a hispanos con anglosajones.

LA ROPA

```
C  X  N  R  M  A  R  D  T  J  F  Z  B  T  F
A  P  X  D  T  U  F  V  D  N  T  L  B  E  T
Z  R  Y  L  L  S  T  C  S  J  X  C  Q  K  R
H  L  B  Z  T  Q  L  W  J  Y  P  D  J  C  I
S  C  S  O  Q  C  W  D  T  S  X  Y  K  A  K
E  B  O  R  H  T  A  B  S  G  E  Q  K  J  S
G  B  C  R  F  E  O  K  I  E  L  O  S  P  N
O  S  C  Z  S  C  H  J  L  S  I  O  H  X  F
P  H  U  U  E  O  Q  P  L  K  C  T  V  S  Z
A  V  O  I  G  A  Y  I  J  K  X  O  N  E  U
C  L  R  R  T  T  P  M  S  N  I  P  J  A  S
B  J  O  D  R  E  S  S  H  O  R  T  S  U  P
D  U  D  W  X  Z  L  J  I  K  W  W  Y  E  E
J  R  S  T  F  K  V  L  R  E  S  T  N  A  P
T  M  S  U  W  R  Z  Y  T  L  E  B  W  O  X
```

BATHROBE	BELT	BLOUSE
BOOTS	BRA	CAP
COAT	DRESS	GLOVES
JACKET	PANTIES	PANTS
SHIRT	SHOES	SHORTS
SKIRT	SLIP	SOCKS
SUIT		

(Respuestas en la página 263.)

Capítulo cinco

Las dificultades
The Difficulties
(de díficaltis)

¿QUÉ PASÓ?
What happened?
(uát jápent)

La vida de las empresas está llena de dificultades y preocupaciones, así que aprenda las frases adecuadas para casos difíciles. Comience con herramientas y maquinaria:

¿Había un/una...?	**Was there a/an...?** *(uás der a an)*	
Había un/una...	**There was a/an...** *(der uás a an)*	
explosión	**explosion** *(eksplóuchon)*	**Was there an explosion?** *(uás der an eksplóuchon)* **Yes, there was.** *(iés der uás)*
olor	**smell** *(smel)*	_____
problema	**problem** *(práblem)*	_____
ruido	**noise** *(nóis)*	_____
sonido	**sound** *(sáund)*	_____
vibración	**vibration** *(vaibréichen)*	_____
¿Hay...?	**Is there...?** *(is der)*	
Hay...	**There is...** *(der is)*	
humo	**smoke** *(smóuc)*	**Is there smoke?** *(is der smóuc)* **No, there isn't.** *(nóu der isnt)*
vapor	**steam** *(stim)*	_____
escape	**exhaust** *(eksóst)*	_____
¿Hay...?	**Are there...?** *(ar der)*	
Hay...	**There are...** *(der ar)*	
chispas	**sparks** *(sparcs)*	**Are there sparks?** *(ar der sparcs)* **Yes, there are.** *(iés der ar)*
gases	**fumes** *(fiúms)*	_____
llamas	**flames** *(fléims)*	_____

EJEMPLO
There was an explosion! *(der uás an eksplóuchon)*
Are there flames? *(ar der fléims)*
No, but there is a lot of smoke! *(nóu bat der is a lot of smóuc)*

Memorice estas frases también:

Lo apagué.	**I turned it off.** *(ái ternt it of)*
Lo saqué.	**I removed it.** *(ái rimúft it)*
Lo pare.	**I stopped it.** *(ái stapt it)*

Ahora describa el problema con más detalle:

¿Puede ver el/la...?	**Can you see the...?** *(can iú si de)*
Puedo ver el/la...	**I can see the...** *(ái can si de)*

rotura	**break** *(bréic)*	**Can you see the break?** *(can iú si de bréic)* **Yes, I can. I can see the problem.** *(iés ái can ái can si de práblem)*
bulto	**bump** *(bamp)*	**Can you see the bump?** *(can iú si de bamp)* **No, I can't. I can't see the bump.** *(nóu ái cant ái cant si de bamp)*
arruga	**crinkle** *(críncol)*	_____
hoyo	**hole** *(jóul)*	_____
hueco	**gap** *(gap)*	_____
rasgón	**tear** *(tíar)*	_____

¿Cree que está...?	**Do you think it's...?** *(du iú zinc its)*
Creo que está...	**I think it's...** *(ái zinc its)*

doblado	**bent** *(bent)*	**Do you think it's bent?** *(du iú zinc its bent)* **Yes, I do.** *(iés ái du)*
roto	**broken** *(bróquen)*	**Do you think it's broken?** *(du iú zinc its bróquen)* **No, I don't.** *(nóu ái dont)*
aplastado	**crushed** *(crácht)*	_____
arruinado	**ruined** *(rúint)*	_____
astillado	**chipped** *(chipt)*	_____
atorado	**stuck** *(stac)*	_____
cortado	**cut** *(cat)*	_____
dañado	**damaged** *(dámacht)*	_____
defectuoso	**defective** *(diféctif)*	_____
destruido	**destroyed** *(distróit)*	_____

falto de piezas	**missing parts** (*mísin parts*)	_____
fuera de servicio	**out of service** (*áut of sérvis*)	_____
funcionando mal	**malfunctioning** (*malfánkchenin*)	_____
gastado	**worn** (*uórn*)	_____
inoperable	**inoperative** (*ináperatif*)	_____
manchado	**stained** (*stéint*)	_____
oxidado	**rusted** (*rástet*)	_____
perdido	**lost** (*lost*)	_____
podrido	**rotten** (*róten*)	_____
quemado	**burned** (*bérnt*)	_____
rasgado	**torn** (*torn*)	_____
viejo	**old** (*old*)	_____

Y si no está seguro:

No estoy seguro.	**I'm not sure.** (*áim nat chúar*)
Podría ser.	**It might be.** (*it máit bi*)
Tengo que inspeccionarlo.	**I need to check it out.** (*ái nid tu chec it áut*)

EJEMPLO
I can see the tear. (*ái can si de tíar*)
Is it ruined? (*is it rúint*)
I'm not sure. I need to check it out. (*áim nat chúar ái nid tu chec it áut*)

Más verbos y sustantivos para comunicarse. Úselos para crear oraciones abajo.

probar	**to try** (*tu trái*)	ver	**to see** (*tu si*)
medir	**to measure** (*tu mécher*)	fijarse	**to notice** (*tu nótis*)
leer	**to read** (*tu rid*)	mirar	**to watch** (*tu uách*)

corriente	**current** (*quérent*)	**I measured the current.** (*ái méchert de quérent*)
ciclo	**cycle** (*sáicol*)	**I'm watching the cycle.** (*áim uóchin de sáicol*)
flujo	**flow** (*flóu*)	**I saw the flow.** (*ái so de flóu*)
fuerza	**force** (*fors*)	**I noticed the force.** (*ái nótist de fórs*)
nivel	**level** (*lével*)	**I read the level.** (*ái red de lével*)
carga	**load** (*lóud*)	_____
conexión	**connection** (*canékchen*)	_____
par de torsión	**torque** (*torc*)	_____
potencia	**power** (*páuer*)	_____
presión	**pressure** (*précher*)	_____

propulsión	**propulsion** (propólchen)	_____
resistencia	**resistance** (risístans)	_____
temperatura	**temperature** (témperacher)	_____
velocidad	**speed** (spid)	_____
voltaje	**voltage** (vóltach)	_____

El verbo **to check** (tu chec) significa "revisar", "inspeccionar" o "comprobar".

¿Va a revisar el/la...?	**Are you going to check the...?** (ar iú góin tu chec de)
Necesito inspeccionar el/la...	**I need to check the...** (ái nid tu chec de)
Comprobemos el/la...	**Let's check the...** (lets chec de)

| cantidad | **amount** (amáunt) | **Are you going to check the amount?**
(ar iú góin tu chec de amáunt)
Yes, I am. (iés ái am) |
| profundidad | **depth** (dept) | **Do you need to check the depth?**
(du iú nid tu chec de dept)
No, I don't. (nóu ái dont) |

altura	**height** (jáit)	_____
ángulo	**angle** (ángol)	_____
distancia	**distance** (dístans)	_____
forma	**shape** (chéip)	_____
hora	**time** (táim)	_____
medida	**measurement** (mécherment)	_____
peso	**weight** (uéit)	_____
posición	**position** (posíchen)	_____
tamaño	**size** (sáiz)	_____
volumen	**volume** (válium)	_____

Aquí tiene más órdenes claves:

| Préndalo. | **Turn it on.** (tern it on) | Apáguelo. | **Turn it off.** (tern it of) |
| Enchúfelo. | **Plug it in.** (plag it in) | Desenchúfelo. | **Unplug it.** (anplág it) |

EJEMPLO
I measured the pressure and now I'm going to check the distance.
(ái méchert de précher an náu áim góin tu chec de dístans)
Let's also check the depth. (lets ólso chec de dept)
OK, plug it in. (oquéi plag it in)

Información adicional

Pregunte al supervisor qué es lo que quiere hacer:

¿Lo vamos a...?	**Are we going to...it?** *(ar uí góin tu it)*
apagar	**disable** *(diséibol)*
botar	**dispose of** *(dispóus of)*
cancelar	**cancel** *(cánsel)*
desactivar	**deactivate** *(diáctiveit)*
desconectar	**disconnect** *(discanéct)*
desenchufar	**unplug** *(anplág)*
parar	**stop** *(stap)*
sacar	**remove** *(rimúf)*

REPARACIONES
Repairs
(ripérs)

Cualquier reparación requiere mucho vocabulario descriptivo. Practique estas palabras en grupos de dos:

Se ve...	**It looks...** *(it lucs)*	
torcido	**twisted** *(tuísted)*	**It looks twisted. It doesn't look straight.** *(it lucs tuísted it dásent luc stréit)*
recto	**straight** *(stréit)*	
suelto	**loose** *(lus)*	**It's loose. Make it tight.** *(its lus méic it táit)*
apretado	**tight** *(táit)*	
ligero	**light** *(láit)*	**It's not light, it's very heavy.** *(its nat láit its véri jévi)*
pesado	**heavy** *(jévi)*	
desaliñado	**sloppy** *(slópi)*	_____
limpio	**neat** *(nit)*	
desigual	**uneven** *(aníven)*	_____
llano	**even** *(íven)*	

Ahora comience con el trabajo de reparación:

Reparemos el/la...	**Let's repair the...** (lets ripér de)
Repongamos el/la...	**Let's replace the...** (lets ripléis de)
cosa	**thing** (zing)
pieza	**piece** (pis)
parte	**part** (part)

Cuando las cosas se descomponen, hay que utilizar las piezas de repuesto.

Busque el/la...	**Look for the...** (luc for de)	
repuesto	**spare part** (spéar part)	**Look for the spare part.** (luc for de spéar part)
caja	**case** (quéis)	_____
cartucho	**cartridge** (cártrich)	_____
cojinete	**bearing** (bérin)	_____
cubierta	**casing** (quéisin)	_____
filtro	**filter** (fílter)	_____
perno	**bolt** (bolt)	_____
Saque el/la...	**Remove the...** (rimúf de)	
rollo	**coil** (cóil)	**Remove the coil.** (rimúf de cóil)
acoplamiento	**fitting** (fítin)	_____
bastidor	**chassis** (chási)	_____
embrague	**gear** (guíar)	_____
manivela	**crank** (cranc)	_____
perilla	**handle** (jándel)	_____
sujetador	**clip** (clip)	_____

EJEMPLO
Let's repair the piece. Look for the casing. (lets ripér de pis luc for de quéisin)
Do I remove the clip? (du ái rimúf de clip)
Yes, and then replace the filter. (iés an den ripléis de fílter)

Cambie el/la...	**Change the...** (chench de)	
bisagra	**hinge** (jinch)	**Change the hinge.** (chench de jinch)
clavo	**nail** (néil)	_____
palanca	**lever** (léver)	_____
remache	**rivet** (rívet)	_____
tornillo	**screw** (scru)	_____
tuerca	**nut** (nat)	_____

Use el/la...	**Use the...** *(iús de)*	
clavija	**peg** *(peg)*	<u>Use the peg.</u> *(iús de peg)*
forro	**lining** *(láinin)*	_____
placa	**plate** *(pléit)*	_____
rodillo	**roller** *(róler)*	_____
trinquete	**ratchet** *(ráchet)*	_____
varilla	**rod** *(rod)*	_____

Traiga el/la...	**Bring the...** *(brin de)*	
astil	**shaft** *(chaft)*	**Bring the shaft.** *(brin de chaft)*
arandela	**washer** *(uácher)*	_____
carrete	**spool** *(spul)*	_____
neumático	**tire** *(táir)*	_____
resorte	**spring** *(sprin)*	_____
rueda	**wheel** *(uíl)*	_____

EJEMPLO
Look, the door is broken here. Bring the new hinges.
(luc de dóar is bróquen jir brin de niú jínchis)
And the old handle? *(an de ol jándel)*
Yes, let's replace it. *(iés lets ripléis it)*

Limpiemos todo después de la reparación:

Limpie el/la...	**Clean up the...** *(clin up de)*	
tierra	**dirt** *(dert)*	**Clean up the dirt.** *(clin ap de dert)*
barro	**mud** *(mad)*	_____
basura	**trash** *(trach)*	_____
derrame	**spillage** *(spílach)*	_____
desorden	**mess** *(mes)*	_____
polvo	**dust** *(dast)*	_____

Lávelo con el/la...	**Wash it with the...** *(uách it uíd de)*	
limpiador	**cleanser** *(clénser)*	**Wash it with the cleanser.** *(uách it uíd de clénser)*
cloro	**bleach** *(blich)*	_____
compuesto	**compound** *(campáun)*	_____
detergente	**detergent** *(ditérchen)*	_____
jabón	**soap** *(sóup)*	_____
productos químicos	**chemicals** *(quémicals)*	_____

EJEMPLO
There's a lot of dirt and mud. *(ders a lat of dert an mad)*
Do I clean up everything? *(du ái clin ap évrizin)*
Yes, and then wash it with detergent. *(iés an den uách it uíd ditérchen)*

Información adicional

Hay muchas cosas que decir en caso de problemas mecánicos:

¡Algo está mal!	**Something's wrong!** *(sámzins rong)*
Ha estado dando problemas.	**It's been acting up.** *(its bin áctin ap)*
No se puede explicar.	**There's no reason for it.** *(dérs nóu ríson for it)*
No sé qué pasó.	**I don't know what happened.** *(ái dont nóu uát jápent)*

¡Hay que practicar!

(25)

A. Conecte las palabras que van juntas:

1. **force**	dirt
2. **bolt**	sound
3. **tear**	measurement
4. **noise**	flame
5. **soap**	nut
6. **spark**	cut
7. **size**	power
8. **dust**	detergent

B. Lea en voz alta:

There's a problem with the machine. There was a noise, so I turned it off. I can see a hole and I think it's torn. I'm watching the pressure and I need to check the amount. The casing is loose, so let's replace the screws. There's a lot of dirt and dust, too. OK, listen. Unplug everything and clean up the mess. I think I know what happened.

Consejos

El trabajador debe saber que es ilegal que el patrón tome represalias como despido, suspensión, descenso de posición en la empresa y otras acciones disciplinarias como consecuencia de que los empleados ejerzan los siguientes derechos:

- Reportar problemas de salud o de seguridad en sus lugares de trabajo.
- Registrar quejas por discriminación.
- Recibir indemnizaciones laborales para cubrir gastos médicos, horas de trabajo perdido como consecuencia de accidentes o enfermedades causadas por o durante el desempeño del trabajo.
- Testificar o ayudar a otros trabajadores que estén ejerciendo sus derechos laborales.

PROBLEMAS PERSONALES
Personal problems
(pérsonal práblems)

Los empleados tienen tantos problemas como las máquinas que atienden. Comience la conversación con lo básico:

Necesito decirle algo.
I need to tell you something. *(ái nid tu tel iú sámzin)*

¿Puedo hablarle en privado?
May I talk to you in private? *(méi ái toc tu iú in práivat)*

Es algo confidencial.
It's something confidential. *(its sámzin canfidénchal)*

Ahora veremos las preguntas más comunes que escuchará en una conversación privada. Prepárese para contestar usando la palabra **was**:

¿Puede decirme qué pasó?
Can you tell me what happened? *(can iú tel mi uát jápent)*
Yes. I was... *(iés ái uás)* _____

¿Dónde pasó eso?
Where did it happen? *(juéar did it jápen)*
I was... *(ái uás)* _____

¿Cuándo pasó eso?
When did it happen? *(uén did it jápen)*
It was... *(it uás)* _____

¿Quién vio lo que pasó?
Who saw what happened? *(ju so uát jápent)*
There was... *(der uás)* _____

¿Ha pasado antes?
Has it happened before? *(jas it jápent bifór)*
It was... *(it uás)* _____

EJEMPLO
Can you tell me what happened? *(can iú tel mi juát jápent)*
It was terrible. Someone took my tools. *(it uás térribol sámuan tuc mái tuls)*
Where did it happen? *(juéar did it jápen)*
It was over there, in the parking lot. *(it uás óver der in de párquin lot)*
When did it happen? *(uén did it jápen)*
It was yesterday after work. *(it uás iésterdei áfter uérc)*

Who saw what happened? *(ju so uát jápent)*
There was a girl. She saw what happened. *(der uás a guérl chi so uát jápent)*
Has it happened before? *(jas it jápent bifór)*
Yes, a year ago. *(iés a íer egóu)*

También es importante protegerse con estas sencillas frases:

No fue mi culpa.	**It was not my fault.** *(it uás nat mái folt)*
No soy culpable.	**I'm not guilty.** *(áim nat guílti)*
No lo hice.	**I didn't do it.** *(ái didnt du it)*

Información adicional

Sería buena idea poner todos los detalles en forma escrita. Lea en voz alta:

Déjeme apuntarlo.	**Let me write it down.** *(let mi ráit it dáun)*
Quisiera hacer un informe.	**I'd like to make a report.** *(áid láic tu méic a ripórt)*
Aquí tiene la información.	**Here's the information.** *(jirs de informéichen)*

ASUNTOS DIFÍCILES
Difficult issues
(dífical íchus)

La siguiente es una lista de asuntos personales que requieren la atención de cualquier negocio. El empleador habla primero:

Tell me about it. *(tel mi abáut it)*	Cuénteme.
Tell me everything. *(tel mi évrizin)*	Dígamelo todo.

Ahora usted:

Tengo problemas con el/la...	**I have problems with the...** *(ái jaf práblems uít de)*	
otro empleado	**other employee** *(áder empllolí)*	**Do you have problems with the other employee?** *(du iú jaf práblems uíd de áder empllolí)* **No, I don't. I have problems with the regulations.** *(nóu ái dont ái jaf práblems uíd de reguiuléichens)*
reglamentos	**regulations** *(reguiuléichens)*	_____
horario	**schedule** *(squéchul)*	_____
horas	**hours** *(áurs)*	_____
pago	**pay** *(péi)*	_____

| seguro | **insurance** (*inchúrans*) | _____ |
| supervisor | **supervisor** (*superváiser*) | _____ |

| Puedo explicar el/la... | **I can explain the...** | |
| | (*ái can ekspléin de*) | |

accidente	**accident** (*áccident*)	**Can you explain the accident?**
		(*can iú ekspléin de áccident*)
		Yes, I can. But I need an
		interpreter.
		(*iés ái can bat ái nid an*
		intérpreter)

| enfermedad | **illness** (*ílnes*) | _____ |
| herida | **injury** (*ínchuri*) | _____ |

EJEMPLO

I had an accident this morning. (*ái jad an áccident dis mórnin*)
Can you explain what happened? (*can iú ekspléin uát jápent*)
Yes I can. I fell down in the bathroom. I think I have a back injury.
(*iés ái can ái fel dáun in de bázrum ái zinc ái jaf a bac íncheri*)

Ahora, defiéndase:

Déjeme explicarle la/las...	**Let me explain the...** (*let mi ekspléin de*)
tardanzas	**tardiness** (*tárdines*)
falta de participación	**lack of participation** (*lac of partisipéichen*)
faltas en el trabajo	**missing days from work** (*mísin déis from uérc*)

EJEMPLO

You missed work again yesterday. What's the problem?
(*iú mist uérc agén iésterdi uáts de práblem*)
Yes, I'm sorry. Let me explain the missing days from work.
(*iés áim sóri let mi ekspléin de mísin déis from uérc*)
Do you need an interpreter? (*du iú nid an intérpreter*)
No, thanks. I will try to explain it in English!
(*nóu zencs ái uíl trái tu ekspléin it in ínglich*)

Continúe:

Quiero hablarle acerca de la/del...	**I want to talk to you about the...** (*ái uánt tu toc tu iú abáut de*)	
conflicto	**conflict** (*cánflict*)	_____
discusión	**argument** (*árguiument*)	_____
escándolo	**disturbance** (*distérbans*)	_____
queja	**complaint** (*campléint*)	_____
pelea	**fight** (*fáit*)	_____
situación difícil	**difficult situation** (*dífical situéichen*)	_____

EJEMPLO
I want to talk to you about the disturbance last night.
(ái uánt tu toc tu iú abáut de distérbans last náit)
OK, come into my office. I want to know what happened.
(oquéi cam íntu mái ófis ái uánt tu nóu uát jápent)

Siga conversando, ahora con temas más complicados:

Conversemos sobre...	**Let's talk about the...** *(lets toc abáut de)*	
¿Quisiera conversar sobre el/la...?	**Would you like to talk about the...?** *(uód iú láic tu toc abáut de)*	
tipo de ropa	**kind of clothing** *(cáind of clóuzin)*	<u>**Would you like to talk about the kind of clothing?**</u> *(uód iú láic tu toc abáut de cáind of clóuzin)* <u>**Yes, I would. But I think I need an interpreter.**</u> *(iés ái uód bat ái zinc ái nid an intérpreter)*
competencia en el lenguaje	**language proficiency** *(lángüich profíchensi)*	_____
diferencias culturales	**cultural differences** *(cálcharal díferenses)*	_____
estándares de seguridad	**safety standards** *(séifti stándars)*	_____
falta de transporte	**lack of transportation** *(lac of transportéichen)*	_____
higiene personal	**personal hygiene** *(pérsonal jaichín)*	_____

EJEMPLO
Let's talk about your language proficiency. How's your English?
(lets toc abáut iór lángüich pofíchensi jáos iór ínglich)
It's better than before. I'm learning a little more every day!
(its béter zan bifór áim lérnin a lítel mor évri déi)

Información adicional

Hay personas difíciles y es necesario saber describirlas.

Esa persona es...	**That person is...** *(dat pérson is)*
cruel	**mean** *(min)*
descuidada	**careless** *(quéarles)*
deshonesta	**dishonest** *(disánest)*
grosera	**rude** *(rud)*
incompetente	**incompetent** *(incámpetent)*
irrespetuosa	**disrespectful** *(disrespécful)*
irresponsable	**irresponsible** *(irrespánsibol)*
negligente	**negligent** *(néglichen)*
sarcástica	**sarcastic** *(sarcástic)*

ASUNTOS GRAVES
Serious concerns
(sírios cansérns)

Con problemas serios, elimine cualquier confusión con la ayuda de un intérprete:

¿Quiere quejarse del/de la...? **Do you want to complain about the...?**
(du iú uánt tu campléin abáut de)

Quiero quejarme del/de la... **I want to complain about the...**
(ái uánt tu campléin abáut de)

acosamiento **harassment** *(jarásmen)*

Do you want to complain about the harassment?
(du iú uánt tu campléin abáut de jarásmen)
Yes, I do. And I want to complain about the abuse.
(iés ái du an ái uánt tu campléin abáut de abiús)

abuso	**abuse** *(abiús)*	_____
amenaza	**threat** *(zret)*	_____
crimen	**crime** *(cráim)*	_____
discriminación	**discrimination** *(discriminéichen)*	_____

¿Está Ud. consciente del/de la...? **Are you aware of the...?** *(ar iú auéar of de)*
Estoy consciente del/de la... **I'm aware of the...** *(áim auéar of de)*

estafa	**swindle** *(suíndel)*	**Are you aware of the swindle?** *(ar iú auéar of de suíndel)* **Yes, I am. I'm aware of the gambling, too.** *(iés ái am áim auéar of de gámblin tu)*
juego de apuestas	**gambling** *(gámblin)*	_____
alcohol	**alcohol** *(álcojol)*	_____
arma de fuego	**firearm** *(fáierarm)*	_____
desfalco	**embezzling** *(embéslin)*	_____
fraude	**fraud** *(frod)*	_____
robo	**stealing** *(stílin)*	_____
uso de drogas	**drug use** *(drag iús)*	_____
vandalismo	**vandalism** *(vándalism)*	_____

EJEMPLO
I'd like to talk to you about the regulations. *(áid láic tu toc tu iú abáut de reguiuléichens)*
What's the problem? *(uát's de práblem)*
Are you aware of the drug use? *(ar iú auéar of de drag iús)*
No, I'm not. Tell me about it. *(nóu áim nat tel mi abáut it)*

Aprenda esta terminología legal. Utilice la pregunta **was there?**

¿Hubo un/una...?	**Was there a/an...?** *(uás der a an)*	
arresto	**arrest** *(arrést)*	**Was there an arrest?** *(uás der an arrést)* **Yes, there was.** *(iés der uás)*
pleito	**lawsuit** *(lósut)*	**Was there a lawsuit?** *(uós der a lósut)* **No, there wasn't.** *(nóu der uásent)*
delito mayor	**felony** *(féloni)*	_____
delito menor	**misdemeanor** *(misdemínor)*	_____
evidencia	**evidence** *(évidens)*	_____
investigación	**investigation** *(investiguéichen)*	_____
policía	**police** *(polís)*	_____
prueba	**proof** *(pruf)*	_____
testigo	**witness** *(uítnes)*	_____
vigilancia	**surveillance** *(servéilans)*	_____

Información adicional

Las advertencias del empleador pueden traer serias consecuencias. Estudie las palabras subrayadas:

This is a <u>warning</u>. *(dis is a uórnin)*	Esta es una advertencia.
This is going in <u>your file</u>. *(dis is góin in iór fáil)*	Esto va en su archivo personal.
This is the <u>last time</u>. *(dis is de last táim)*	Esta es la última vez.
You will be <u>demoted</u>. *(iú uíl bi dimóutet)*	Será descendido de categoría.
You will have to <u>resign</u>. *(iú uíl jaf tu risáin)*	Tendrá que renunciar.
You are <u>fired</u>. *(iú ar fáierd)*	Está despedido.

Consejos

Una de las mejores maneras de asegurar que su empleador respete sus derechos es a través de un sindicato. Los afiliados del sindicato negocian colectivamente con los empleadores sobre temas relacionados con salarios, seguros médicos, cuidados de guardería y sistemas de comunicación para tratar y solucionar otros problemas. Aquí tiene terminología relacionada al sindicato:

Tiene que ver con el/la...	**It has to do with the...** *(it jas tu du uít de)*
abogado	**lawyer** *(lóier)*
acuerdo	**agreement** *(agríment)*
afiliación	**membership** *(mémberchip)*
arbitraje	**arbitration** *(arbitréichen)*
beneficios	**benefits** *(bénefits)*
categoría	**seniority** *(sinióriti)*
condiciones	**conditions** *(candíchens)*
contrato	**contract** *(cóntract)*
derechos	**rights** *(ráits)*
disputa	**dispute** *(dispiút)*
huelga	**strike** *(stráic)*
leyes	**laws** *(los)*
manifestación	**march** *(march)*
negociaciones	**negotiations** *(negochiéichens)*
paro de trabajo	**work stoppage** *(uérc stápach)*
protesta	**protest** *(protést)*
quejas	**grievances** *(grívanses)*
reclamaciones	**demands** *(demánds)*
representante	**representative** *(ripreséntatif)*
sindicato	**union** *(iúnion)*

¡Hay que practicar!

A. Ponga las palabras en el orden correcto:

1. **not fault it my was** _____
2. **happened me what tell** _____
3. **the talk want complaint I to about** _____

B. Conecte las palabras:

1. **evidence**   **stealing**
2. **schedule**   **injury**
3. **illness**   **conflict**
4. **fight**   **proof**
5. **fraud**   **hours**

C. Escriba las palabras que faltan:

1. Está despedido.   **You are** _____ .
2. Es muy serio.   **It's very** _____ .
3. Está faltando en el trabajo. **He's** _____ **from work.**

LA CONFRONTACIÓN
The confrontation
(de canfrantéichen)

Ahora aprenderá el inglés que necesitará en caso de confrontación, discusión o reprimenda. Después de todo, si no presta atención a lo que dice el empleador, ¡puede perder su empleo!

Tenemos un problema.	**We have a problem.** *(uí jaf a práblem)*	
¿Hay...?	**Is there...?** *(is der)*	
Hay...	**There is...** *(der is)*	
resentimiento	**resentment** *(riséntment)*	**Is there resentment?** *(is der riséntment)* **Yes, there is. There's a lot of resentment.** *(iés der is ders a lat of riséntment)*
celos	**jealousy** *(chélasi)*	_____
cólera	**anger** *(ánguer)*	_____
desconfianza	**mistrust** *(mistrást)*	_____
estrés	**stress** *(stres)*	_____
odio	**hatred** *(jéitred)*	_____
temor	**fear** *(fíar)*	_____
tristeza	**sadness** *(sádnes)*	_____

¿Puedo ofrecerle...?	**Can I offer you...?** *(can ái ófer iú)*	
unas sugerencias	**some suggestions** *(sam sachéschens)*	**Can I offer you some suggestions?** *(can ái ófer iú sam sachéschens)* **Yes, please.** *(iés plis)*
ayuda	**help** *(jelp)*	_____
mi opinión	**my opinion** *(mái opínion)*	_____
una recomendación	**a recommendation** *(a ricamendéichen)*	_____
unos consejos	**some advice** *(sam adváis)*	_____

Escuche a sus preguntas y conteste con **Yes, I do** *(iés ái du)* o **No, I don't** *(nóu ái dont)*:

Ud. debe _____ . ¿Entiende?	**You should _____ . Do you understand?** *(iú chud _____ du iú anderstán)*	
dejar de hacerlo	**stop doing that** *(stap dúin dat)*	**You should stop doing that. Do you understand?** *(iú chud stap dúin dat du iú anderstán)* **Yes, I do.** *(iés ái du)*
cooperar con los demás	**cooperate with the others** *(coaperéit uíd de áders)*	_____
estudiar los reglamentos	**study the regulations** *(stádi de reguiuléichens)*	_____
hacer algunos cambios	**make some changes** *(méic sam chénchis)*	_____
hacer las paces	**make peace** *(méic pis)*	_____
manejar mejor su tiempo	**manage your time better** *(mánach iór táim béter)*	_____
mejorar la situación	**improve the situation** *(imprúf de situéichen)*	_____
reconocer el problema	**recognize the problem** *(ricognáiz de práblem)*	_____
repasar la materia	**review the material** *(riviú de matírial)*	_____
seguir las instrucciones	**follow the instructions** *(fólou de instrákchens)*	_____
tratar de hacer el trabajo	**try to do the job** *(trái tu du de chab)*	_____

Necesita asistir a la...	**You need to attend the...** *(iú nid tu aténd de)*	
¿Quiere asistir a la...?	**Do you want to attend the ...?** *(du iú uánt tu aténd de)*	
conferencia	**conference** *(cánferens)*	**Do you want to attend the conference?** *(du iú uánt tu aténd de cánferens)* **Yes, I do.** *(iés ái du)* _____
clase	**class** *(clas)*	_____
reunión	**meeting** *(mítin)*	_____

EJEMPLO

I need some advice. This job is very difficult for me.
(ái nid sam adváis dis chab is véri díficalt for mi)
I see. Maybe you should review the material. *(ái si méibi iú chud riviú de matírial)*
I do that every day. And I study the regulations.
(ái du dat évri déi an ái stádi de reguiuléichens)
I have an idea. Do you want to attend the conference next month?
(ái jaf an aidía du iú uánt to aténd de cánferens nekst manz)
Yes, I do. I need to learn more. *(iés ái du ái nid tu lern mor)*

La conversación podría ser un poco difícil, así que necesitamos controlar las emociones. Estudie estas órdenes:

Por favor...	**Please...** *(plis)*	
cálmese	**calm down** *(calm dáun)*	**Please calm down.** *(plis calm dáun)*
baje la voz	**lower your voice** *(lóuer iór vóis)*	_____
contrólese	**control yourself** *(contról iorsélf)*	_____
relájese	**relax** *(riláks)*	_____
siéntese	**sit down** *(sit dáun)*	_____
Favor de no...	**Please do not...** *(plis du nat)*	
crear enemistad	**antagonize** *(antágonaiz)*	**Please do not antagonize!** *(plis du nat antágonaiz)*
chismear	**gossip** *(gósip)*	_____
discutir	**argue** *(árguiu)*	_____
gritar	**yell** *(iél)*	_____
maldecir	**curse** *(quers)*	_____
mentir	**lie** *(lái)*	_____

EJEMPLO
Please sit down and relax. *(plis sit dáun an riláks)*
And please do not curse! *(an plis du nat quérs)*

Terminemos la conversación con unos comentarios positivos:

¡Mejoremos el/la...!	**Let's improve the...!** *(lets imprúf de)*	
actitud	**attitude** *(átitiud)*	**Let's improve the attitude!** *(lets imprúf de átitiud)*
calidad	**quality** *(cuáliti)*	_____
moral	**morale** *(morál)*	_____
negocio	**business** *(bísnes)*	_____
producción	**production** *(prodákchon)*	_____
servicio	**service** *(sérvis)*	_____

PALABRAS ALENTADORAS
Encouraging words
(encórachin uérds)

Todo empleado necesita escuchar estas expresiones de vez en cuando:

¡Qué buen trabajo!	**What a great job!** *(uát a gréit chab)*
¡Muy bien!	**Very good!** *(véri gud)*
¡Bien hecho!	**Good work!** *(gud uérc)*
¡Usted aprende rápido!	**You learn fast!** *(iú lern fast)*
¡Me gusta lo que hizo!	**I like what you did!** *(ái laic uát iú did)*

EJEMPLO
Very good, Dora! What a great job! You learn quickly!
(véri gud dóra uát a gréit chab iú lern cuícli)
Thanks a lot! I love working here! *(zenks a lat ái lav uérquin jir)*

¡Eso es...!	**That's...!** *(dats)*	
excelente	**excellent** *(ékselent)*	**That's excellent!** *(dats ékselent)*
estupendo	**wonderful** *(uánderful)*	_____
excepcional	**exceptional** *(eksépchonal)*	_____
extraordinario	**remarkable** *(rimárcabol)*	_____
magnífico	**tremendous** *(treméndas)*	_____
sobresaliente	**outstanding** *(autstándin)*	_____

EJEMPLO
Your work is outstanding and your attitude is excellent!
(iór uérc is autstándin an iór átitud is ékselent)

Conteste todas las preguntas con **Yes**.

¿Hay...?	**Is there...?** *(is der)*	
desarrollo rápido	**fast development** *(fast devélopment)*	**Is there fast development?** *(is der fast devélopment)* **Yes, there is!** *(iés der is)*
gran esfuerzo	**good effort** *(gud éfort)*	_____
más progreso	**more progress** *(mór prógres)*	_____
mucho deseo	**lots of desire** *(lats of desáir)*	_____
orgullo en el negocio	**pride in the business** *(práid in de bísnes)*	_____
profesionalismo	**professionalism** *(proféchonalism)*	_____

Usted tiene el/la ____ necesario...	**You have the required...** *(iú jaf de recuáiert)*	
entusiasmo	**enthusiasm** *(éntusiasm)*	**You have the required enthusiasm.** *(iú jaf de recuáiert éntusiasm)*
confianza	**confidence** *(cánfidens)*	_____
creatividad	**creativity** *(criatíviti)*	_____
honradez	**honesty** *(ánesti)*	_____
iniciativa	**initiative** *(iníchatif)*	_____
paciencia	**patience** *(péichens)*	_____
respeto	**respect** *(rispéct)*	_____
responsabilidad	**responsibility** *(risposibíliti)*	_____
sinceridad	**sincerity** *(sinsériti)*	_____

¿Se ha fijado cuántas palabras son parecidas en los dos idiomas? Mire:

¿Es Ud....?	**Are you...?** *(ar iú)*	
ambicioso	**ambitious** *(ambíches)*	**Are you ambitious?** *(ar iú ambíches)* **Yes, I am. I'm very ambitious!** *(iés ái am áim véri ambíches)*
competente	**competent** *(cámpetent)*	_____
eficiente	**efficient** *(efíchent)*	_____
independiente	**independent** *(indepéndent)*	_____
organizado	**organized** *(órganaizt)*	_____
puntual	**punctual** *(pánchual)*	_____

EJEMPLO
You're competent, you have creativity, and there is a lot of desire.
(iú ar cámpetent iú jaf criatíviti an der is a lat of disáir).
I think you would make an excellent supervisor!
(ái zinc iú uíl méic an ékselent supervváiser)

Estudie estas oraciones alentadoras por piezas. Mire la traducción de cada grupo de palabras y vea el orden gramatical:

You	**are**	**part**	**of**	**our**	**team!**
¡Usted	es	parte	de	nuestro	equipo!

We can't	**do it**	**without**	**you!**
¡No podemos	hacerlo	sin	usted!

Everyone	**must**	**work**	**together!**
¡Todos	tienen que	trabajar	juntos!

Información adicional

Ya encontró muchas palabras que son casi iguales en inglés y en español, y se dio cuenta que la complicación reside en el hecho de que éstas se escriben casi igual pero generalmente se pronuncian distinto:

complication *(campliquéichen)*	complicación
initiation *(inisiéichen)*	iniciación
interruption *(interrápchen)*	interrupción
observation *(observéichen)*	observación
operation *(operéichen)*	operación
preparation *(priparéichen)*	preparación
satisfaction *(satisfákchen)*	satisfacción

¡Hay que practicar! (27)

A. Diga cada palabra en voz alta, después verifique con la columna derecha:

1. **priority**   *(praióriti)*
2. **correction**   *(corrékchen)*
3. **punctual**   *(pánchual)*
4. **limitation**   *(limitéichen)*
5. **apathetic**   *(apazétic)*
6. **terrific**   *(terrífic)*
7. **responsibility**   *(risponsibíliti)*
8. **creativity**   *(criatíviti)*

B. Subraye los verbos con significado negativo:

relax, curse, improve, gossip, develop, lie, argue

C. Escriba tres expresiones alentadoras:

_____   _____   _____

D. Llene los espacios en blanco con las palabras correctas:

1. **Everyone must** _____ **together.**   like
2. **There is** _____ **effort.**   should
3. **I** _____ **what you did.**   you
4. **You** _____ **try to do the job.**   work
5. _____ **need to attend the class.**   good

PROBLEMAS DE SALUD
Health concerns
(jels cansérns)

¿Qué hacer respecto al bienestar físico y emocional de los empleados? Use el verbo **to feel** para describir sentimientos:

¿Cómo se siente?	**How do you feel?** *(jáo du iú fil)*	
¿Se siente...?	**Do you feel...?** *(du iú fil)*	
asustado	**afraid** *(afréd)*	**Do you feel afraid?** *(du iú fil afréd)* **No, I don't. I feel angry.** *(nóu ái dont ái fil ángri)*
enojado	**angry** *(ángri)*	**Do you feel angry?** *(du iú fil ángri)* **No, I don't. I feel anxious.** *(nóu ái dont ái fil ánkches)*
ansioso	**anxious** *(ánkches)*	_____
aburrido	**bored** *(bóart)*	_____
agotado	**exhausted** *(eksóstet)*	_____
apático	**apathetic** *(apazétic)*	_____
avergonzado	**embarrassed** *(embárrast)*	_____
confundido	**confused** *(canfiúst)*	_____
distraído	**distracted** *(distráctet)*	_____
hastiado	**disgusted** *(disgástet)*	_____
molesto	**bothered** *(bázert)*	_____
¿Está...?	**Are you...?** *(ar iú)*	
emocionado	**excited** *(eksáitet)*	**Are you excited?** *(ar iú eksáitet)* **Yes, I am. I'm very excited.** *(iés ái am áim véri eksáitet)*
contento	**pleased** *(plist)*	_____
frustrado	**frustrated** *(frastréited)*	_____
incómodo	**uncomfortable** *(ancámfortabol)*	_____
molesto	**upset** *(apsét)*	_____
nervioso	**nervous** *(nérvas)*	_____
preocupado	**worried** *(uérrid)*	_____
relajado	**relaxed** *(rilákst)*	_____

Ahora hablemos de su estado físico. Otra vez conteste con **yes** o **no** usando el verbo **to feel**:

¿Cómo se siente?	**How do you feel?** *(jáo du iú fil)*	
¿Se siente...?	**Do you feel...?** *(du iú fil)*	
Me siento...	**I feel...** *(ái fil)*	
mareado	**dizzy** *(dísi)*	**Do you feel dizzy?** *(du iú fil dísi)* **Yes, I do. I feel a little dizzy.** *(iés ái du ái fil a lítel dísi)*
cansado	**tired** *(táirt)*	_____
desfallecido	**faint** *(féint)*	_____
dolorido	**sore** *(sóar)*	_____
enfermo	**ill** *(il)*	_____
mal	**poorly** *(púarli)*	_____
soñoliento	**sleepy** *(slípi)*	_____

Practique y siga inventando frases afines:

¿Tiene...?	**Do you have...?** *(du iú jaf)*	
Tengo...	**I have...** *(ái jaf)*	
alergias	**allergies** *(álerchis)*	**Do you have allergies?** *(du iú jaf álerchis)* **Yes, I do. I have chills, too.** *(iés ái du ái jaf chils tu)*
escalofríos	**chills** *(chils)*	_____
diarrea	**diarrhea** *(daiarría)*	_____
dolor	**pain** *(péin)*	_____
dolor de garganta	**a sore throat** *(a sóar zróut)*	_____
erupción	**a rash** *(a rach)*	_____
estreñimiento	**constipation** *(canstipéichen)*	_____
fiebre	**a fever** *(a fíver)*	_____
gripe	**the flu** *(de flu)*	_____
náuseas	**nausea** *(nózia)*	_____
tos	**a cough** *(a cof)*	_____
un resfriado	**a cold** *(a cold)*	_____

Información adicional

Aprenda el siguiente patrón:

¿Tiene usted un...?	**Do you have a...?** *(du iú jaf a)*	
dolor de muela	**toothache** *(túseic)*	<u>**Do you have a toothache?**</u> *(du iú jaf a túseic)* <u>**No, I don't.**</u> *(nóu ái dont)*
dolor de cabeza	**headache** *(jédeic)*	_____
dolor de estómago	**stomachache** *(stómaceic)*	_____
dolor de espalda	**backache** *(báqueic)*	_____

LA EMERGENCIA MÉDICA
Medical emergency
(médical emérchensi)

En el caso de una emergencia médica en el trabajo, prepárese con el inglés que necesite para ayudar a la víctima. Sus primeras palabras son las más urgentes:

¿Está bien?	**Are you OK?** *(ar iú oquéi)*
¿Necesita ayuda?	**Do you need help?** *(du iú nid jelp)*
¿Dónde le duele?	**Where does it hurt?** *(juéar das it jert)*
Quédese aquí.	**Stay here.** *(stéi jir)*
No se mueva.	**Don't move.** *(dont muv)*
Voy a buscar ayuda.	**I'll get help.** *(áil get jelp)*

EJEMPLO
Do you need help? *(du iú nid jelp)*
Yes, I do. I had an accident. *(iés ái du ái jad an áksident)*
Where does it hurt? *(juéar das it jert)*
It's my back. *(its mái bac)*
OK, don't move. I'll get help. *(oquéi dont muv áil get jelp)*

Ahora, busque más auxilio:

¡Hubo un accidente!	**There's been an accident!** *(ders bin an áksident)*
¡Necesito su ayuda!	**I need your help!** *(ái nid iór jelp)*
¡Traiga el estuche para emergencias!	**Bring the emergency kit!** *(brin de emérchensi kit)*

Continúe:

¡Apúrese!	**Hurry up!** (*járri ap*)
¡Venga aquí!	**Come here!** (*cam jir*)
¡Socorro!	**Help!** (*jelp*)

Llame al/a la/a los...	**Call...** (*col*)
911	**nine-one-one** (*náin uán uán*)
ambulancia	**an ambulance** (*an ámbiulans*)
bomberos	**the fire department** (*de fáir depártment*)
hospital	**the hospital** (*de jóspital*)
jefe	**the boss** (*de bos*)
médico	**a doctor** (*a dóctor*)
paramédicos	**the paramedics** (*de paramédics*)
policía	**the police** (*de polís*)

Si usted es la víctima, simplemente conteste a las preguntas con **Yes** o **No**. Imagínese las situaciones siguientes y preste atención al nuevo vocabulario:

¿Se resbaló?	**Did you slip?** (*did iú slip*)
¿Se cayó?	**Did you fall?** (*did iú fol*)
¿Se cortó?	**Did you cut yourself?** (*did iú cat iorsélf*)
¿Se quemó?	**Did you burn yourself?** (*did iú bern iorsélf*)
¿Se golpeó la cabeza?	**Did you hit your head?** (*did iú jit iór jed*)
¿Perdió el conocimiento?	**Did you pass out?** (*did iú pas áut*)
¿Puede levantarse?	**Can you stand up?** (*can iú stand ap*)
¿Es su corazón?	**Is it your heart?** (*is it iór jart*)
¿Está sangrando?	**Are you bleeding?** (*ar iú blídin*)
¿Puede respirar bien?	**Can you breathe OK?** (*can iú briz oquéi*)

¿Necesita un/una...? **Does he need a...?** (*das ji nid a*)

tablilla	**splint** (*splin*)	**Does he need a splint?** (*das ji nid a splin*) **No, he doesn't. He needs a sling.** (*nóu ji dásent ji nids a slin*)
cabestrillo	**sling** (*slin*)	**Does she...** _____
agua	**water** (*uóter*)	**Do you...** _____
camilla	**stretcher** (*strécher*)	**Does he...** _____
frazada	**blanket** (*blánquet*)	**Do they...** _____
hielo	**ice** (*áis*)	**Do I...** _____
muletas	**crutches** (*cráchis*)	**Does she...** _____
oxígeno	**oxygen** (*óksichen*)	**Do they...** _____
silla de ruedas	**wheelchair** (*uílchear*)	**Do I...** _____
vendaje	**bandage** (*bándeich*)	**Do we...** _____

Necesitará un/una...	**He will need...** *(ji uíl nid)*	
torniquete	**a tourniquet** *(a túrniquet)*	<u>**You will need a tourniquet.**</u> *(iú uíl nid a túrniquet)*
medicina	**medicine** *(médisin)*	_____
primeros auxilios	**first aid** *(ferst éid)*	_____
puntadas	**stitches** *(stíchis)*	_____
respiración artificial	**CPR** *(sípiar)*	_____

Estas son unas palabras de apoyo. Practíquelas:

No se preocupe.	**Don't worry.** *(dont uéri)*
Estará bien.	**You'll be fine.** *(iúl bi fáin)*
Todo está bien.	**Everything is OK.** *(évrizin is oquéi)*

EJEMPLO

Does she need the bandage? *(das chi nid de bándach)*
Yes, she does. *(iés chi das)*
I think she needs stitches. *(ái zink chi nids stíchis)*
Really? *(ríli)*
Yes, but don't worry, she'll be fine. *(iés bat don't uéri chill bi fáin)*

Información adicional

Aprenda más palabras descriptivas mientras crea oraciones nuevas:

roto	**broken** *(bróquen)*
	His leg isn't broken. *(jis leg isnt bróquen)*
hinchado	**swollen** *(suólen)*
	Is my eye swollen? *(is mái ái suólen)*
torcido	**twisted** *(tuísted)*
	Your arm is twisted. *(iór arm is tuísted)*

MÁS PROBLEMAS MÉDICOS
More medical problems
(mor médical práblems)

Señale dónde le duele. Este vocabulario es bueno para todo tipo de primeros auxilios:

¿Tiene...?	**Do you have...?** *(du iú jaf)*	
Tengo...	**I have...** *(ái jaf)*	
ampollas	**blisters** *(blísters)*	**Do you have blisters?** *(du iú jaf blísters)* **No, I don't. I have bruises.** *(nóu ái dont ái jaf brúses)*
magulladuras	**bruises** *(brúses)*	_____
cortadas	**cuts** *(cats)*	_____
quemaduras	**burns** *(berns)*	_____
rasguños	**scratches** *(scráchis)*	_____

Creo que esto es/son...	**I think this is (a)...** *(ái zink dis is a)*	
ataques	**seizures** *(síchers)*	_____
congelamiento	**frostbite** *(frósbait)*	_____
convulsiones	**convulsions** *(convólchens)*	_____
deshidratación	**dehydration** *(dijaidréichen)*	_____
insolación	**sunstroke** *(sánstrouc)*	_____
intoxicación	**poisoning** *(póisonin)*	_____
shock	**shock** *(choc)*	_____

 ## Consejos

Olvide todo lo que ha visto en las películas. En este país usted corre poco peligro. Si usa sentido común y aprende un poco de diferencias culturales, debiera tener una estadía libre de problemas. A pesar de los informes en los noticieros sobre problemas de abuso y violencia en el trabajo, Estados Unidos es un lugar relativamente seguro. Recuerde que las historias de horror hacen noticieros interesantes precisamente porque no son comunes.

LA PREVENCIÓN DE ACCIDENTES
Accident prevention
(áksident privénchen)

La mejor manera de evitar accidentes en el trabajo es estar preparados.

¿Sabe trabajar con...?	**Do you know how to work with...?** *(du iú nóu jáo tu uérc uít)*	
productos químicos	**chemicals** *(quémicals)*	**Do you know how to work with chemicals?** *(du iú nóu jáo tu uérc uít quémicals)* **Yes, I do.** *(iés ái du)*
aceite	**oil** *(óil)*	_____
combustible	**fuel** *(fiúl)*	_____
electricidad	**electricity** *(electrísiti)*	_____
gasolina	**gas** *(gas)*	_____
grasa	**grease** *(gris)*	_____
vapor	**steam** *(stim)*	_____

No se olvide de las órdenes:

¡Tenga cuidado con...!	**Be careful with the...!** *(bi quérful uít de)*	
¡No toque ese/esos...!	**Don't touch the...!** *(don't tach de)*	
líquido	**liquid** *(lícuid)*	**Be careful with the liquid!** *(bi quérful uít de lícuid)*
materiales	**materials** *(matírials)*	**Don't touch the materials!** *(dont tach de matírials)*
derrame	**spillage** *(spílach)*	_____
residuos	**residues** *(résidus)*	_____
sustancia	**substance** *(sábstans)*	_____

EJEMPLO
Please be careful with the liquid! *(plis bi quérful uít de lícuid)*
Do you know how to work with chemicals? *(du iú nóu jáo tu uérc uít quémicals)*
Yes, I do. *(iés ái du)*

Mire cuantas palabras aquí son parecidas en los dos idiomas:

¿Es/está...?	**Is it...?** *(is it)*	
contaminado	**contaminated** *(cantaminéited)*	**Is it contaminated?** *(is it cantaminéited)* **Yes, it is.** *(iés it is)*
corrosivo	**corrosive** *(corrósif)*	**Is it corrosive?** *(is it corrósif)* **No, it isn't.** *(nóu it isnt)*
explosivo	**explosive** *(eksplósif)*	_____
ilegal	**illegal** *(ilígal)*	_____
inflamable	**flammable** *(flámabol)*	_____
mortal	**lethal** *(lízal)*	_____
peligroso	**dangerous** *(déncheras)*	_____

¡Ojo! Es...	**Careful! It's...** *(quérful its)*	
venenoso	**poisonous** *(póisonos)*	**Careful! It's poisonous!** *(quérful its póisonos)*
de uso limitado	**restricted** *(ristríctet)*	_____
peligroso	**dangerous** *(déncheras)*	_____
prohibido	**prohibited** *(projíbited)*	_____
radioactivo	**radioactive** *(redioáctif)*	_____
reactivo	**reactive** *(riáctif)*	_____
tóxico	**toxic** *(tóksic)*	_____

Estos términos también son importantes:

¿Entiende el/la...?	**Do you understand the...?** *(du iú anderstán de)*	
peligro	**danger** *(déncher)*	**Do you understand the danger?** *(du iú anderstán de déncher)* **Yes, I do.** *(iés ái du)*
amenaza	**threat** *(zret)*	_____
aviso	**warning** *(uórnin)*	_____
riesgo	**risk** *(risc)*	_____

EJEMPLO
Do you understand the danger? *(du iú anderstán de déncher)*
That is very toxic. *(dat is véri tóksic)*
I know. And it's explosive, too! *(ái nóu an its eksplósif tu)*

Aquí aparecen diversos temas relacionados con seguridad:

¿Desea saber sobre el/la....?   **Do you want to know about...?**
                                 (du iú uánt tu nóu abáut)

administración de desperdicios   **waste management**
                                 (uéist mánachmen)   _____

ahorro de energía   **energy saving**
                                 (énerchi séivin)   _____

capacidad del recinto   **room capacity**
                                 (rum capásiti)   _____

equipo de seguridad   **safety equipment**
                                 (séifti ecuípment)   _____

mantenimiento preventivo   **preventive maintenance**
                                 (privéntif méintenans)   _____

manual de seguridad   **safety manual**
                                 (séifti mánual)   _____

medidas de seguridad   **security measures**
                                 (sequiúriti méchers)   _____

plan de rescate   **rescue procedure**
                                 (résquiu prasícher)   _____

protección ambiental   **environmental protection**
                                 (envairméntal pratékchen)   _____

simulacro de incendio   **fire drill** *(fáir dril)*

Por razones de seguridad, aprenda estas palabras lo más pronto posible.

alarma	**alarm** *(alárm)*	**Turn on the alarm.** *(tern on de alárm)*
cadena	**chain** *(chéin)*	**Connect the chain.** *(canéct de chéin)*
caja fuerte	**safe** *(séif)*	**Check the safe.** *(chec de séif)*
candado	**padlock** *(pádloc)*	**Close the padlock.** *(clóus de pádloc)*
cerradura	**lock** *(loc)*	**Use the lock.** *(iús de loc)*
cerrojo	**latch** *(lach)*	**Open the latch.** *(ópen de lach)*
llave	**key** *(ki)*	**Turn the key.** *(tern de ki)*
pestillo	**deadbolt** *(dedbólt)*	**Press the deadbolt.** *(pres de dedbólt)*

LOS LETREROS
The signs
(de sáins)

Revise los letreros que vea en el lugar de trabajo:

Caution *(cóchon)*	Precaución
Danger *(déncher)*	Peligro
Do Not Block Entrance *(du nat bloc éntrans)*	No obstruir la entrada
Emergency Exit *(emérchensi éksit)*	Salida de emergencia
High Power Cables *(jái páuer quéibols)*	Cables de alto voltaje
No Exit *(nóu éksit)*	Sin salida
Stairway *(stéaruei)*	Escaleras
Watch Your Step *(uách iór step)*	Mire por donde camina
Water Not For Drinking *(uáter nat for drínquin)*	Agua no potable
Wet Floor *(uét flóar)*	Piso mojado

No olvide los letreros cercanos a maquinaria:

Do Not Operate *(du nat ópereit)*	No hacer funcionar
Eye Protection Required *(ái pratékchen recuáierd)*	Se requiere utilizar protección para los ojos
Hard Hat Area *(jar jat érea)*	Área de casco de seguridad
Keep Clear *(quip clíar)*	Manténgase alejado
This Equipment Starts Automatically	Este equipo se enciende automáticamente

Información adicional

Estos letreros se encuentran por todas partes. Son tan básicos y necesarios que debe aprenderlos ahora mismo:

Closed *(clóust)*	Cerrado
Employees Only *(emplollís ónli)*	Sólo para empleados
Entrance *(éntrans)*	Entrada
Exit *(éksit)*	Salida
No Smoking *(nóu smóquin)*	No fumar
No Trespassing *(nóu tréspasin)*	Prohibido el paso
Open *(ópen)*	Abierto
Out of Order *(áut of órder)*	Descompuesto
Pull *(pul)*	Jale
Push *(puch)*	Empuje
Restrooms *(réstrums)*	Sanitarios

¡Hay que practicar!　(28)

A. En inglés...

Escriba tres palabras que expresan sentimientos:

_____　_____　_____

¿Cuáles son tres letreros que se encuentran en todos los lugares de trabajo?

_____　_____　_____

Escriba tres tipos de herida:

_____　_____　_____

B. Subraye la palabra que no va con las otras dos:

1. **risk, hazard, sling**
2. **blister, lock, bruise**
3. **sleepy, sign, tired**

C. Answer these questions about your personal health:

How do you feel today?
Do you have a stomachache?
Is your job dangerous?

LOS DESASTRES NATURALES
Natural disasters
(náchural disásters)

Prepárese para las emergencias. Primero, identifiquemos el problema:

¿Fue un/una...?	**Was it a/an...?** *(uás it a an)*	
terremoto	**earthquake** *(érscueic)*	**Was it an earthquake?** *(uás it an érscueic)* **No, it wasn't. It was a flood!** *(nóu it uásnt it uás a flad)*
inundación	**flood** *(flad)*	_____
deslave	**landslide** *(lánslaid)*	_____
huracán	**hurricane** *(járriquein)*	_____
incendio forestal	**forest fire** *(fórest fáier)*	_____
tormenta	**storm** *(stórm)*	_____
tornado	**tornado** *(tornéido)*	_____

¿Hay...?	**Is there...?** *(is der)*	
lluvia	**rain** *(réin)*	**Is there rain?** *(is der réin)* **Yes, there is. There's snow, too!** *(iés der is ders snóu tu)*
nieve	**snow** *(snóu)*	_____
aguanieve	**sleet** *(slit)*	_____
escarcha	**frost** *(fróst)*	_____
granizo	**hail** *(jéil)*	_____
hielo	**ice** *(áis)*	_____
relámpago	**lightning** *(láitnin)*	_____
trueno	**thunder** *(zánder)*	_____
viento	**wind** *(uínd)*	_____

EJEMPLO

Was it a storm? *(uás it a storm)*

Yes, it was. There's lots of ice and snow! *(iés it uás ders lats of áis an snóu)*

Continúe preocupándose por el clima:

¿Cómo está el tiempo hoy?	**How's the weather today?** *(jáos de uéder tudéi)*	
¿Está...?	**Is it...?** *(is it)*	
nublado	**cloudy** *(cláudi)*	**Is it cloudy today?** *(is it cláudi tudéi)* **Yes, it is. It's cloudy and cool.** *(iés it is its cláudi an cul)*
fresco	**cool** *(cul)*	_____
caluroso	**warm** *(uórm)*	_____
helado	**freezing** *(frísin)*	_____
lloviendo	**raining** *(réinin)*	_____
lloviznando	**drizzling** *(dríslin)*	_____
nevando	**snowing** *(snóuin)*	_____
tempestuoso	**stormy** *(stórmi)*	_____

Ahora, respondamos a los catástrofes con acciones necesarias.

Turn everything off. *(tern évrizin of)*	Apaguen todo.
Turn on the radio. *(tern on de rédio)*	Prendan la radio.
Close the doors. *(clóus de dóars)*	Cierren las puertas.
Cover the windows. *(cóver de uíndous)*	Cubran las ventanas.
Bring the provisions. *(brin de pravíchens)*	Traigan los alimentos.
Take the water. *(téic de uáter)*	Lleven el agua.
Read the emergency plan. *(rid de emérchensi plan)*	Lean el plan de emergencias.

Get out of the building. *(get áut of de bíldin)*	Salgan del edificio.
Use the escape route. *(iús de esquéip ráut)*	Tomen la ruta de escape.
Go to the shelter. *(góu tu de chélter)*	Vayan al refugio.
Don't use the elevators. *(dont iús de elevéitors)*	No usen los ascensores.
Remain calm. *(riméin calm)*	Mantengan la calma.

Información adicional

Si Ud. trabaja fuera de la ciudad, estudie los otros lugares de empleo:

¿Dónde trabajan ustedes?	**Where do you work?** *(juéar du iú uérc)*	
Trabajamos cerca de el/la/los/las...	**We work near the...** *(uí uérc níar de)*	
playa	**beach** *(bich)*	**We work near the beach.** *(uí uérc níar de bich)*
bosque	**forest** *(fórest)*	_____
campo	**field** *(fild)*	_____
desierto	**desert** *(désert)*	_____
lago	**lake** *(léic)*	_____
montañas	**mountains** *(máuntens)*	_____
río	**river** *(ríver)*	_____
valle	**valley** *(váli)*	_____

¡Hay que practicar!

(29)

A. Elija la mejor palabra para completar la oración:

desert, storm, elevator

1. **There was a lot of rain during the** _____
2. **In an emergency, don't use the** _____
3. **Let's go to the mountains and the** _____

B. Conteste estas tres preguntas en voz alta.

1. **Is there snow in the summer?**
2. **Is it cloudy today?**
3. **Do you like the lake or the river?**

¡Acción!

Como **you** significa tanto "usted" como "ustedes", cuando se dirija a más de una persona le conviene a veces añadir la frase **you guys** *(iú gáis)*. **You guys** implica "todos ustedes".

¡Apúrense!	**Hurry up, you guys!** *(jári ap iú gáis)*
¡Vengan aquí!	**Come here, you guys!** *(cam jir iú gáis)*
¡Descarguen el camión!	**Unload the truck, you guys!** *(anlóud de trac iú gáis)*

Otra manera de dar órdenes en inglés es por medio de la palabra **Let's** *(lets)*. Mire:

Comencemos.	**Let's begin.** *(lets biguín)*
Llamemos.	**Let's call.** *(lets col)*
Vámonos.	**Let's leave.** *(lets liv)*

Y aquí hay algunos verbos que se escuchan en situaciones problemáticas. Escriba una oración completa al lado, usando los nuevos verbos:

aconsejar	**to advise** *(tu adváis)*	**I want to advise you.** *(ái uánt tu adváis iú)*
discutir	**to argue** *(tu árguiu)*	**Please don't argue.** *(plis dont árguiu)*
molestar	**to bother** *(tu báder)*	**He's bothering me.** *(jis báderin mi)*
agarrar	**to grab** *(tu grab)*	_____
apoyar	**to support** *(tu sapórt)*	_____
ayudar	**to help** *(tu jelp)*	_____
caer	**to fall** *(tu fol)*	_____
calmar	**to calm down** *(tu calm dáun)*	_____
consultar	**to consult** *(tu cansált)*	_____
conversar	**to converse** *(tu canvérs)*	_____
desmayarse	**to faint** *(tu féint)*	_____
herir	**to injure** *(tu ínchur)*	_____
insistir	**to insist** *(tu insíst)*	_____
mejorar	**to improve** *(tu imprúf)*	_____
mentir	**to lie** *(tu lái)*	_____
negar	**to deny** *(tu dinái)*	_____
obedecer	**to obey** *(tu obéi)*	_____
olvidar	**to forget** *(tu forguét)*	_____
pelear	**to fight** *(tu fáit)*	_____
perder	**to lose** *(tu lus)*	_____
quemar	**to burn** *(tu bern)*	_____
romper	**to break** *(tu bréic)*	_____
sentir	**to feel** *(tu fil)*	_____

Información adicional

Repasemos el verbo en su forma presente, futura y pasada en inglés.

I'm working there *now*. *(áim uérquin der náu)*	Estoy trabajando ahí **ahora**.
I work there *everyday*. *(ái uérc der évridei)*	Trabajo ahí **todos los días**.
I will work there *tomorrow*. *(ái uíl uérc der tomórrou)*	Voy a trabajar ahí **mañana**.
I worked there *yesterday*. *(ái uérct der iésterdi)*	Trabajé ahí **ayer**.

¡Hagamos una frase!

El presente perfecto

El presente perfecto tiene dos partes gramaticales: **to have** (haber) y el **participle** (participio):

To Have (haber)	+	Participle (participio)
I have (Yo he)	+	**worked** (trabajado)
You have (Tú has, usted ha)	+	**worked** (trabajado)
He, she has (Él, ella ha)	+	**worked** (trabajado)
We have (Nosotros hemos)	+	**worked** (trabajado)
You, they have (Ustedes, ellos, ellas han)	+	**worked** (trabajado)

EJEMPLOS
He trabajado allí por veinte años.
I have worked there for twenty years. *(ái jaf uérct der for tuénti íers)*
Paulo ha terminado el entrenamiento.
Paulo has finished the training. *(páulo jas fínicht de tréinin)*
Hemos limpiado el cuarto.
We have cleaned the room. *(uí jaf clínt de rum)*

Y aquí hay verbos irregulares. Recuerde que hay una lista de verbos irregulares en la parte de atrás de este libro:

He leído el libro muchas veces.
I've read the book many times. *(áif red de buc méni táims)*
Ella ha manejado un camión.
She's driven a truck. *(chis dríven a trac)*
Hemos puesto todo en las cajas.
We've put everything in the boxes. *(uíf put évrizin in de bákses)*

Información adicional

Algunos participios también son palabras descriptivas:

They are *used* cars. *(déi ar iúst cars)*   Son carros *usados*.
The doors are *painted*. *(de dóars ar péinted)*   Las puertas están *pintadas*.
They are *broken*. *(déi ar bróquen)*   Están *quebrados*.

¡Hay que practicar!   (30)

A. Siga el ejemplo:

   correr   **Run, you guys!**

1. ir   _____
2. parar   _____
3. trabajar   _____
4. caminar   _____
5. ayudar   _____

B. Traduzca:

1. **She's going to faint.**   _____
2. **Are they fighting?**   _____
3. **We didn't fall.**   _____

C. Practique el presente perfecto. Estudie el ejemplo:

   regresar **(to return)**   I   **I have returned.**

1. contestar **(to answer)**   **They**   _____
2. estacionar **(to park)**   **He**   _____
3. ayudar **(to help)**   **We**   _____
4. aprender **(to learn)**   **You**   _____
5. enseñar **(to teach)**   **The boss** _____

PROBLEMAS EN EL TRABAJO

Ponga estas palabras en orden para formar palabras en inglés:

1. NGDAER   _____
2. ITAOUCN   _____
3. CNSEISSAAT   _____
4. ANNWIRG   _____
5. EGYRENECM   _____
6. ICNCETAD   _____
7. MANEUBLCA   _____
8. YTEFAS   _____
9. IERRPA   _____
10. NRPTOENVEI   _____

(Respuestas en la página 265.)

El negocio
The Business

(de bísnes)

LA COMPAÑÍA
The company
(de cámpani)

Comience este capítulo con una descripción del negocio.

¿Le gusta trabajar para una...?	**Do you like working for a...?** *(du iú láic uérquin for a)*	
corporación	**corporation** *(corporéichen)*	**Do you like working for a corporation?** *(du iú láic uérquin for a corporéichen)* **Yes, I do. I like it a lot.** *(iés ái du ái láic it a lat)*
empresa familiar	**family business** *(fámili bísnes)*	_____
empresa individual	**sole proprietorship** *(sol propráitorchip)*	_____
gran empresa	**major company** *(méicher cámpani)*	_____
organización sin fines lucrativos	**nonprofit organization** *(nonprófit organiséichen)*	_____
pequeña empresa	**small business** *(smol bísnes)*	_____
sociedad anónima	**public corporation** *(páblic corporéichen)*	_____
sociedad gremial	**trade union** *(tréid iúnion)*	_____
sociedad limitada	**limited liability corporation** *(límited laiabíliti corporéichen)*	_____

Ahora mencione las actividades en el negocio:

¿Qué hacen Uds.?	**What do you do?** (*uát du iú du*)	
construimos	**We build.** (*uí bild*)	**We build websites.** (*uí bild uébsaits*)
compramos	**We buy.** (*uí bái*)	**We buy materials.** (*uí bái matírials*)
desarrollamos	**We develop.** (*uí devélop*)	**We develop programs.** (*uí devélop prógrams*)
instalamos	**We install.** (*uí instól*)	**We install windows.** (*uí instól uíndous*)
invertimos	**We invest.** (*uí invést*)	**We invest in property.** (*uí invést in práperti*)
arrendamos	**We lease.** (*uí lis*)	**We lease cars.** (*uí lis cars*)
administramos	**We manage.** (*uí mánach*)	_____
enviamos	**We send.** (*uí send*)	_____
hacemos	**We make.** (*uí méic*)	_____
ofrecemos	**We offer.** (*uí ófer*)	_____
preparamos	**We prepare.** (*uí pripéar*)	_____
producimos	**We produce.** (*uí prodiús*)	_____
proveemos	**We provide.** (*uí prováid*)	_____
reparamos	**We repair.** (*uí ripér*)	_____
vendemos	**We sell.** (*uí sel*)	_____

¿Es un negocio...?	**Is the business...?** (*is de bísnes*)	
nacional	**domestic** (*doméstic*)	**Is the business domestic?** (*is de bísnes doméstic*) **No, it isn't. It's foreign.** (*nóu it isnt its fóren*)
extranjero	**foreign** (*fóren*)	_____
estacional	**seasonal** (*sísonal*)	_____
interestatal	**interstate** (*íntersteit*)	_____
internacional	**international** (*internéichonal*)	_____
local	**local** (*lócal*)	_____
mundial	**global** (*glóbal*)	_____
privado	**private** (*práivat*)	_____
provisional	**interim** (*ínterim*)	_____
público	**public** (*páblic*)	_____

¿Trabajan con los/las...?	**Do you work with...?** *(du iú uérc uít)*	
entregas	**deliveries** *(delíveris)*	**Do you work with deliveries?** *(du iú uérc uíd delíveris)* **Yes, we do.** *(iés uí du)*
artículos de venta	**sales items** *(séils áitems)*	_____
bienes	**goods** *(guds)*	_____
materias primas	**raw materials** *(ro matírials)*	_____
mercancías	**merchandise** *(mérchandais)*	_____
productos	**products** *(prádacts)*	_____
servicios	**services** *(sérvisis)*	_____

EJEMPLO
Do you like working for a small business?
(du iú láic uérquin for a smol bísnes)
Yes, I do. *(iés ái du)*
What do you do? *(uát du iú du)*
We install cabinets. *(uí instól cábinets)*
Is it a local business? *(is it a lócal bísnes)*
Yes, it is. *(iés it is)*
Do you work with local products? *(du iú uérc uít lócal pródacts)*
Yes, we do. We have many different kinds of cabinets.
(iés uí du uí jaf méni díferent cáinds of cábinets)

Información adicional

¿Quiénes son los objetivos del hombre de negocios? Aquí están:

¿Conoce al...?	**Do you know the...?** *(du iú nóu de)*	
cliente	**customer** *(cástomer)*	**Do you know the customer?** *(du iú nóu de cástomer)* **Yes, I do. His name is Frank.** *(iés ái du jis néim is franc)*
cazador de ofertas	**bargain hunter** *(bárguen jánter)*	_____
consumidor	**consumer** *(cansiúmer)*	_____
comprador	**shopper** *(chóper)*	_____
público	**public** *(páblic)*	_____

LA OFICINA DE NEGOCIOS
The business office
(de bísnes ófis)

La oficina de negocios está llena de gente. Conózcala.

Hola, ¿qué tal?	**Hi, how's it going?** *(jái jáos it góin)*	
¿Es usted el/la...?	**Are you the...?** *(ar iú de)*	
contador	**accountant** *(acáuntant)*	**Are you the accountant?** *(ar iú de acáuntant)* **No, I'm not. I'm the administrator.** *(nóu áim nat áim de administréitor)*
administrador	**administrator** *(administréitor)*	_____
abogado	**lawyer** *(lóier)*	_____
analista	**analyst** *(ánalist)*	_____
cajero	**cashier** *(cáchier)*	_____
concesionario	**dealer** *(díler)*	_____
consultor	**consultant** *(cansáltant)*	_____
jefe de compras	**buyer** *(báier)*	_____
mensajero	**courier** *(cúrier)*	_____
Perdón...	**Excuse me...** *(eksquiús mi)*	
¿Está buscando al...?	**Are you looking for the...?** *(ár iú lúquin for de)*	
abastecedor	**supplier** *(sapláier)*	**Are you looking for the supplier?** *(ar iú lúquin for de sapláier)* **No, I'm not. I'm looking for the boss.** *(nóu áim nat áim lúquin for de bos)*
jefe	**boss** *(bos)*	_____
camionero	**truck driver** *(trac dráiver)*	_____
dueño	**owner** *(óuner)*	_____
especialista	**specialist** *(spéchalist)*	_____
fabricante	**manufacturer** *(maniufákchurer)*	_____
fletador	**carrier** *(cárrier)*	_____
gerente	**manager** *(mánacher)*	_____
oficinista	**office clerk** *(ófis clerc)*	_____
reclutador	**recruiter** *(recrúter)*	_____
técnico	**technician** *(tecníchen)*	_____
vendedor	**salesperson** *(séilperson)*	

Las siguientes palabras se refieren al mundo de compras y ventas. Siga la pauta:

¿Necesita el/la...?	**Do you need the...?** *(du iú nid de)*	
cuenta	**bill** *(bil)*	**Do you need the bill?** *(du iú nid de bil)* **No, I don't. I need the claim.** *(nóu ái dont ái nid de cléim)*
reclamación	**claim** *(cléim)*	_____
factura	**invoice** *(ínvois)*	_____
formulario	**form** *(fórm)*	_____
pedido	**order** *(órder)*	_____
recibo	**receipt** *(risít)*	_____

¿Conoce el/la...?	**Do you know the...?** *(du iú nóu de)*	
subtotal	**subtotal** *(sabtótal)*	**Do you know the subtotal?** *(du iú nóu de sabtótal)* **Yes, I do.** *(iés ái du)*
suma	**sum** *(sam)*	_____
saldo	**balance** *(bálans)*	_____

EJEMPLO
Hi. Are you the cashier? *(jái ar iú de cáchier)*
Yes, I am. Do you know the sum? *(iés ái am du iú nóu de sam)*
No, I don't. *(nóu ái dont)*
Do you need the receipt? *(du iú nid de risít)*
Yes, I do. Thanks. *(iés ái du zenks)*

Ahora converse del negocio con más detalle:

¿Revisó el/la...?	**Did you check the...?** *(did iú chec de)*	
envío	**shipment** *(chípment)*	**Did you check the shipment?** *(did iú chec de chípment)* **No, I didn't. But I checked the stock.** *(nóu ái didnt bat ái chéct de stoc)*
reserva	**stock** *(stoc)*	_____
exceso	**surplus** *(sarplás)*	_____
existencias	**inventory** *(ínventori)*	_____
suministros	**supplies** *(sapláis)*	_____

¿Conoce el/la...?	**Do you know the...?** *(du iú nóu de)*	
contenido	**content** *(cántent)*	**Do you know the content?** *(du iú nóu de cántent)* **No, I don't. But I know the number.** *(nóu ái dont bat ái nóu de námber)*
número	**number** *(námber)*	_____
calidad	**quality** *(cuáliti)*	_____
cantidad	**quantity** *(cuántiti)*	_____
marca	**brand** *(bran)*	_____
peso	**weight** *(uéi)*	_____
valor	**value** *(váliu)*	_____

Tiene el/la...?	**Does it have the...?** *(das it jaf de)*	
código	**code** *(cóud)*	**Does it have the code?** *(das it jaf de cóud)* **No, it doesn't. But it has the label.** *(nóu it dásent bat it jas de léibol)*
etiqueta	**label** *(léibol)*	_____
logotipo	**logo** *(lógo)*	_____
marca registrada	**trademark** *(tréidmarc)*	_____
patente	**patent** *(pátent)*	_____
sello	**stamp** *(stamp)*	_____
título	**title** *(táitel)*	_____

EJEMPLO

Did you check the stock? *(did iú chec de stoc)*
Yes, I did. *(iés ái did)*
Do you know the quantity? *(du iú nóu de cuántiti)*
Yes, I do. *(iés ái du)*
Does it have the label? *(das it jaf de léibol)*
Yes, it does! *(iés it das)*

Información adicional

Estudie el patrón:

air shipping *(éar chípin)*	transporte aéreo
boat shipping *(bóut chípin)*	transporte naviero
overland shipping *(óverlan chípin)*	transporte terrestre
overnight shipping *(óvernait chípin)*	transporte de un día
rail shipping *(réil chípin)*	transporte ferroviario
shipping *(chípin)*	transporte

¡Hay que practicar!

(31)

A. Conecte las palabras asociadas:

1. **sum**	**boss**
2. **invoice**	**cargo**
3. **manager**	**brand**
4. **freight**	**receipt**
5. **label**	**total**

B. Siga el modelo:

Do you produce them?   <u>Yes, we produce lots of them.</u>

1. **Do you sell them?** _____
2. **Do you install them?** _____
3. **Do you make them?** _____
4. **Do you build them?** _____
5. **Do you replace them?** _____

EL DEPARTAMENTO DE VENTAS
The sales department
(de séils depártment)

Aquí tiene algunas preguntas típicas de un salón de ventas. Familiarícese con ellas y añada sus propias respuestas empleando el vocabulario que ya ha estudiado:

¿En qué puedo servirle?
How may I help you? *(jáo méi ái jelp iú)*
I need... *(ái nid)*

¿Busca algo especial?
Are you looking for something special?
(ar iú lúquin for sámzin spéchal)
Yes, I'm looking for... *(iés áim lúquin for)*

¿Quiere ver lo que tenemos?
Do you want to see what we have?
(du iú uánt tu si uát uí jaf)
Yes, I do. Thanks! *(iés ái du zenks)*

¿Cuál le gustaría?
Which one would you like? *(uích uán uód iú láic)*
I'd like... *(áid láic)*

¿Cuántos quiere?
How many do you want? *(jáo méni du iú uánt)*
I want... *(ái uánt)*

¿Quisiera ordenar algo?
Would you like to place an order?
(uód iú láic tu pléis an órder)
Yes, I'd like to order... *(iés áid láic tu órder)*

¿Cuánto cuesta?
How much does it cost? *(jáo mach das it cost)*
It costs... *(it costs)*

¿Cuál es el precio?	**What's the price?** *(uáts de práis)* **The price is...** *(de práis is)*
¿Cuál es el total?	**What is the total?** *(uát is de tótal)* **The total is...** *(de tótal is)*
Dígame el/la...	**Tell me the...** *(del mi de)*

costo	**cost** *(cost)*
derecho	**fee** *(fi)*
cargo	**charge** *(charch)*

EJEMPLO

Are you looking for something special? *(ar iú lúquin for sámzin spéchal)*
I'm looking for a new sofa. *(áim lúquin for a niú sófa)*
Which one would you like? *(uích uán uód iú láic)*
I like the green and red one. What's the price?
(ái láic de grin an red uán uáts de práis)
It costs seven hundred fifty-three dollars. *(it costs séven jándred fífti zri dólars)*

¡VAMOS A COMPRAR!
Let's go shopping!
(lets góu chópin)

Continuemos con las frases sencillas. Léalas como si se tratara de un diálogo entre dos personas en una tienda:

¿Quisiera comprarlo?	**Would you like to buy it?** *(uód iú láic tu bái it)*
Me lo llevo.	**I'll take it.** *(áil téic it)*
¿Algo más?	**Something else?** *(sámzin els)*
No, gracias.	**No, thanks.** *(nóu zenks)*
¿Es todo?	**Is that all?** *(is dat ol)*
Eso es todo, gracias.	**That's all, thanks.** *(dats ol zenks)*

Lea estas típicas frases en voz alta y añada sus frases:

¿De qué manera prefiere pagar?	**How would you like to pay?** *(jáo uód iú láic tu péi)*	
¿Aceptan...?	**Do you take...?** *(du iú téic)*	
cheques	**checks** *(checs)*	**Do you take checks?** *(du iú téic checs)* **Yes, we do. And we also take cash.** *(iés uí du an uí ólso téic cach)* _____
efectivo	**cash** *(cach)*	_____
cheques de banco	**cashier's checks** *(cachírs checs)*	_____
giros postales	**money orders** *(máni órders)*	_____
tarjetas de crédito	**credit cards** *(crédit cards)*	_____

También pruebe estas conversaciones. La gramática es sencilla:

¿Puedo ver su identificación?	**May I see your ID?** *(méi ái si iór aidí)* **Here it is.** *(jir it is)*
¿Necesita una bolsa?	**Do you need a bag?** *(du iú nid a bag)* **Yes, please.** *(iés plis)*
¿Puedo ayudarle con esto?	**May I help you with this?** *(méi ái jelp iú uít dis)* **No, thanks.** *(nóu zenks)*
Pase la tarjeta aquí.	**Slide your card here.** *(sláid iór card jir)* **Where? Here?** *(uér jir)*
Entre el código aquí.	**Enter the code here.** *(énter de cóud jir)* **Where? Here?** *(juéar jir)*
Firme aquí.	**Sign here.** *(sáin jir)* **On this line?** *(on dis lain)*

Hay muchas maneras de despedirse. Mire:

Gracias por comprar en...	**Thanks for shopping at...** *(zenks for chópin at)*
Vuelva a visitarnos.	**Come back and see us.** *(cam bac an si as)*
¡Que tenga un buen día!	**Have a great day!** *(jaf a gréit déi)*

EJEMPLO
Slide your card here. Would you like me to help you?
(sláid iór card jir uód iú laic mi tu jelp iú)
No, thanks. *(nóu zenks)*
OK. Come back and see us. And have a great day!
(oquéi cam bac an si as an jaf a gréit déi)

Información adicional

Responda con el vocabulario que ha aprendido:

¿Cuánto...?	**How much...?** *(jáo mach)*	
cuesta	**does it cost** *(das it cost)* **It costs...** *(it costs)*	_____
está pagando	**are you paying** *(ar iú péin)* **I'm paying...** *(áim péin)*	_____
valió	**was it worth** *(uás it uérz)* **It was worth...** *(it uás uérz)*	_____

¿Cuántos...?	**How many...?** *(jáo méni)*	
pidió	**did you order** *(did iú órder)* **I ordered...** *(ái órdert)*	_____
necesitará	**will you need** *(uíl iú nid)* **I'll need...** *(áil nid)*	_____
ha comprado	**have you bought** *(jaf iú bot)* **I've bought...** *(áif bot)*	_____

VOCABULARIO COMERCIAL
Business vocabulary
(bísnes vocábulari)

Ninguna transacción comercial puede hacerse sin este vocabulario:

¿Qué piensa del/de la...?	**What do you think of the...?** *(uát du iú zinc of de)*	
ganga	**bargain** *(bárgan)*	**What do you think of the bargain?** *(uát du iú zinc of de bárgan)* **It is a very good bargain!** *(it is a véri gud bárgan)*
descuento	**discount** *(discáunt)*	_____
enganche	**down payment** *(dáun péiment)*	_____
garantía	**guarantee** *(garantí)*	_____
oferta	**offer** *(ófer)*	_____
pago	**payment** *(péiment)*	_____
plazo	**installment** *(instólmen)*	_____
rebaja	**rebate** *(ribéit)*	_____
reembolso	**refund** *(rifánd)*	_____
venta	**sale** *(séil)*	_____

Será...?	**Will it be...?** *(uíl it bi)*	
retrasado	**delayed** *(diléit)*	**Will it be delayed?** *(uíl it bi diléit)* **No, it won't.** *(nóu it uónt)*
cancelado	**cancelled** *(cánselt)*	_____
gratuito	**free** *(fri)*	_____
importado	**imported** *(impórtet)*	_____
incluído	**included** *(inclúdet)*	_____
libre de impuestos	**duty-free** *(diúti fri)*	_____
pagado	**paid** *(péit)*	_____
reducido	**reduced** *(ridiúst)*	_____
usado	**used** *(iúst)*	_____
vencido	**overdue** *(overdú)*	_____

¿Incluye el/la/los...?	**Does it include the...?** *(das it inclúd de)*	
entrega	**delivery** *(delíveri)*	**Does it include the delivery?** *(das it inclúd de delíveri)* **Yes, it does.** *(iés it das)*
correo expreso	**express mail** *(eksprés méil)*	_____
empaquetado	**packaging** *(páquechin)*	_____
envío	**shipping** *(chípin)*	_____
gastos de tramitación	**handling** *(jándlin)*	_____
impuestos	**taxes** *(tákses)*	_____
servicio	**service** *(sérvis)*	_____

EJEMPLO
Do you understand the offer? *(du iú anderstán de ófer)*
I think so. Will everything be included? *(ái zinc so uíl évrizin bi included)*
Yes, it will. *(iés it uíl)*
Does this price include the taxes, too? *(das dis práis inclúd de tákses tu)*
Yes, it does. *(iés it das)*

Información adicional

Escriba frases completas al lado del vocabulario nuevo:

cargo de muelle	**dock charge** *(doc charch)*	**Did you pay a dock charge?** *(did iú péi a doc charch)*
tarifa fija	**flat rate** *(flat réit)*	_____
tarifa por servicio	**service fee** *(sérvis fi)*	_____
pedido urgente	**rush order** *(rach órder)*	_____
pedido por correo	**mail order** *(méil órder)*	_____

EL REPRESENTANTE COMERCIAL
The sales representative
(de séils represéntatif)

Una frase muy útil en inglés es **Please explain...** *(plis ekspléin)* es decir, "Explíqueme, por favor". Vale mucho en la oficina de ventas, donde la terminología puede ser complicada:

Soy un/una representante.   **I'm a sales representative.** *(áim a séils represéntatif)*
Por favor, explíqueme   **Please explain the...** *(plis ekspléin de)*
  el/la...

enfoque	**approach** *(apróuch)*	**I'm a sales representative. Please explain the approach.** *(áim a séils represéntatif plis ekspléin de apróuch)* **Well, we want to use the Internet.** *(uél uí uánt tu iús de ínternet)*
campaña	**campaign** *(campéin)*	_____
ciclo	**cycle** *(sáicol)*	_____
concepto	**concept** *(cánsept)*	_____
criterio	**criterion** *(craitírion)*	_____
diseño	**design** *(disáin)*	_____
método	**method** *(mézod)*	_____
organización	**layout** *(léiaut)*	_____
pronóstico	**forecast** *(fórcast)*	_____

Por favor, explíqueme el/la...	**Please explain the...** *(plis ekspléin de)*	
modelo	**model** *(módel)*	**Please explain the model.** *(plis ekspléin de módel)* **OK. Look at this report.** *(oquéi luc at dis ripórt)*
estrategia	**strategy** *(strátechi)*	_____
plan	**plan** *(plan)*	_____
principio	**principle** *(prínsipol)*	_____
programa	**program** *(prógram)*	_____
propósito	**purpose** *(pérpas)*	_____
proyecto	**project** *(práchect)*	_____
razón	**reason** *(ríson)*	_____
sistema	**system** *(sístem)*	_____
técnica	**technique** *(tecníc)*	_____
tendencia	**trend** *(trent)*	_____

Aquí tiene otra orden muy útil:

Muéstreme por favor el/la...	**Please show me the...** *(plis chóu mi de)*	
anuncio	**advertisement** *(advertáisment)*	**Please show me the advertisement.** *(plis chóu mi de advertáisment)* **Here it is. Do you like it?** *(jir it is du iú láic it)*
artículo	**article** *(árticol)*	_____
cartelera	**billboard** *(bílbort)*	_____
catálogo	**catalogue** *(cátalog)*	_____
comercial	**commercial** *(camérchal)*	_____
cuadro sinóptico	**flow chart** *(flóu chart)*	_____
cupón	**coupon** *(quiúpon)*	_____
encuesta de la opinión pública	**public opinion poll** *(páblic opínion pol)*	_____
folleto	**brochure** *(brochúr)*	_____
gráfico	**graph** *(graf)*	_____
periódico	**newspaper** *(niuspéipar)*	_____
planilla de direcciones	**mailing list** *(méilin list)*	_____
revista	**magazine** *(mágazin)*	_____
sitio web	**website** *(uébsait)*	_____

EJEMPLO
Please explain the plan. *(plis ekspléin de plan)*
We are going to offer a discount. *(uí ar góin tu ófer a díscaunt)*
We are? Please show me the advertisement. *(uí ar plis chóu mi de advertáisment)*

Información adicional

Estudie el uso de las palabras **sales** *(séils)* y **price** *(práis)*:

sales budget *(séils báchet)*	presupuesto de ventas	**What is the sales budget?** *(uát is de séils báchet)*
sales estimate *(séils éstimeit)*	estimación de ventas	_____
sales force *(séils fors)*	personal de ventas	_____
sales pitch *(séils pich)*	labia comercial	_____
sales report *(séils ripórt)*	informe de ventas	_____
sales tax *(séils taks)*	impuesto de ventas	_____
sales territory *(séils térritori)*	territorio de ventas	_____
base price *(béis práis)*	precio base	**What's the fixed price?** *(uáts de fíksed práis)*
fixed price *(fíksed práis)*	precio fijo	_____
list price *(list práis)*	precio de catálogo	_____
price drop *(práis drop)*	caída de precio	_____
price increase *(práis incrís)*	aumento de precio	_____
price range *(práis rench)*	variación de precio	_____
retail price *(ritéil práis)*	precio al por menor	_____
wholesale price *(jóulseil práis)*	precio al por mayor	_____

¡Hay que practicar! ③②

A. Traduzca:

1. **Would you like to order something?** _____
2. **What is the price?** _____
3. **Anything else?** _____

B. Conéctelas:

1. **fee**	**discount**
2. **sale**	**brochure**
3. **delivery**	**purpose**
4. **catalogue**	**charge**
5. **reason**	**shipping**

LA REUNIÓN DE NEGOCIOS
The business meeting
(de bísnes mítin)

El siguiente vocabulario ayudará al empleado que desea saber lo que pasa en las conferencias de negocios.

¿Escuchó del/de la...?	**Did you hear about the...?** *(did iú jíar abáut de)*	
adquisición	**acquisition** *(acuisíchen)*	**Did you hear about the acquisition?** *(did iú jíar abáut de acuisíchen)* **No, I didn't.** **What happened?** *(nóu ái didnt uát jápent)*
bancarrota	**bankruptcy** *(báncrapsi)*	_____
bolsa de valores	**stock market** *(stoc márquet)*	_____
competencia	**competition** *(campetíchen)*	_____
desempleo	**unemployment** *(anemplóiment)*	_____
economía	**economy** *(icónomi)*	_____
reestructuración	**restructuring** *(ristrákcherin)*	_____

¿Quiere que le explique los/las...?	**Do you want me to explain the...?** *(du iú uánt mi tu ekspléin de)*	
datos	**data** *(dáta)*	**Do you want me to explain the data?** *(du iú uánt me tu ekspléin de dáta)* **Yes, I do. Please explain everything.** *(iés ái du plis ekspléin évrizin)*
aumentos	**increases** *(incrísis)*	_____
cifras	**figures** *(fíguiurs)*	_____
deudas	**debts** *(dets)*	_____
ganancias	**earnings** *(érnings)*	_____
gastos	**expenses** *(ekspénses)*	_____
hechos	**facts** *(facts)*	_____
ingresos	**income** *(íncam)*	_____
pérdidas	**losses** *(lóses)*	_____
reducciones	**reductions** *(ridákchens)*	_____
resultados	**results** *(risálts)*	_____

¿Puede explicarme los/las...? **Can you explain the ___ to me?**
(can ió espléin de tu mi)

comentarios	**comments** *(cáments)*	**Can you explain the comments to me?** *(can iú espléin de cáments tu mi)*
aportación	**input** *(ínput)*	_____
ejemplos	**examples** *(eksámples)*	_____
ideas	**ideas** *(aidías)*	_____
opiniones	**opinions** *(opínions)*	_____
pensamientos	**thoughts** *(zots)*	_____
preguntas	**questions** *(cuéschens)*	_____
reacciones	**reactions** *(riákchens)*	_____
respuestas	**responses** *(rispónses)*	_____

¿Quiere que le enseñe el/la...? **Do you want me to show you the...?**
(du iú uánt mi tu chóu iú de)

cantidad	**amount** *(amáunt)*	**Do you want me to show you the amount?** *(du iú uánt mi tu chóu iú de amáunt)* **Yes, I do. Please show me everything.** *(iés ái du plis chóu mi évrizin)*
cuota	**quota** *(cuóta)*	_____
devolución	**return** *(ritérn)*	_____
índice	**index** *(índeks)*	_____
margen	**margin** *(márchin)*	_____
máximo	**maximum** *(máksimum)*	_____
mínimo	**minimum** *(mínimum)*	_____
nivel	**level** *(lével)*	_____
porcentaje	**percentage** *(perséntach)*	_____
promedio	**average** *(áverech)*	_____
proporción	**ratio** *(réichio)*	_____
tasa	**rate** *(réit)*	_____
variación	**variance** *(vérians)*	_____

EJEMPLO
Did you hear about the competition? *(did iú jíar abáut de campetíchen)*
No, I didn't. *(nóu ái didnt)*
Do you want me to explain the facts? *(du iú uánt mi tu espléin de facts)*
Yes, I do. I want to know everything. *(iés ái du ái uánt tu nóu évrizin)*
OK. And do you want me to show you the average?
(oquéi an du iú uánt mi tu chóu iú de áverech)
Yes, I do. Show me all you have! *(iés ái du chóu mi ol iú jaf)*

Ahora, haga un comentario personal:

Eso es...   **That's...** *(dats)*

aceptable   **acceptable** *(akséptabol)*   **I'm sorry, but that's not acceptable!**
                                                        (áim sóri bat dats nat akséptabol)

apropiado   **appropriate** *(apróprieit)*   _____
bueno   **good** *(gud)*   _____
correcto   **correct** *(corréct)*   _____
malo   **bad** *(bad)*   _____
mejor   **better** *(béter)*   _____
necesario   **necessary** *(nésesari)*   _____
peor   **worse** *(uérs)*   _____
raro   **strange** *(strench)*   _____
sobresaliente   **outstanding** *(autstándin)*   _____
terrible   **terrible** *(térribol)*   _____
típico   **typical** *(típical)*   _____

Este/Esta es el/la...   **This is the...** *(dis is de)*

mejor enfoque   **best approach**   **I think this is the best approach.**
                     (best apróuch)   *(ái zinc dis is de best apróuch)*

decisión final   **final decision**   _____
                     (fáinal desíchen)

prioridad máxima   **top priority** *(top praióriti)* _____
última oportunidad   **last opportunity**   _____
                     (last oportiúniti)

única manera   **only way** *(ónli uéi)*   _____

EJEMPLO
Did you hear about the bankruptcy? *(did iú jíar abáut de báncrapsi)*
Yes, I did. And I believe it's the best approach. *(iés ái did an ái bilíf its de best apróuch)*

Información adicional

Fíjese como estas expresiones de negocio van conectadas en inglés:

across-the-board *(acrós de bord)*   general
as-is *(as is)*   tal cual
break-even *(bréic íven)*   punto de equilibrio (salir sin ganar ni perder)
door-to-door *(dor tu dor)*   de puerta en puerta
large-scale *(larch squéil)*   en gran escala
on-the-job *(on de chab)*   durante el trabajo
paid-in-full *(péid in ful)*   pagado en su totalidad
self-service *(self sérvis)*   autoservicio

Consejos

Es importante que usted asista a los eventos sociales para que sea considerado parte del equipo.

Por favor, venga al/a la...	**Please come to the...** *(plis cam tu de)*
banquete	**banquet** *(báncuet)*
celebración	**celebration** *(selebréichen)*
cena	**dinner** *(díner)*
ceremonia	**ceremony** *(séremoni)*
concurso	**contest** *(cántest)*
espectáculo	**show** *(chóu)*
excursión	**outing** *(áutin)*
festival	**festival** *(féstival)*
fiesta	**party** *(párti)*
picnic	**picnic** *(pícnic)*

Tenemos...	**We have...** *(uí jaf)*
certificados	**certificates** *(sertífiqueits)*
comida gratuita	**free food** *(fri fúd)*
galardones	**awards** *(auórds)*
juegos	**games** *(guéims)*
medallas	**medals** *(médals)*
premios	**prizes** *(práisis)*
recompensas	**rewards** *(riuórds)*
regalos	**gifts** *(gifts)*
trofeos	**trophies** *(trófis)*

LAS COMUNICACIONES
Communications
(camiuniquéichens)

Pese a los cambios tecnológicos, la mayoría de las compañías todavía usan el teléfono como medio principal de comunicación.

¿Está usando el/la...?	**Are you using the...?** *(ar iú iúsin de)*	
contestador telefónico	**answering machine** *(ánserin machín)*	**Are you using the answering machine?** *(ar iú iúsin de ánserin machín)* **Yes, I am.** *(iés ái am)*
auriculares	**headset** *(jédset)*	_____
celular	**cell phone** *(sel fóun)*	_____
computadora	**computer** *(campiúter)*	_____
fax	**fax** *(faks)*	_____
otra línea	**other line** *(áder láin)*	_____
radioteléfono	**two-way radio** *(tu uéi rédio)*	_____

| servicio telefónico | **phone service** *(fóun sérvis)* | _____ |
| teléfono multilínea | **multi-line phone**
 (múlti láin fóun) | _____ |

¿Tiene...?	**Does it have...?** *(das it jaf)*	
alarma	**an alarm** *(an alárm)*	**Does it have an alarm?** *(das it jaf an alárm)* **No, it doesn't.** *(nóu it dásent)*
cámara	**a camera** *(a cámera)*	_____
correo electrónico	**e-mail** *(ímeil)*	_____
identificador de llamada	**caller ID** *(cóler aidí)*	_____
internet	**Internet** *(ínternet)*	_____
llamada-conferencia	**conference call** *(cánferens col)*	_____
llamada en espera	**call-waiting** *(col uéitin)*	_____
mensaje en texto	**text messaging** *(tekst mésechin)*	_____
micrófono	**a microphone** *(a máicrofon)*	_____
servicio de mensajes	**voice mail** *(vóis méil)*	_____

¿Conoce el/la...?	**Do you know the...?** *(du iú nóu de)*	
número de teléfono	**phone number** *(fóun námber)*	**Do you know the phone number?** *(du iú nóu de fóun námber)* **Yes, I do!** *(iés ái du)*
código de área	**area code** *(érea cóud)*	_____
contraseña	**password** *(pásuer)*	_____
extensión	**extension** *(eksténchen)*	_____
número ochocientos	**800 number** *(éit jándred námber)*	_____

EJEMPLO

Please use the other line. *(plis iús de áder láin)*
Does it have voice mail? *(das it jaf vóis méil)*
Yes, it does. *(iés it das)*
What's the extension? *(uáts de eksténchen)*
The extension is 6-7-3. *(de eksténchen is siks séven zri)*

AL TELÉFONO
On the phone
(on de fóun)

Lea este grupo de frases como si estuviera haciendo una llamada en inglés:

¿Aló, está ____ ?	**Hello, is ____ there?** *(jeló is der)*
Puedo hablar con ____ .	**May I speak to ____ ?** *(méi ái spic tu)*
Estoy llamando sobre ____ .	**I'm calling about ____ .** *(áim cólin abáut)*
Quisiera dejar un recado.	**I'd like to leave a message.** *(áid láic tu liv a mésech)*
Dígale que ____ .	**Tell him/her that ____ .** *(tel jim jer dat)*
Llamaré más tarde.	**I'll call back later.** *(áil col bac léiter)*

EJEMPLO
Hello, may I speak with Antonia, please? *(jeló méi ái spic uíd antónia plis)*
I'm sorry, but she's at lunch. *(áim sóri bat chis at lanch)*
Then I'd like to leave a message. *(den áid láic to liv a mésech)*
My name is Federico. *(mái néim is federíco)*
Tell her that I'll call back later. *(tel jer dat áil col bac léiter)*

Continúe:

¿A quién está llamando?
Who are you calling? *(ju ar iú cólin)*
Voy a transferirlo a su servicio de mensajes.
I'll transfer you to his/her voice mail. *(áil transfer iú tu jis jer vóis méil)*
Lo siento, pero no contesta.
Sorry, but he/she doesn't answer. *(sóri bat ji chi dásent ánser)*
¿Quiere dejarle un recado?
Do you want to leave a message? *(du iú uánt tu liv a mésech)*
Voy a darle su mensaje.
I will give him/her your message. *(ái uíl gif jim jer iór mésech)*
¿Puede llamar más tarde?
Can you call back later? *(can iú col bac léiter)*
Ella responderá a su llamada más tarde.
She will return your call later. *(chi uíl ritérn iór col léiter)*

Y no olvide el muy importante **Please** *(plis)*:

Más despacio, por favor.
More slowly, please. *(mor slóuli plis)*
Espere un momento, por favor.
Wait a moment, please. *(uéit a móment plis)*
Por favor, es muy urgente.
Please, it's very urgent. *(plis its véri érchent)*
Su número de celular, por favor.
Your cell number, please. *(iór sel námber plis)*

Su número de casa, por favor.
Your home number, please. *(iór jóum námber plis)*
¿Puede repetirlo, por favor?
Could you please repeat that? *(cud iú plís ripít dat)*

...por favor.   **Please...** *(plis)*

Marque este número.   **Dial this number.** *(dáial dis námber)*
Oprima este número.   **Press this number.** *(pres dis námber)*
Conteste el teléfono.   **Answer the telephone.** *(ánser de télefoun)*
Espere por el tono.   **Wait for the tone.** *(uéit for de tóun)*
Cuelgue el teléfono.   **Hang up the phone.** *(jang ap de fóun)*

EJEMPLO
Is Anita there? It's very urgent. *(is aníta der its véri érchent)*
Wait a moment, please. Sorry, but she doesn't answer.
(uéit a móment plis sóri bat chi dásent ánser)
Could you please repeat that? *(cud iú plis ripít dat)*
She doesn't answer. Can you call back later? *(chi dásent ánser can iú col bac léiter)*

Observe la construcción gramatical y luego memorice estas oraciones:

Él no está aquí en este momento.
He isn't here right now. *(ji isnt jir ráit náu)*
Ella no trabaja aquí.
She doesn't work here. *(chi dásent uérc jir)*
No puede contestar la llamada.
He/She can't come to the phone. *(ji chi cant cam tu de fóun)*
Él está muy ocupado.
He is very busy. *(ji is véri bísi)*
Ella está en una reunión.
She is in a meeting. *(chi is in a mítin)*
Está en la otra línea.
He/She is on the other line. *(ji chi is on de áder láin)*
¿Es de larga distancia?
Is it long distance? *(is it long dístans)*
¿Es una llamada local?
Is it a local call? *(is it a lócal col)*
¿Es una llamada a cobro revertido?
Is it a collect call? *(is it a coléct col)*
La conexión está mala.
We have a bad connection. *(uí jaf a bad canékchen)*
Tiene el número equivocado.
You have the wrong number. *(iú jaf de róng námber)*
El número ha cambiado.
The number has been changed. *(de námber jas bin chencht)*

Información adicional

Añada más palabras descriptivas:

¿Es...?	Is it...? *(is it)*	
digital	**digital** *(díchital)*	**Is everything digital?** *(is évrizin díchital)*
portátil	**portable** *(pórtabol)*	**Is it a portable phone?** *(is it a pórtabol fóun)*
prepagado	**prepaid** *(pripéid)*	**Is that a prepaid phone card?** *(is dat a pripéid fóun card)*
sin cable	**cordless** *(córdles)*	**Is the phone system cordless?** *(is de fóun sístem córdles)*

¿Está...?	Is it...? *(is it)*	
bloqueado	**blocked** *(blact)*	**Is the line blocked?** *(is de lain blact)*
limitado	**restricted** *(ristríctit)*	**Is your number restricted?** *(is ior námber ristríctit)*
desconectado	**disconnected** *(discanéctet)*	**Is this fax disconnected?** *(is dis faks discanéctet)*

¡Hay que practicar!

(33)

A. Repita y después traduzca esta conversación:

Hello, is Francisco there? It's very urgent. *(jeló is fransísco der its véri érchent)*
No, I'm sorry. Do you want to leave a message? *(nóu áim sóri du iú uánt tu lif a mésech)*
Yes, thank you. My name is Rodrigo, and I'm calling about a family problem.
(iés zenk iú mái néim is rodrígo an áim cólin abáut a fámili práblem)

B. Escriba la palabra correcta en cada línea en blanco:

   profits, average, thoughts

1. **ideas, opinions,** _____.
2. **earnings, income,** _____.
3. **percentage, ratio,** _____.

C. Ponga las palabras en orden correcto para formar preguntas completas:

you acquisition about did the hear <u>Did you hear about the acquisition?</u>

1. **me the you to want facts do explain** _____
2. **transfer me will to you voicemail her** _____
3. **a card you prepaid buy did phone** _____

NEGOCIOS EN LA CIUDAD
City businesses
(síti bísneses)

Los que trabajen en la ciudad deben aprender el siguiente vocabulario. Lean cada nueva palabra en voz alta:

Lea el/la/las...	**Read the...** (*rid de*)
dirección	**address** (*ádres*)
horario	**schedule** (*skéchul*)
instrucciones	**directions** (*dairékchens*)
mapa	**map** (*map*)

Preste atención a los...	**Pay attention to the...** (*péi aténchen tu de*)
edificios	**buildings** (*bíldings*)
letreros	**signs** (*sáins*)
nombres de las calles	**street names** (*strit néims*)

Vaya al/a las...	**Go to the...** (*góu tu de*)
afueras	**outskirts** (*áutsquerts*)
centro	**downtown area** (*dáuntaun érea*)
vecindario	**neighborhood** (*néiborjud*)

Pase el/la...	**Go past the...** (*góu past de*)
estatua	**statue** (*stáchiu*)
fuente	**fountain** (*fáunten*)
puente	**bridge** (*brich*)
túnel	**tunnel** (*tánel*)

Dé vuelta en la...	**Turn at the...** (*tern at de*)
entrada	**entrance** (*éntrans*)
esquina	**corner** (*córner*)
salida	**exit** (*éksit*)

EJEMPLO
Go to the downtown area, go past the statue, and turn at the corner.
(*góu tu de dáuntaun érea góu past de stáchiu an tern at de córner*)

Encontrémonos en el/la...	**Let's meet at the...** (*lets mit at de*)
biblioteca	**library** (*láibreri*)
centro comercial	**shopping center** (*chópin sénter*)
cine	**movie theater** (*múvi ziéter*)
escuela	**school** (*scul*)
estación de tren	**train station** (*tréin stéichen*)

farmacia	**pharmacy** (fármasi)
hotel	**hotel** (otél)
lavandería	**laundromat** (lándromat)
museo	**museum** (miusíum)
oficina del correo	**post office** (póust ófis)
parque	**park** (parc)
restaurante	**restaurant** (réstoran)
supermercado	**supermarket** (supermárquet)
teatro	**theater** (ziéter)
tienda	**store** (stóar)
universidad	**university** (iunivérsiti)

Espere en el/la...   **Wait at the...** (uéit at de)

banco	**bank** (banc)
café	**coffee shop** (cófi chop)
clínica	**clinic** (clínic)
edificio de apartamentos	**apartment building** (apártment bíldin)
fábrica	**factory** (fáctori)
gasolinera	**gas station** (gas stéichen)
hospital	**hospital** (jóspital)
iglesia	**church** (cherch)
lugar de trabajo	**job site** (chab sáit)
municipio	**city hall** (síti jol)
salón de belleza	**beauty salon** (biúti salón)
tienda de departamentos	**department store** (dipártment stóar)

EJEMPLO
Let's meet at the shopping center and go to the coffee shop.
(lets mit at de chópin sénter an góu tu de cófi chop)

EL TRANSPORTE
Transportation
(transportéichen)

Ya hemos aprendido algunos medios de transporte en inglés. Revisemos estas palabras importantes:

¿Maneja un/una...?   **Do you drive a...?** (du iú dráiv a)

carro	**car** (car)	**Do you drive a car?** (du iú dráiv a car)
autobús	**bus** (bas)	**Yes, I do. And I drive a bus.** (iés ái du an ái dráiv a bas)
camión	**truck** (trac)	
camión de plataforma	**flatbed truck** (flatbed trac)	

camión de reparto	**delivery truck** (delíveri trac)	_____
camión tractor	**tractor trailer** (tráctor tréiler)	_____
camioneta	**pickup truck** (picap trac)	_____
semirremolque	**semi-trailer** (sémaitreiler)	_____
vagoneta	**van** (van)	_____
vehículo comercial	**commercial vehicle** (camérchal víjicol)	_____

Ahora, use frases cortas para comunicarse:

Hay mucho tráfico.	**There's a lot of traffic.** (ders a lat of tráfic)
¿Cuántas cuadras?	**How many blocks?** (jáo méni blacs)
Es la siguiente salida.	**It's the next exit.** (its de nekst éksit)

¿Conoce el/la...?	**Do you know the...?** (du iú nóu de)	
avenida	**avenue** (áveniu)	**Do you know the avenue?** (du iú nóu de áveniu) **No, but I know the highway.** (nóu bat ái nóu de jáiuei)
carretera	**highway** (jáiuei)	_____
calle	**street** (strit)	_____
camino	**road** (róud)	_____
ruta	**route** (ráut)	_____

¿Ha visto el/la...?	**Have you seen the...?** (jaf iú sin de)	
parada de autobús	**bus stop** (bas stap)	**Have you seen the bus stop?** (jaf iú sin de bas stap) **Yes, I have.** (iés ái jaf)
cabina de peaje	**toll booth** (tol buz)	_____
cruce de peatones	**crosswalk** (crósuoc)	_____
semáforo	**traffic signal** (tráfic sígnal)	_____
señal de parada	**stop sign** (stap sáin)	_____

¿Toma usted el/la...?	**Are you taking the...?** (ar iú téiquin de)	
metro	**subway** (sábuei)	**Are you taking the subway?** (ar iú téiquin de sábuei) **No, I'm taking the train.** (nóu áim téiquin de tréin)
tren	**train** (tréin)	_____
autobús	**bus** (bas)	_____
taxi	**taxi** (táksi)	_____

¡Hay que practicar!

A. In English:

Name five common buildings found in cities everywhere:

_____ _____ _____ _____ _____

Name three signs you might find posted on the side of a road:

_____ _____ _____

B. **Fill in the blanks with words you just learned about the city:**

¿Vió _____ ? Está en _____ principal.

Nos encontramos en _____ . Está cerca de _____ .

Tenemos que _____ . Vayamos en _____ .

Consejos

Estudie estas señales de tráfico:

CURVE (querf)	Curva
DETOUR (ditúr)	Desviación
DO NOT CROSS (du nat cros)	No cruzar
DO NOT LITTER (du nat líter)	No tirar basura
EMERGENCY (emérchensi)	Emergencia
HANDICAPPED (jandicápt)	Minusválidos
NARROW ROAD (nárrou róud)	Camino estrecho
NO PASSING (nóu pásin)	No pasar
NO U TURN (no iú tern)	Prohibida la vuelta en U
ONE WAY (uán uéi)	Circulación
PEDESTRIAN CROSSING (pedéstrian crósin)	Paso de peatones
RAILROAD CROSSING (réilroud crósin)	Cruce ferroviario
SLOW (slóu)	Despacio
SPEED LIMIT (spid límit)	Límite de velocidad
STOP (stap)	Pare
TOW AWAY ZONE (táu euéi zóun)	Remoción con grúa
TRAFFIC CIRCLE (tráfic sércol)	Glorieta
WRONG WAY (rong uéi)	Vía equivocada
YIELD (iéld)	Ceda el paso

¡Acción!

Repasemos las órdenes en inglés. Haga frases negativas según los ejemplos:

Go inside. *(góu insáid)*	***Don't go inside!*** *(dont góu insáid)*
Put that here. *(put dat jir)*	***Don't put that here!*** *(dont put dat jir)*
Call the supervisor. *(col de superváiser)*	_____
Write the percentage. *(ráit de perséntach)*	_____
Answer the phone. *(ánser de fóun)*	_____
Sell the materials. *(sel de matírials)*	_____
Stop at the market. *(stap at de márquet)*	_____
Pay the client. *(péi de cláiant)*	_____
Take the subway. *(téic de sábuei)*	_____
Buy the tools. *(bái de tuls)*	_____
Drive downtown. *(dráif dauntáun)*	_____

Ahora estudie estos importantes verbos. Algunos ya los debe conocer:

llegar	**to arrive** *(tu arráif)*	**When did they arrive?** *(uén did déi arráif)*
asistir	**to attend** *(tu aténd)*	**Are you going to attend the meeting?** *(ar iú góin tu aténd de mítin)*
comprar	**to buy** *(tu bái)*	_____
empaquetar	**to package** *(tu páquich)*	_____
entrar	**to enter** *(tu énter)*	_____
entregar	**to deliver** *(tu delíver)*	_____
enviar	**to ship** *(tu chip)*	_____
estacionar	**to park** *(tu parc)*	_____
distribuir	**to distribute** *(tu distríbiut)*	_____
gastar	**to spend** *(tu spend)*	_____
llevar	**to carry** *(tu quéri)*	_____
ordenar	**to order** *(tu órder)*	_____
parar	**to stop** *(tu stap)*	_____
proveer	**to provide** *(tu prováid)*	_____
recoger	**to pick up** *(tu pic ap)*	_____
restar	**to subtract** *(tu sabtráct)*	_____
seguir	**to follow** *(tu fólou)*	_____
sumar	**to add** *(tu ad)*	_____
transferir	**to transfer** *(tu tránsfer)*	_____
transportar	**to transport** *(tu tránsport)*	_____
vender	**to sell** *(tu sel)*	_____
voltear	**to turn** *(tu tern)*	_____

Continúe creando nuevas oraciones. ¡Póngase creativo!

invertir	**to invest** *(tu invést)*	**Have they invested their money?** *(jaf déi invésted der máni)*
deber dinero	**to owe** *(tu óu)*	**How much do you owe?** *(jáo mach du iú óu)*
aclarar	**to clarify** *(tu clárifai)*	_____
ahorrar	**to save** *(tu séiv)*	_____
anunciar	**to advertise** *(tu advertáis)*	_____
cancelar	**to cancel** *(tu cánsel)*	_____
cobrar	**to charge** *(tu charch)*	_____
coleccionar	**to collect** *(tu caléct)*	_____
compartir	**to share** *(tu chéar)*	_____
comprometer	**to commit** *(tu camít)*	_____
construir	**to build** *(tu bild)*	_____
depositar	**to deposit** *(tu dipósit)*	_____
desarrollar	**to develop** *(tu devélop)*	_____
exportar	**to export** *(tu éksport)*	_____
garantizar	**to guarantee** *(tu garantí)*	_____
identificar	**to identify** *(tu aidéntifai)*	_____
importar	**to import** *(tu impórt)*	_____
incluir	**to include** *(tu inclúd)*	_____
planear	**to plan** *(tu plan)*	_____
posponer	**to postpone** *(tu pospóun)*	_____
producir	**to produce** *(tu prodiús)*	_____
reclamar	**to demand** *(tu demánd)*	_____
servir	**to serve** *(tu serf)*	_____
sugerir	**to suggest** *(tu sachést)*	_____
tramitar	**to process** *(tu práses)*	_____
transferir	**to transfer** *(tu tránsfer)*	_____
viajar	**to travel** *(tu trável)*	_____
volver	**to return** *(tu ritérn)*	_____

¡Hagamos una frase!

El gerundio del verbo termina en *ndo* (vendiendo, amando, caminando) en español, mientras que en inglés termina en **ing**. El gerundio se usa mucho en inglés y frases como las siguientes aparecen continuamente:

I like working here. *(ái láic uérquin jir)*   Me gusta trabajar aquí.
Reading is important. *(rídin is impórtant)*   La lectura es importante.
Our business is selling cars. *(áur bísnes is sélin cars)*   Nuestro negocio es la venta de carros.

Repasemos todas las formas del verbo presentadas en este libro. Estudie los ejemplos y llene las líneas en blanco:

Comprar	**To Buy** (*tu bái*)	Practique
Estoy comprando	**I'm buying** (*áim báin*)	**I'm buying a new car on Friday.**
Compro	**I buy** (*ái bái*)	**I always buy my lunch in the cafeteria.**
Compraré	**I will buy** (*ái uíl bái*)	_____
Compré	**I bought** (*ái bot*)	_____
He comprado	**I have bought** (*ái jaf bot*)	_____
Gastar	**To Spend** (*tu spénd*)	
Estoy gastando	**I'm spending** (*áim spéndin*)	_____
Gasto	**I spend** (*ái spend*)	_____
Gastaré	**I will spend** (*ái uíl spend*)	_____
Gasté	**I spent** (*ái spent*)	_____
He gastado	**I have spent** (*ái jaf spent*)	_____
Ahorrar	**To Save** (*tu séiv*)	
Estoy ahorrando	**I'm saving** (*áim séivin*)	_____
Ahorro	**I save** (*ái séiv*)	_____
Ahorraré	**I will save** (*ái uíl séiv*)	_____
Ahorré	**I saved** (*ái séift*)	_____
He ahorrado	**I have saved** (*ái jaf séift*)	_____

¡Hay que practicar! (34)

A. Siga el ejemplo:

Did you sell it?	(car)	Did you sell the car?
1. **Are you reading them?**	(magazines)	_____
2. **Have you used it?**	(invoice)	_____
3. **Will you buy it?**	(cell phone)	_____
4. **Do you have them?**	(questions)	_____
5. **Did you take it?**	(receipt)	_____

B. Escriba una frase usando la orden **Tell** (Diga):

Yo quiero saber.	**Tell me.**
1. Ella quiere saber.	_____
2. Ellos quieren saber.	_____
3. Nosotros queremos saber.	_____

Consejos

Siga estos atajos que le llevarán a comunicarse mejor:
- Sea amigable y use todas las expresiones de cortesía que conoce. Las personas con personalidades agradables tienden a comunicarse mejor.
- Cuando escuche inglés, trate de reconocer las palabras que parecen tener su equivalente en español.
- Repita varias veces palabras o frases nuevas antes de tratar de emplearlas en público.
- Durante conversaciones, haga preguntas, y no se dé por vencido al confundirse.

EL NEGOCIO

```
S  D  G  U  Q  J  W  E  A  L  E  Z  P  A  P  J  U  U  V  O
Y  F  V  X  F  A  C  G  Z  P  B  P  T  G  S  U  C  X  T  A
Y  F  R  E  Z  Q  T  A  J  B  H  H  N  E  Y  P  O  Y  C  H
Q  S  F  T  T  W  I  A  O  Z  U  Q  E  W  W  C  B  W  D  N
D  T  S  L  S  E  J  A  M  V  S  M  M  O  F  R  P  S  R  B
N  Y  E  X  C  H  G  U  E  R  E  Y  Y  E  Q  T  C  Q  Y  B
V  M  K  V  H  E  C  I  O  V  N  I  A  E  D  I  N  Z  D  U
G  Q  S  K  N  W  S  C  F  K  N  O  P  A  U  Y  O  Y  R  S
D  O  X  X  A  A  H  B  I  E  P  Y  V  I  K  L  U  K  Y  Y
F  F  D  H  L  T  S  K  T  U  O  P  K  E  S  G  A  D  Z  M
R  X  I  E  T  A  A  O  R  T  Z  O  M  C  U  B  G  V  W  B
Y  Q  S  T  K  B  C  C  Z  Y  P  O  N  B  H  R  D  B  F  B
P  D  C  V  P  X  H  T  Q  Q  C  I  D  N  H  A  E  D  R  P
G  D  O  J  P  A  A  N  T  N  C  R  E  D  I  T  R  G  B  Q
Z  D  U  B  S  B  T  A  I  A  C  D  G  C  E  K  E  G  C  Y
W  J  N  E  R  E  D  R  O  C  X  J  Q  E  E  L  F  K  E  P
S  U  T  M  Z  G  S  I  U  X  V  G  R  M  P  R  S  S  V  R
R  B  C  O  B  Q  K  V  V  W  R  F  R  W  M  X  A  A  O  I
F  N  H  R  I  E  K  G  C  P  M  M  J  D  C  C  F  Q  Q  C
B  I  L  L  R  I  E  Q  Z  P  D  T  U  Z  Q  O  V  T  X  E
```

BILL	CASH	CHARGE	CREDIT	DISCOUNT	FREE
INCOME	INVOICE	ORDER	PAYMENT	PRICE	PURCHASE
RECEIPT	SALES	TAX	VALUE		

(Respuestas en la página 264.)

¡HEMOS TERMINADO! ¡FELICITACIONES!
We have finished! Congratulations!
(uí jaf fínicht cangrachuléichens)

¡Bravo, mis compañeros trabajadores! Ya hemos concluido el curso *Inglés para el lugar de trabajo*. Espero que ya estén usando mucho de lo que han leído, y que todos tengan ganas de aprender más y más inglés. De ahora en adelante, mis amigos, deberán esforzarse por su cuenta. ¡Suerte y optimismo para todos!

Bill Harvey

EL CURRÍCULUM VITAE EN INGLÉS

Hay claras diferencias entre el currículum vitae y el **resume** *(résume)* estadounidense, las que se deben principalmente a diferencias culturales. Usted debe comprender que cada empresa recibe centenares de solicitudes de empleo y que el encargado de leerlas requiere información útil, exacta y breve. Por eso, el **resume** no requiere generalmente más de una página y no necesita fotografía. Tampoco deben incluirse datos personales como edad, estado civil o nacionalidad. El **resume** debe decir, muy brevemente, qué es lo que usted desea y por qué está seguro de que la empresa se beneficiará con usted. Esto debe respaldarse con conocimientos (estudios), experiencia (trabajos previos) y una descripción que revele su dinamismo, esfuerzo y entusiasmo por el puesto ofrecido. No pierda ni su tiempo ni el del entrevistador con información que no concuerda con los requisitos del puesto. En términos muy prácticos, siempre debe recordar que usted desea venderse y necesita que el entrevistador lo compre. Aquí tiene la estructura básica del currículum en inglés:

- Datos personales   **Personal information**

- Objetivo   **Objective**

- Perfil profesional   **Summary of qualifications**

- Habilidades   **Skills**

- Historia laboral   **Employment history**

- Formación académica   **Education**

- Actividades (opcional)   **Activities**

- Referencias (opcional)   **References**

Datos personales: Requieren su nombre y apellido, lugar y fecha de nacimiento, dirección personal, número de teléfono de contacto, dirección de correo electrónico, etc.

Objetivo: Usted informa aquí al entrevistador qué es lo que usted desea; en otras palabras, el puesto que usted quiere obtener en la empresa. El objetivo debe definirse en forma breve y clara.

Perfil profesional: La parte más importante del currículum, ya que destaca las habilidades y experiencias relacionadas al puesto que usted busca. Debe incluir entre cuatro y seis aspectos donde sobresalgan sus puntos más fuertes.

Habilidades: Aquí usted señala aquellos conocimientos informáticos o habilidades profesionales que posee.

<u>Historia laboral</u>: La experiencia que usted ha acumulado en trabajo(s) previo(s) que puede ser de interés para la empresa a la cual usted postula. No olvide mencionar cada empresa, su sede, las fechas de inicio y fin de trabajo allí y el título de su cargo.

<u>Formación académica</u>: Los estudios que ha realizado, incluyendo la institución y su ubicación, y las fechas correspondientes.

SUGERENCIAS

- Si tiene una dirección local y una permanente, indique ambas. También incluya su número de teléfono fijo y móvil, y su dirección de correo electrónico.

- No cometa el típico error de pensar "Cuáles son mis puntos más fuertes" en vez de pensar "Qué es lo que esta empresa necesita". Si el cargo requiere experiencia en motores, no pierda el tiempo destacando su excelente experiencia como técnico de televisión.

- Los datos académicos son muy importantes si usted no tiene experiencia de trabajo. Recuerde que debe presentar sus estudios en forma retroactiva: los últimos estudios se presentan primero y luego los anteriores. Debe incluir la carrera, institución donde estudió, fecha de graduación, cursos y proyectos especiales.

- En la sección ACTIVITIES proporcione la información que no ha puesto en las secciones anteriores; por ejemplo, distinciones recibidas, afiliaciones, demostraciones de liderazgo e intereses relacionados con el puesto.

- En un currículum vitae en inglés es muy importante utilizar verbos que describan su desempeño y su experiencia en términos enérgicos; por ejemplo, **developed** (desarrollé), **organized** (organicé), **increased** (aumenté), **built** (construí), etc .

MÁS VERBOS ENÉRGICOS

Administered, Analyzed, Contracted, Consolidated, Coordinated, Devised, Directed, Evaluated, Improved, Led, Oversaw, Planned, Prioritized, Produced, Recommended, Reorganized, Reviewed, Scheduled, Strengthened, Supervised, Completed, Arranged, Authored, Corresponded, Enlisted, Formulated, Interpreted, Motivated, Negotiated, Persuaded, Promoted, Recruited, Wrote, Spoke, Translated, Increased, Purchased, Transported, Created, Worked, Sold, Served, Made, Opened

CARTA DE PRESENTACIÓN

Usted debe adjuntar una carta de presentación al **resume.** Esta carta lo presenta al entrevistador, indica qué es lo que usted desea y afirma su capacidad para el cargo.

Hay dos posibilidades para escribir el encabezamiento en la carta de presentación. Puede escribir el nombre y la dirección de la empresa para la cual desea postular en la esquina superior izquierda, o puede escribir su nombre y dirección, debajo la fecha y debajo de ésta los datos de la empresa.

En general, la carta inicial incluye el asunto (**Re:**) entre **Dear Mr./Mrs.:** y el comienzo de la carta:

> **Dear Mr. Robinson:**
> **Re: job application** (solicitud de empleo)

Para terminar la carta, debe utilizar una de las siguientes palabras de cortesía: **Sincerely,** o **Yours truly,** :

> **Sincerely,**
>
> (su firma)
>
> **Roberto Remo**

EJEMPLO: CARTA DE PRESENTACIÓN Y CURRÍCULUM BÁSICO

Robinson Windows (nombre de la empresa)
Sales Department (nombre del departamento)
34 Main Street (dirección)
Millerton, Florida 56321 (ciudad, estado, código postal)
Re: Job Application

Dear Mr. Robinson:

My friend, Carlos Ochoa, who works in your business office, tells me that your company is looking for a Spanish-speaking sales representative. I have worked many years in sales in my country and I now live in the United States. I am very interested in the position and have included my resume with this letter. I hope to meet you soon. Please call me at (878) 546-3245 if you have any questions.

Sincerely,

(firma)

Antonio Garza

Antonio Garza López
250 Forest St. Apt. A
Benton, CA 94541
(878) 546-3245

OBJECTIVE: A position as Bilingual Sales Representative

SUMMARY OF QUALIFICATIONS:
- Ten years' experience in direct sales of various products and services
- Motivated and enthusiastic about developing good relations with clients
- Effective working alone or as a cooperative team member
- Professional in appearance and presentation
- Bilingual, with experience working in the construction field

SKILLS:
- SALES & NEW ACCOUNT DEVELOPMENT
    - Increased sales through market research and promotion
    - Made cold calls and follow-up visits to retail outlets
    - Organized financial record keeping in sales office
- CUSTOMER RELATIONS
    - Served as sales representative for major construction business
    - Coordinated product distribution for 25 company representatives
    - Personally met with and managed over 100 clients and accounts
- CLERICAL
    - Proficient in MS Word, Excel, Publisher
    - Fluent and literate in Spanish, some English
    - Office Manager Certificate

EMPLOYMENT HISTORY:

2005–present	*Sales Representative*	Constructora Rana, Mexico City
2002–2004	*Sales Representative*	Dinámica, Mexico City
1998–2002	*Carpenter*	Grupo Constructor, Mexico City

EDUCATION:

Centro de Diseño, Mexico, architecture studies	1997–2000
Instituto Público, Mexico, liberal arts studies	1994–1996

ACTIVITIES:
- Treasurer, *Club de Vendedores Estrellas* (Star Salespeople's Club), Mexico City.
- Active Member, *Vendedores Americanos, S.A.* (American Salespeople, Inc.), El Paso.

REFERENCES:
Available upon request

DICCIONARIO ESPAÑOL-INGLÉS

a	**to** *(tu)*
abajo	**down(stairs)** *(daunstérs)*
abastecedor	**supplier** *(sapláir)*
Abierto	**Open** *(ópen)*
abogado	**lawyer** *(lóier)*
abrazadera	**clamp** *(clamp)*
abril	**April** *(éipril)*
abrir	**to open** *(tu ópen)*
abuela	**grandmother** *(granmázer)*
abuelo	**grandfather** *(granfázer)*
aburrido	**bored** *(bóard)*
abuso	**abuse** *(abiús)*
accesorios	**accessories** *(aksésoris)*
accidente	**accident** *(áksident)*
aceite	**oil** *(óil)*
acero	**steel** *(stil)*
ácido	**acid** *(ásid)*
aclarar	**to clarify** *(tu clárifai)*
acondicionador de aire	**air conditioner** *(er candíchoner)*
aconsejar	**to advise** *(tu adváis)*
acoplamiento	**fitting** *(fítin)*
acosamiento	**harassment** *(jarásmen)*
actitud	**attitude** *(átitiud)*
actualizar	**to upgrade** *(tu apgréid)*
adaptador	**adapter** *(adápter)*
adelante	**straight ahead** *(stréit ajéd)*
adentro	**inside** *(insáid)*
adjunto	**attachment** *(atáchment)*
administración	**administration** *(administréichen)*
administrador	**administrator** *(administréiter)*
admisión	**receiving** *(risívin)*
adorno	**decoration** *(decoréichen)*
aeropuerto	**airport** *(érport)*
aerosol	**spray** *(spréi)*
afuera	**outside** *(áutsaid)*
afueras	**outskirts** *(áutsquerts)*
agarrar	**to grab** *(tu grab)*
agencia	**agency** *(éichensi)*
agosto	**August** *(ógast)*
agotado	**exhausted** *(eksósted)*
agua	**water** *(uóter)*
aguanieve	**sleet** *(slit)*
ahora	**now** *(náu)*
ahora mismo	**right now** *(rái náu)*

ahorrar	**to save** (*tu séiv*)
ahorro de energía	**energy saving** (*énerchi séivin*)
aislante	**sealant** (*sílant*)
al lado	**next to** (*neks tu*)
alambre	**wire** (*uáier*)
alarma	**alarm** (*alárm*)
alcohol	**alcohol** (*álcojol*)
aleación	**alloy** (*áloi*)
alergia	**allergy** (*álerchi*)
alfabeto	**alphabet** (*álfabet*)
alfombra	**carpet** (*cárpet*)
algo	**something** (*sámzin*)
algodón	**cotton** (*cátan*)
alguien	**someone, somebody** (*sámuan, sámbadi*)
allá	**way over there** (*uéi over der*)
allí	**there** (*der*)
almacén	**warehouse** (*uéarjaus*)
almohadilla	**cushion** (*cúchon*)
almuerzo	**lunch** (*lanch*)
altavoz	**speaker** (*spíquer*)
alto	**tall** (*tol*)
alto horno	**blast furnace** (*blas férnas*)
alto voltaje	**high voltage** (*jái vóltach*)
altura	**height** (*jáit*)
aluminio	**aluminum** (*alúminum*)
amarillo	**yellow** (*iélou*)
ambicioso	**ambitious** (*ambíches*)
ambulancia	**ambulance** (*ámbiulans*)
amenaza	**threat** (*zret*)
amigo	**friend** (*fren*)
amistoso	**friendly** (*frénli*)
amontonar	**to pile** (*tu páil*)
amperaje	**amperage** (*ámperech*)
ampolla	**blister** (*blíster*)
anaranjado	**orange** (*óranch*)
ancho (*adj.*)	**wide** (*uáid*)
ancho (*sust.*)	**width** (*uíz*)
anciano	**senior citizen** (*sínior sítisen*)
andamio	**scaffold** (*scáfol*)
ángulo	**angle** (*ángol*)
anillo	**ring** (*ring*)
año	**year** (*íer*)
anoche	**last night** (*las náit*)
ansioso	**anxious** (*ánkches*)
anteayer	**the day before yesterday** (*de déi bifór iésterdei*)
antes	**before** (*bifór*)
antorcha	**torch** (*torch*)

anunciar	**to advertise** (*tu advertáis*)
anuncio	**advertisement** (*advertáismen*)
apagar	**to turn off** (*tu tern of*)
aparato	**device** (*diváis*)
apartamento	**apartment** (*apártmen*)
apático	**apathetic** (*apazétic*)
apellido	**last name** (*las néim*)
apiladora	**stacker** (*stáquer*)
aplastado	**crushed** (*crácht*)
apoyar	**to support** (*tu sapórt*)
aprender	**to learn** (*tu lern*)
apretado	**tight** (*táit*)
apretar	**to tighten** (*tu táiten*)
apropiado	**appropriate** (*aprópriet*)
apuro	**difficult situation** (*difical situéichen*)
aquel	**that** (*dat*)
aquellos	**those** (*dóus*)
aquí	**here** (*jíar*)
arandela	**washer** (*uácher*)
archivar	**to file** (*tu fáil*)
archivo	**file cabinet** (*fáil cábinet*)
archivos escolares	**school transcripts** (*scul tránscripts*)
área	**area** (*érea*)
arena	**sand** (*sand*)
arete	**earring** (*írin*)
arma de fuego	**firearm** (*fáierarm*)
armar	**to assemble** (*tu asémbol*)
armario	**closet** (*cláset*)
arquitecto	**architect** (*árquitect*)
arrastrar	**to drag** (*tu drag*)
arresto	**arrest** (*arrést*)
arriba	**up(stairs)** (*apstérs*)
arriesgado	**risky** (*rísqui*)
arruga	**wrinkle** (*ríncol*)
arruinado	**ruined** (*rúint*)
artefacto	**device** (*diváis*)
artículo	**article** (*árticol*)
asbesto	**asbestos** (*asbéstos*)
ascensor	**elevator** (*elevéitor*)
aserradero	**sawmill** (*sómil*)
asiento	**seat** (*sit*)
asistente	**assistant** (*asístan*)
asistir	**to attend** (*to atént*)
astil	**shaft** (*chaft*)
astillado	**chipped** (*chipt*)
asustado	**afraid** (*afréd*)
ataque (*lucha*)	**attack** (*atác*)

ataque *(salud)*	**seizure** *(sícher)*
atril	**podium** *(pódium)*
aumento	**increase** *(incrís)*
aumento de sueldo	**raise** *(réis)*
auriculares	**headphones** *(jédfouns)*
autobús	**bus** *(bas)*
automático	**automatic** *(otomátic)*
auxilio	**assistance** *(asístans)*
avenida	**avenue** *(áveniu)*
avergonzado	**embarrassed** *(embárrast)*
avión	**plane** *(pléin)*
avisar	**to advise, to warn** *(to adváis, tu uórn)*
aviso	**notice** *(nótis)*
ayer	**yesterday** *(iésterdei)*
ayuda	**help** *(jelp)*
ayudante	**helper** *(jélper)*
ayudante de camarero	**busboy** *(básboi)*
ayudar	**to help** *(tu jelp)*
azul	**blue** *(blu)*
bajar	**to lower** *(tu lóuer)*
bajo	**short, low** *(chort lóu)*
bajo voltaje	**low voltage** *(lóu vóltach)*
balcón	**balcony** *(balconi)*
balde	**bucket** *(báquet)*
baldosa	**floor tile** *(flóar tail)*
bancarrota	**bankruptcy** *(báncrapsi)*
banco	**bank** *(banc)*
banco *(asiento)*	**bench** *(bench)*
banco de trabajo	**workbench** *(uórcbench)*
banda ancha	**broadband** *(bróudban)*
bandeja	**tray** *(tréi)*
banquero	**banker** *(bánquer)*
banquillo	**stool** *(stul)*
baranda	**railing** *(réilin)*
barato	**inexpensive, cheap** *(inekspénsif, chip)*
bote	**boat** *(bóut)*
barrer	**to sweep** *(tu suíp)*
barrera	**barrier** *(bárrier)*
barril	**barrel** *(bárrel)*
barro	**mud** *(mad)*
báscula	**scale** *(squéil)*
base de datos	**database** *(dátabeis)*
basta	**enough** *(ináf)*
bastidor	**chassis** *(chási)*
basura	**trash, garbage** *(trach, gárbich)*
basurero grande	**dumpster** *(dámpster)*
baúl	**chest** *(chest)*

bebé	**baby** *(béibi)*
bebedero	**water fountain** *(uóter fáunten)*
beber	**to drink** *(tu drinc)*
bebida	**drink** *(drinc)*
beneficio	**benefit** *(bénefit)*
biblioteca	**library** *(láibrari)*
bibliotecario	**librarian** *(laibrérian)*
bicicleta	**bicycle** *(báisicol)*
bidón	**drum** *(dram)*
bien	**fine** *(fáin)*
bienes	**goods** *(guds)*
billetera	**wallet** *(uálet)*
bisagra	**hinge** *(jinch)*
blanco	**white** *(juáit)*
bloque	**block** *(bloc)*
blusa	**blouse** *(bláus)*
bobina	**coil** *(cóil)*
boca	**mouth** *(máuz)*
bolígrafo	**ballpoint pen** *(bólpoin pen)*
bolsa	**bag** *(bag)*
bolsa de basura	**trash bag** *(trach bag)*
bolsa de valores	**stock market** *(stoc márquet)*
bomba	**pump** *(pamp)*
bombeo	**pumping** *(pámpin)*
bombero	**firefighter** *(fáirfaiter)*
bombilla	**bulb** *(bolb)*
bonito	**pretty, beautiful** *(príti, biútiful)*
boquilla	**nozzle** *(násel)*
borde	**edge** *(etch)*
borrador	**eraser** *(eréiser)*
bosque	**forest** *(fórest)*
botas	**boots** *(buts)*
bote de basura	**trashcan** *(tráchcan)*
botella	**bottle** *(bátel)*
botón	**button** *(báton)*
brazalete	**bracelet** *(bréislet)*
brazo	**arm** *(arm)*
broca	**bit** *(bit)*
brocha	**paintbrush** *(péintbrach)*
broche	**clasp** *(clasp)*
bronce	**bronze** *(brons)*
buen tiempo	**nice weather** *(náis uéder)*
bueno	**good, OK** *(gud, oquéi)*
bufanda	**scarf** *(scarf)*
bulto	**bump** *(bamp)*
buscador	**search engine** *(serch énchin)*
buscar	**to search** *(tu serch)*

buzón	**mailbox** *(méilbaks)*
cabestrillo	**sling** *(slin)*
cabeza	**head** *(jed)*
cabina	**cubicle** *(quiúbicol)*
cabina de peaje	**toll booth** *(tol buz)*
cable	**cable** *(quéibol)*
cable de extensión	**extension cord** *(eksténchen cord)*
cable eléctrico	**electrical cable** *(eléctrical quéibol)*
cadena	**chain** *(chéin)*
cadera	**hip** *(jip)*
caer	**to fall** *(tu fol)*
café	**coffee shop** *(cófi chop)*
café *(color)*	**brown** *(bráun)*
cafetera	**coffeemaker** *(cáfimeiquer)*
cafetería	**coffee shop, cafeteria** *(cáfi chop, cafitíria)*
carnicería	**butcher shop** *(búcher chop)*
caja	**box** *(baks)*
caja fuerte	**safe** *(séif)*
cajero	**cashier** *(cachíer)*
cajero automático	**ATM** *(éitiem)*
cajón de mueble	**drawer** *(dróuer)*
cajón de transporte	**crate** *(créit)*
calcetines	**socks** *(socs)*
calculadora	**calculator** *(calquiuléitor)*
caldera	**boiler** *(bóiler)*
calefacción	**heating** *(jítin)*
calendario	**calendar** *(cálendar)*
calentador	**heater** *(jíter)*
calentar	**to heat** *(tu jit)*
calidad	**quality** *(cuáliti)*
caliente	**hot** *(jat)*
calificado	**qualified** *(cuálifaid)*
calle	**street** *(strit)*
calmarse	**to calm down** *(tu calm dáun)*
calor	**heat** *(jit)*
caluroso	**warm** *(uórm)*
calzoncillos	**shorts** *(chorts)*
cama	**bed** *(bed)*
cámara *(banco)*	**vault** *(volt)*
cámara digital	**digital camera** *(díchital quémera)*
cambiar	**to change** *(tu chench)*
cambio	**change** *(chench)*
camilla	**stretcher** *(strécher)*
caminar	**to walk** *(tu uóc)*
camino	**road** *(róud)*
camión	**truck** *(trac)*
camión cisterna	**tanker truck** *(tánquer trac)*

camión de plataforma	**flatbed truck** *(flátbed trac)*
camión de reparto	**delivery truck** *(delíveri trac)*
camión grúa	**crane truck** *(créin trac)*
camión hormigonero	**cement truck** *(semént trac)*
camión tractor	**tractor trailer** *(tráctor tréiler)*
camión volquete	**dump truck** *(damp trac)*
camionada	**truckload** *(trácloud)*
camionero	**truck driver** *(trac dráiver)*
camioneta	**pickup** *(picáp)*
camisa	**shirt** *(chert)*
camiseta	**T-shirt** *(tíchert)*
campana	**bell** *(bel)*
campaña	**campaign** *(campéin)*
campo	**field, countryside** *(fild, cántrisaid)*
campo de trabajo	**field of work** *(fild of uérc)*
canal	**channel** *(chánel)*
cancelado	**void** *(void)*
cancelar	**to cancel** *(tu cánsel)*
candado	**padlock** *(pádloc)*
cansado	**tired** *(táiert)*
cantera	**quarry** *(cuérri)*
cantidad	**amount, quantity** *(amáunt, cuántiti)*
cantinero	**bartender** *(barténder)*
capacidad	**capacity** *(capásiti)*
capacidad del salón	**room capacity** *(rum capásiti)*
capacitor	**capacitor** *(capásitor)*
capaz	**able** *(éibol)*
capítulo	**chapter** *(chápter)*
cara	**face** *(féis)*
carbón	**coal** *(cóul)*
carga	**cargo, load, charge** *(cárgo, lóud, charch)*
carga negativa	**negative charge** *(négatif charch)*
carga positiva	**positive charge** *(pásitif charch)*
carga útil	**payload** *(péiloud)*
cargadora *(elec.)*	**charger** *(charcher)*
cargadora	**loader** *(lóuder)*
cargo	**job position** *(chab posíchen)*
carnicero	**butcher** *(búcher)*
caro	**expensive** *(ekspénsif)*
carpeta	**folder** *(fólder)*
carpintero	**carpenter** *(cárpenter)*
carrera	**career** *(caríer)*
carreta	**cart** *(cart)*
carrete	**spool** *(spul)*
carretera	**highway** *(jáiuei)*
carretilla	**wheelbarrow** *(uílbarou)*
carretilla elevadora	**forklift** *(fórclift)*

carril	**track** (*trac*)
carrito	**cart** (*cart*)
carro	**car** (*car*)
carta	**letter** (*léter*)
cartel	**poster** (*póster*)
cartelera	**billboard** (*bílboard*)
cartera	**purse** (*pers*)
cartero	**mail carrier** (*méil cárrier*)
cartón	**cardboard** (*cárbor*)
cartucho	**cartridge** (*cártrich*)
casa	**house** (*jáus*)
casado	**married** (*mérrid*)
casco	**hard hat, helmet** (*jar jat, jélmet*)
casi	**almost** (*ólmost*)
catálogo	**catalogue** (*cátalog*)
celos	**jealousy** (*chélasi*)
célula	**cell** (*sel*)
celular	**cell phone** (*sel fóun*)
cemento	**cement** (*semént*)
cena	**dinner** (*díner*)
centro	**center, downtown area** (*sénter, dauntáun érea*)
centro comercial	**shopping center** (*chópin sénter*)
centro de operaciones	**center of operations** (*sénter of operéichens*)
centro de trabajo	**work center** (*uérc sénter*)
cepillo	**brush** (*brach*)
cepillo de dientes	**toothbrush** (*túzbrach*)
cerca	**near** (*níar*)
cerco	**fence** (*fens*)
Cerrado	**Closed** (*clóust*)
cerradura	**lock** (*loc*)
cerrar	**to close** (*tu clóus*)
cerrar con llave	**to lock** (*tu loc*)
cerrojo	**latch** (*lach*)
certificado	**certificate** (*sertífiquet*)
cesto	**basket** (*básquet*)
cesto de basura	**wastebasket** (*uéistbasquet*)
chaleco	**vest** (*vest*)
chaqueta	**jacket** (*cháquet*)
cheque	**check** (*chec*)
cheque de banco	**cashier's check** (*cachírs chec*)
chico	**small, little** (*smol, lítel*)
chispa	**spark** (*sparc*)
chofer	**driver** (*dráiver*)
ciclo	**cycle** (*sáicol*)
cien	**hundred** (*jándred*)
cierre	**fastener** (*fástener*)
cifras	**figures** (*fíguiurs*)

cilindro	**cylinder** *(sílinder)*
cincel	**chisel** *(chísel)*
cine	**movie theater** *(múvi ziéter)*
cinta	**ribbon, tape** *(ríbon téip)*
cinta adhesiva	**Scotch tape** *(scoch téip)*
cinta de medir	**measuring tape** *(méchurin téip)*
cinturón	**belt** *(belt)*
circuito	**circuit** *(sércut)*
circuito integrado	**integrated circuit** *(íntegreited sércut)*
círculo	**circle** *(sércol)*
cita	**appointment** *(apóinment)*
ciudad	**city** *(síti)*
clase	**class** *(clas)*
clavija	**peg** *(peg)*
clavo	**nail** *(néil)*
cliente	**customer** *(cástumer)*
clínica	**clinic** *(clínic)*
cloro	**bleach** *(blich)*
cobertizo	**shed** *(ched)*
cobrar	**to charge** *(tu charch)*
cobre	**copper** *(cáper)*
cocinar	**to cook** *(tu cuc)*
cocinero	**cook** *(cuc)*
código	**code** *(cóud)*
código de seguridad	**security code** *(sequiúriti cóud)*
código telefónico	**area code** *(érea cóud)*
codo	**elbow** *(élbou)*
cojinete	**bearing** *(bérin)*
coleccionar	**to collect** *(tu caléct)*
colegio	**high school** *(jái scul)*
cólera	**anger** *(ánger)*
colgar	**to hang** *(tu jang)*
collar	**necklace** *(nécles)*
color	**color** *(cálar)*
combustible	**fuel** *(fiúl)*
comentario	**comment** *(cáment)*
comer	**to eat** *(tu it)*
comercial	**commercial** *(camérchal)*
comerciante	**merchant** *(mérchant)*
comercio	**commerce** *(cámers)*
comida	**food** *(fud)*
comida ligera	**snack** *(snack)*
compactadora	**compactor** *(campáctor)*
compañero de cuarto	**roommate** *(rúmeit)*
compartimento	**compartment** *(campárment)*
compartir	**to share** *(tu chéar)*
competencia	**competition, expertise** *(campetíchen, ekspertís)*

competente	**competent** *(cámpetent)*
complejo industrial	**industrial complex** *(indástrial cámpleks)*
comprador	**buyer** *(báier)*
comprar	**to buy** *(tu bái)*
compras	**shopping** *(chópin)*
compresora	**compressor** *(camprésor)*
comprometer	**to compromise** *(tu cámpramais)*
compromiso	**commitment** *(camítment)*
compuesto	**compound** *(campáun)*
computadora	**computer** *(campiúter)*
computadora de bolsillo	**PDA** *(pidiéi)*
computadora portátil	**laptop** *(láptap)*
comunicaciones	**communications** *(camiuniquéichens)*
comunidad	**community** *(camiúniti)*
con	**with** *(uíd)*
concepto	**concept** *(cánsept)*
concesión	**franchise** *(fránchais)*
concesionario	**dealer** *(díler)*
condado	**county** *(cáunti)*
condensador	**condenser** *(candénser)*
conducto	**duct** *(dact)*
conectar	**to connect** *(tu canéct)*
conexión	**connection** *(canékchen)*
conferencia	**conference** *(cánferens)*
confianza	**confidence** *(cánfidens)*
conflicto	**conflict** *(cánflict)*
confundido	**confused** *(canfiúst)*
congelamiento	**frostbite** *(frósbait)*
conjunto	**outfit** *(áutfit)*
conmutador	**switchboard** *(suíchboar)*
cono	**cone** *(cóun)*
consejo	**guidance, advice** *(gáidans, adváis)*
conserje	**janitor** *(chánitor)*
construcción	**construction** *(canstrákchen)*
construir	**to build** *(tu bild)*
consultar	**to consult** *(tu cansált)*
consultor	**consultant** *(cansáltan)*
consumidor	**consumer** *(cansiúmer)*
contabilidad	**accounting** *(acáuntin)*
contador	**accountant** *(acáuntan)*
contaminado	**contaminated** *(cantámineited)*
contaseña	**password** *(pásuer)*
contenido	**content** *(cántent)*
contento	**pleased** *(plist)*
contestador telefónico	**answering machine** *(ánserin machín)*
contestar	**to answer, to reply** *(tu ánser, tu riplái)*
contratar	**to hire** *(tu jáier)*

contratista	**contractor** (*cantráctor*)
contrato	**contract** (*cántract*)
control	**control** (*contról*)
control de calidad	**quality control** (*cuáliti contról*)
control remoto	**remote control** (*rimóut contról*)
controlar	**to control** (*tu contról*)
contusión	**bruise** (*brus*)
conversar	**to converse** (*tu canvérs*)
convulsión	**convulsion** (*canvólchon*)
coordinador	**coordinator** (*cardinéitor*)
copa	**cup** (*cap*)
corazón	**heart** (*jart*)
corbata	**tie** (*tái*)
cordón	**cord** (*cord*)
corona	**crown, cap** (*cráun cap*)
correa	**belt, strap** (*belt strap*)
correa transportadora	**conveyor belt** (*canvéior belt*)
correaje	**harness** (*járnes*)
correcto	**correct** (*corréct*)
corredor	**hallway** (*jóluei*)
correo	**mail** (*méil*)
correo aéreo	**express mail** (*eksprés méil*)
correo basura	**junk mail** (*chanc méil*)
correo electrónico	**e-mail** (*ímeil*)
correr	**to run** (*tu ran*)
corriente	**power, current** (*páuer, quérrent*)
corriente alterna	**AC** (*éisi*)
corriente directa	**DC** (*dísi*)
corrosivo	**corrosive** (*carrósif*)
cortacircuitos	**circuit breaker** (*sércut bréiquer*)
cortada, corte	**cut** (*cat*)
cortadora	**cutter** (*cáter*)
cortadora de papel	**paper cutter** (*péipar cáter*)
cortar	**to cut** (*tu cat*)
corto	**short** (*chort*)
cosa	**thing** (*zing*)
costo	**cost** (*cost*)
creatividad	**creativity** (*criatíviti*)
crédito	**credit** (*crédit*)
criado	**housekeeper** (*jáusquiper*)
crimen	**crime** (*cráim*)
criterio	**criterion** (*craitírion*)
cruce de peatones	**crosswalk** (*crósuoc*)
cruel	**cruel** (*crul*)
cuaderno	**notebook** (*nóutbuc*)
cuadrado	**square** (*scuéar*)
cuadro	**painting, illustration** (*péintin, ilustréichen*)

cualquier cosa	**anything** (*énizin*)
cualquiera	**anyone, anybody** (*éniuan, énibadi*)
cuarto	**fourth, room, quart, quarter** (*fourz, rum, cuórt, cuórter*)
cubano	**Cuban** (*quiúban*)
cubierta	**casing** (*quéisin*)
cubo	**cube** (*quiúp*)
cucharada	**tablespoon** (*téibolspun*)
cucharadita	**teaspoon** (*tíspun*)
cucharón	**ladle** (*léidel*)
cuchilla	**utility knife** (*iutíliti náif*)
cuello	**neck** (*nec*)
cuenta	**bill** (*bil*)
cuerda	**string** (*strin*)
cuerda de seguridad	**safety line** (*séifti láin*)
cuero	**leather** (*lézer*)
cuidado de niños	**childcare** (*cháilquear*)
cumplidor	**dependable** (*depéndabol*)
cuota	**quota** (*cuóta*)
cupón	**coupon** (*cúpon*)
currículum	**resume** (*résume*)
curva	**curve** (*quérf*)
dañado	**damaged** (*dámacht*)
dar	**to give** (*tu guiv*)
datos	**facts, data** (*facts, dáta*)
de	**from, of** (*from, of*)
de la mañana	A.M., **in the morning** (*éiem, in de mórnin*)
de la tarde	P.M., **in the afternoon, at night** (*píem, in de áfternun, at náit*)
debajo	**underneath** (*ánderníz*)
deber *(hacer algo)*	**must** (*mast*)
deber *(dinero)*	**to owe** (*tu óu*)
deberes	**duties** (*diútis*)
débil	**weak** (*uíc*)
décimo	**tenth** (*tenz*)
decir	**to say, to tell** (*tu séi, tu tel*)
dedo	**finger** (*fínguer*)
dedo de pie	**toe** (*tóu*)
deducción de impuestos	**tax deduction** (*taks didákchen*)
defectuoso	**defective** (*diféctif*)
dejar	**to leave** (*tu liv*)
delgado	**thin, skinny** (*zin, squíni*)
delito	**crime** (*cráim*)
delito mayor	**felony** (*féloni*)
delito menor	**misdemeanor** (*misdemínor*)
demasiado	**too much** (*tu mach*)
dentista	**dentist** (*déntist*)

departamento	**department** *(depártment)*
departamento de personal	**human resources** *(jiúman risórses)*
dependiente	**clerk** *(clerc)*
depositar	**to deposit** *(tu depásit)*
depósito	**storeroom** *(stóarum)*
derecho	**fee, straight** *(fi, stréit)*
derrame	**spillage** *(spílach)*
desaliñado	**sloppy** *(slápi)*
desarrollar	**to develop** *(tu devélop)*
desarrollo	**development** *(devélopment)*
desastre	**disaster** *(disáster)*
desayuno	**breakfast** *(brécfast)*
descansar	**to rest** *(tu rest)*
descanso	**landing** *(lándin)*
descargar	**to unload** *(tu ánloud)*
descargar *(comput.)*	**to download** *(tu dáunloud)*
desconfianza	**mistrust** *(mistrást)*
descuento	**discount** *(discáunt)*
descuidado	**careless** *(quérles)*
desecho	**scrap** *(scrap)*
desempleo	**unemployment** *(anemplóiment)*
desenchufar	**to unplug** *(tu anplág)*
deseo	**desire** *(disáier)*
desfalco	**embezzling** *(embézlin)*
desfallecido	**faint** *(féint)*
deshidratación	**dehydration** *(dijaidréichen)*
deshonesto	**dishonest** *(disánest)*
desierto	**desert** *(désert)*
desigual	**uneven** *(aníven)*
deslave	**landslide** *(lánslaid)*
desmayo	**fainting spell** *(féintin spel)*
desorden	**mess** *(mes)*
despedir	**to fire, to let go** *(tu fáier, tu let góu)*
despejado	**clear** *(clíar)*
desperdicios	**refuse** *(rifiús)*
desplazar	**to displace** *(tu displéis)*
desplazar hacia abajo	**to scroll down** *(tu scrol dáun)*
desplazar hacia arriba	**to scroll up** *(tu scrol ap)*
después	**after** *(áfter)*
destornillador	**screwdriver** *(scrudráiver)*
destornillador de cruz	**Philips screwdriver** *(fílips scrudráiver)*
destruido	**destroyed** *(destróid)*
detalle	**detail** *(ditéil)*
detector de metales	**metal detector** *(métal ditéctor)*
detergente	**detergent** *(detérchent)*
detrás	**behind, in back** *(bijáin, in bac)*
devolver	**to return** *(tu ritérn)*

día	**day** *(déi)*
día de descanso	**day off** *(déi of)*
diagonal	**diagonal** *(daiágonal)*
diagrama	**diagram** *(dáiagram)*
diario	**daily** *(déili)*
diarrea	**diarrhea** *(daiarría)*
dibujo	**drawing** *(dróuin)*
diciembre	**December** *(disémber)*
diente	**tooth** *(tuz)*
dientes	**teeth** *(tiz)*
difícil	**difficult, hard** *(dífical, jar)*
diploma	**diploma** *(diplóma)*
dirección	**address** *(ádres)*
director	**director** *(dairéctor)*
directorio *(comput.)*	**fólder** *(fólder)*
directrices	**guidelines** *(gáidlains)*
disco	**disc** *(disc)*
disco duro	**hard drive** *(jar dráif)*
discriminación	**discrimination** *(discrinéichen)*
discusión	**argument** *(árguiument)*
discutir	**to argue** *(tu árguiu)*
diseño	**design** *(disáin)*
disparejo	**uneven** *(aníven)*
disponible	**available** *(avéilabol)*
disquetera	**disc drive** *(disc dráif)*
distancia	**distance** *(dístans)*
distraído	**distracted** *(distrácted)*
distribuir	**to distribute** *(tu distríbiut)*
distrito	**district** *(dístrict)*
distrito escolar	**school district** *(scul dístrict)*
dividir	**to divide** *(tu diváid)*
división	**division** *(divíchon)*
divisor	**partition** *(partíchon)*
divorcio	**divorce** *(divórs)*
doblado	**bent** *(bent)*
doblar	**to bend** *(tu bend)*
doble	**double** *(dábol)*
docena	**dozen** *(dózen)*
documento	**document** *(dáquiument)*
dolor	**pain** *(péin)*
dolor de garganta	**sore throat** *(sóar zróut)*
dolorido	**sore** *(sóar)*
doméstico	**domestic** *(doméstic)*
domingo	**Sunday** *(sándi)*
dominio	**domain** *(doméin)*
dormir	**to sleep** *(tu slip)*
dos veces	**twice** *(tuáis)*

drenaje	**drain** *(dréin)*
drogas	**drugs** *(drags)*
dueño	**owner** *(óuner)*
economía	**economy** *(ecónomi)*
edad	**age** *(éich)*
edificio	**building** *(bíldin)*
efectivo	**cash** *(cach)*
eficiente	**efficient** *(efíchent)*
ejemplo	**example** *(eksámpol)*
el	**the** *(de)*
él	**he** *(ji)*
electricidad	**electricity** *(electrísiti)*
electrodo	**electrode** *(électroud)*
electrodoméstico	**appliance** *(apláians)*
electrónico	**electronic** *(electrónic)*
eliminar	**to delete** *(tu dilít)*
ella	**she** *(chi)*
ellas	**they** *(déi)*
ellos	**they** *(déi)*
embalaje	**packaging** *(pácachin)*
embarazada	**pregnant** *(prégnant)*
émbolo	**piston** *(píston)*
embrague	**clutch** *(clach)*
emocionado	**excited** *(eksáited)*
empaquetado	**packaging** *(pácachin)*
empaquetar	**to package** *(tu pácach)*
empezar	**to begin, to start** *(tu biguín, tu start)*
empleado	**employee** *(emplollí)*
empleo	**employment** *(emplóiment)*
empresa	**firm, company** *(ferm, cámpani)*
empresa individual	**sole-proprietorship company** *(sóul propráietorchip cámpani)*
empresario	**employer** *(emplóier)*
empujar	**to push** *(tu puch)*
en	**in, on, at** *(in on at)*
en alguna parte	**somewhere** *(sámuear)*
en cualquier parte	**anywhere** *(éniuear)*
en medio	**in the middle** *(in de mídel)*
en ninguna parte	**nowhere** *(nóuear)*
encaminador	**router** *(ráuter)*
encargado	**person in charge** *(pérson in charch)*
enchufar	**to plug in** *(tu plag in)*
enchufe	**plug** *(plag)*
encima	**above, on top** *(abóuv, on top)*
encontrar	**to find** *(tu fáin)*
enemistar	**to antagonize** *(tu antágonaiz)*
enero	**January** *(chánuari)*

enfermedad	**illness** *(ílnes)*
enfermera	**nurse** *(ners)*
enfermo	**sick, ill** *(sic il)*
enfoque	**approach** *(apróuch)*
en frente	**in front** *(in front)*
enganche	**down payment** *(dáun péiment)*
engranaje	**gear** *(guíar)*
engrapadora	**stapler** *(stéipler)*
enojado	**angry** *(éngri)*
enseñar	**to teach** *(tu tich)*
entender	**to understand** *(tu anderstán)*
entonces	**then** *(den)*
entrada	**entrance** *(éntrans)*
entrar	**to enter** *(tu énter)*
entrega	**delivery** *(delíveri)*
entregar	**to deliver** *(tu delíver)*
entrenamiento	**training** *(tréinin)*
entrenar	**to train** *(tu tréin)*
entrevista	**interview** *(ínterviu)*
entrevistar	**to interview** *(tu ínterviu)*
entusiasmo	**enthusiasm** *(éntusiasm)*
enviar	**to send, to ship** *(tu send, tu chip)*
envío	**shipment** *(chípment)*
equipo	**equipment** *(ecuípment)*
erupción	**rash** *(rach)*
escalera	**ladder** *(láder)*
escalera mecánica	**escalator** *(escaléitor)*
escaleras	**stairs** *(stéars)*
escalofrío	**chill** *(chil)*
escalón	**step** *(step)*
escándalo	**scandal** *(scándal)*
escáner	**scanner** *(scáner)*
escape	**exhaust** *(eksóst)*
escarcha	**frost** *(frost)*
escoba	**broom** *(brum)*
escoger	**to select** *(tu seléct)*
escribir	**to write** *(tu ráit)*
escritor	**writer** *(ráiter)*
escritorio	**desk** *(desc)*
escuchar	**to listen** *(tu lísen)*
escuela	**school** *(scul)*
esfuerzo	**effort** *(éfort)*
espacio	**space** *(spéis)*
espalda	**back** *(bac)*
especial	**special** *(spéchal)*
especialidad	**specialty** *(spéchalti)*
especialista	**specialist** *(spéchalist)*

espejo	**mirror** *(míror)*
espinilleras	**shin guards** *(zíngards)*
esponja	**sponge** *(sponch)*
esposa	**wife** *(uáif)*
esposo	**husband** *(jásban)*
esquema	**chart** *(chart)*
esquina	**corner** *(córner)*
estaca	**stake** *(stéic)*
estación	**season, station** *(síson stéichon)*
estación de tren	**train station** *(tréin stéichon)*
estacionamiento	**parking area** *(párquin érea)*
estacionar	**to park** *(tu parc)*
estadio	**stadium** *(stédium)*
estado	**state** *(stéit)*
estado civil	**marital status** *(márital státus)*
estafa	**swindle** *(suíndel)*
estampillas	**stamps** *(stamps)*
estancado	**stuck** *(stac)*
estándar	**standard** *(stándar)*
estándares de seguridad	**safety standards** *(séifti stándars)*
estaño	**tin** *(tin)*
estatua	**statue** *(stáchiu)*
esta	**this** *(dis)*
este	**this** *(dis)*
estómago	**stomach** *(stómac)*
estas	**these** *(des)*
estos	**these** *(des)*
estrategia	**strategy** *(trátechi)*
estreñimiento	**constipation** *(canstipéichen)*
estrés	**stress** *(stres)*
estuche	**case, kit** *(quéis, quit)*
estudiar	**to study** *(tu stádi)*
estufa	**stove** *(stóuv)*
estupendo	**wonderful** *(uánderful)*
etiqueta	**label** *(léibol)*
etnicidad	**ethnicity** *(etnísiti)*
evidencia	**evidence** *(évidens)*
examen físico	**physical exam** *(físical eksám)*
excavar	**to dig** *(tu dig)*
excelente	**excellent** *(ékselent)*
excepcional	**exceptional** *(eksépchonal)*
exceso	**surplus** *(sarplás)*
excusa	**excuse** *(eksquiús)*
excusado	**toilet** *(tóilet)*
existencias	**inventory** *(invéntori)*
experiencia	**experience** *(ekspírians)*
explicación	**explanation** *(eksplanéichen)*

explicar	**to explain** (*tu expléin*)
explosión	**explosion** (*eksplóuchen*)
explosivo	**explosive** (*eksplósif*)
exportar	**to export** (*tu ekspórt*)
expresión	**expression** (*ekspréchon*)
extranjero	**foreign** (*fóren*)
extraordinario	**remarkable** (*rimárcabol*)
fábrica	**factory** (*fáctori*)
fabricación	**manufacturing** (*maniufácturin*)
fabricante	**manufacturer** (*maniufácturer*)
fácil	**easy, simple** (*ísi, símpol*)
factura	**invoice** (*ínvois*)
faena	**task** (*tasc*)
faja	**back support** (*bac sapórt*)
falda	**skirt** (*squert*)
faltar	**to miss** (*tu mis*)
familia	**family** (*fámíli*)
farmacia	**pharmacy** (*fármasi*)
farol	**lightpost** (*láitpost*)
fax	**fax** (*faks*)
febrero	**February** (*fébruari*)
fecha	**date** (*déit*)
fecha de nacimiento	**date of birth** (*déit of berz*)
feliz	**happy** (*jápi*)
femenino	**female** (*fímeil*)
feo	**ugly** (*ágli*)
fibra de vidrio	**fiberglass** (*fáiberglas*)
fichero	**computer file** (*campiúter fáil*)
fiebre	**fever** (*fíver*)
fila	**row** (*róu*)
filamento	**filament** (*fílament*)
filmadora	**camcorder** (*camcórder*)
filtro	**filter** (*fílter*)
finanzas	**finance** (*fáinans*)
finca	**farm** (*farm*)
firma	**signature** (*sígnacher*)
firmar	**to sign** (*tu sáin*)
fletador	**carrier** (*quérier*)
flete	**freight** (*fréit*)
florero	**vase** (*véis*)
florista	**florist** (*flórist*)
flujo	**flow** (*flóu*)
foco	**bulb** (*bolb*)
folleto	**brochure, pamphlet** (*brachúr, pámflet*)
forma	**shape** (*chéip*)
formación	**background** (*bágraun*)
formulario	**form** (*form*)

forro	**lining** (*láinin*)
foto	**photo** (*fóto*)
fotocopiadora	**copier** (*cápier*)
fragua	**forge** (*forch*)
frasco	**vial** (*váial*)
frase	**phrase** (*fréis*)
fraude	**fraud** (*frod*)
frazada	**blanket** (*blánquet*)
fregar	**to scrub** (*tu scrab*)
fresco	**cool** (*cul*)
frío	**cold** (*cold*)
fuente	**fountain** (*fáunten*)
fuerte	**strong** (*stron*)
fuerza	**force** (*fors*)
función	**function** (*fánkchen*)
fusible	**fuse** (*fiús*)
gabinete	**cabinet** (*cábinet*)
gafas	**goggles** (*gágols*)
galón	**gallon** (*gálon*)
ganancias	**earnings** (*érnings*)
ganar	**to earn** (*tu ern*)
gancho	**hook** (*juc*)
ganga	**bargain** (*bárgan*)
garantía	**guarantee** (*gáranti*)
gas	**gas** (*gas*)
gasolina	**gas** (*gas*)
gasolinera	**gas station** (*gas stéichen*)
gastar	**to spend** (*tu spend*)
gastos de tramitación	**handling** (*jándlin*)
gastos	**expenses** (*ekspénses*)
generador	**generator** (*cheneréitor*)
gente	**people** (*pípol*)
gerente	**manager** (*mánacher*)
giro postal	**money order** (*máni órder*)
goma	**rubber** (*ráber*)
gordo	**fat** (*fat*)
gorra	**cap** (*cap*)
grabadora	**recorder** (*ricórder*)
grado	**degree** (*digrí*)
graduarse	**to graduate** (*tu gráchueit*)
gráfico	**graph** (*graf*)
grande	**big, large** (*big, larch*)
granizo	**hail** (*jéil*)
granjero	**farmer** (*fármer*)
grapa	**staple** (*stéipol*)
grasa	**grease** (*gris*)
gratuito	**free** (*fri*)

grave	**serious, critical** *(sírios, crítical)*
gravilla	**gravel** *(grável)*
grifo	**faucet** *(fóset)*
gripe	**flu** *(flu)*
gris	**gray** *(gréi)*
grosero	**rude** *(rud)*
grúa	**crane** *(créin)*
grueso	**thick** *(zic)*
grupo	**group** *(grup)*
guantes	**gloves** *(glafs)*
guapo	**handsome** *(jánsom)*
garantizar	**to guarantee** *(tu gáranti)*
guardapolvo	**overcoat** *(óvercout)*
guardar	**to put away** *(tu put euéi)*
guardia	**guard** *(gard)*
guía	**guide** *(gáid)*
hablar	**to talk** *(tu toc)*
hacer	**to do, to make** *(tu du, tu méic)*
hacha	**ax, hatchet** *(aks, jáchet)*
hastiado	**disgusted** *(disgástet)*
hecho	**fact** *(fact)*
helado	**ice cream, freezing** *(áis crim, frízin)*
hélice	**propeller** *(propéler)*
helicóptero	**helicopter** *(jelicópter)*
herida	**injury** *(ínchuri)*
herir	**to injure** *(tu ínchur)*
hermana	**sister** *(síster)*
hermano	**brother** *(brázer)*
herramienta	**tool** *(tul)*
hidráulico	**hydraulic** *(jaidrólic)*
hielo	**ice** *(áis)*
hierro	**iron** *(áiron)*
hígado	**liver** *(líver)*
hija	**daughter** *(dóter)*
hijastra	**stepdaughter** *(stépdoter)*
hijastro	**stepson** *(stépsan)*
hijo	**son** *(san)*
hilo	**thread** *(zred)*
hinchado	**swollen** *(suólen)*
hispano	**Hispanic** *(jispánic)*
hoja	**leaf** *(lif)*
hoja *(metal)*	**blade** *(bléid)*
hombre	**man** *(man)*
hombres	**men** *(men)*
hombro	**shoulder** *(chólder)*
honradez	**honesty** *(ánesti)*
hora	**hour, time** *(áur, táim)*

horario	**schedule** (squéchul)
horizontal	**horizontal** (jarizóntal)
horno	**oven** (óven)
horquillas	**hairpins** (jérpins)
hospital	**hospital** (jóspital)
hotel	**hotel** (jótel)
hoy	**today** (tudéi)
hoyo	**hole** (jóul)
hueco	**gap** (gap)
humo	**smoke** (smóuc)
huracán	**hurricane** (járriquein)
ícono	**icon** (áicon)
idea	**idea** (aidía)
identificación	**identification** (aidentifiquéichen)
identificar	**to identify** (tu aidéntifai)
iglesia	**church** (cherch)
ilegal	**illegal** (ilígal)
iluminación	**lighting** (láitin)
imán	**magnet** (mágnet)
impermeable	**raincoat** (réincout)
importado	**imported** (impórted)
importar	**to import** (tu impórt)
impresora	**printer** (prínter)
imprimir	**to print** (tu print)
impuestos	**taxes** (tákses)
inalámbrico	**wireless** (uáirles)
incapacidad física	**physical disability** (físical disabíliti)
incapaz	**incompetent** (incámpetent)
incendio	**fire** (fáier)
incluido	**included** (inclúded)
incluir	**to include** (tu inclúd)
incómodo	**uncomfortable** (ancámfortabol)
increíble	**incredible** (incrédibol)
independiente	**independent** (indepéndent)
indicador	**gauge** (guéich)
inflamable	**flammable** (flámabol)
información	**information** (informéichen)
informe	**report** (ripórt)
ingeniero	**engineer** (enchiníar)
ingeniero mecánico	**mechanical engineer** (mecánical enchiníar)
ingresos	**income** (íncam)
iniciar	**to start** (tu start)
iniciar (comput.)	**to boot up** (tu but ap)
inoperable	**inoperative** (inóperatif)
insistir	**to insist** (tu insíst)
insolación	**sunstroke** (sánstrouc)
instalación	**facility** (fasíliti)

instalar	**to install** *(tu instól)*
institución	**institution** *(institúchen)*
instrucción	**instruction** *(instrákchen)*
instrucciones	**directions** *(dairékchens)*
instrumento	**instrument** *(ínstrumen)*
inteligente	**intelligent** *(intélichen)*
intercomunicador	**intercom** *(íntercom)*
interesado	**interested** *(ínterestet)*
interestatal	**interstate** *(íntersteit)*
internacional	**international** *(internáchonal)*
intérprete	**interpreter** *(intérpreter)*
interruptor	**switch** *(suích)*
intoxicación	**poisoning** *(póisonin)*
inundación	**flood** *(flad)*
inversión	**investment** *(invéstment)*
invertir	**to invest** *(tu invést)*
investigación *(policial)*	**investigation** *(investiguéichen)*
investigación *(científica)*	**research** *(risérch)*
invierno	**winter** *(uínter)*
ir	**to go** *(tu góu)*
irrespetuoso	**disrespectful** *(disrespécful)*
irresponsable	**irresponsible** *(irrespónsibol)*
jabón	**soap** *(sóup)*
jalar	**to pull** *(tu pul)*
jardín	**garden** *(gárden)*
jardinero	**gardener** *(gárdener)*
jarra	**jar** *(char)*
jefe	**boss** *(bos)*
joven	**young** *(iáng)*
joyería	**jewelry** *(chúleri)*
juego	**game** *(guéim)*
juego de apuestas	**gambling** *(gámblin)*
jueves	**Thursday** *(zérsdi)*
jugar	**to play** *(tu pléi)*
julio	**July** *(chulái)*
junio	**June** *(chun)*
junta	**committee** *(camíti)*
la	**the** *(de)*
laboratorio	**laboratory** *(láboratori)*
ladrillo	**brick** *(bric)*
lago	**lake** *(léic)*
lámpara	**lamp** *(lamp)*
lana	**wool** *(uól)*
lapicero	**pen** *(pen)*
lápiz	**pencil** *(pénsil)*
largo *(adj.)*	**long** *(long)*
largo *(sust.)*	**length** *(lenz)*

las	**the** *(de)*
láser	**laser** *(léiser)*
lata	**can** *(can)*
latón	**brass** *(bras)*
lavabo	**sink** *(sinc)*
lavandería	**laundromat** *(lóndromat)*
lavaplatos	**dishwasher** *(dichuácher)*
lavar	**to wash** *(tu uach)*
lección	**lesson** *(léson)*
leer	**to read** *(tu rid)*
lejos	**far** *(far)*
lengua	**tongue** *(tong)*
lenguaje	**language** *(lángüich)*
lentes	**glasses** *(gláses)*
lentes de contacto	**contact lenses** *(cántact lénses)*
lentes de protección	**safety glasses** *(séifti gláses)*
lentes de sol	**sunglasses** *(sánglases)*
lento	**slow** *(slóu)*
letra	**letter** *(léter)*
letrero	**sign** *(sáin)*
ley	**law** *(lo)*
libra	**pound** *(páund)*
librero	**bookshelf** *(búkchelf)*
librito	**booklet** *(búclet)*
libro	**book** *(buc)*
licencia	**license** *(láisens)*
licenciado	**lawyer** *(lóier)*
ligas	**rubber bands** *(ráber bands)*
ligero	**light** *(láit)*
lima	**file** *(fáil)*
limpiar	**to clean** *(tu clin)*
limpio	**clean** *(clin)*
línea	**line** *(láin)*
líquido	**liquid** *(lícuid)*
lista	**list** *(list)*
litro	**liter** *(líter)*
llamar	**to call** *(tu col)*
llama	**flame** *(fléim)*
llano	**even** *(íven)*
llave	**key** *(qui)*
llave inglesa	**wrench** *(rench)*
llegar	**to arrive** *(tu arráiv)*
llenar	**to fill** *(tu fil)*
llevar	**to carry** *(tu quéri)*
lloviendo	**raining** *(réinin)*
lloviznando	**drizzling** *(drízlin)*
lluvia	**rain** *(réin)*

local	**local** (*lócal*)
logotipo	**logo** (*lógo*)
lona	**canvas** (*cánvas*)
los	**the** (*de*)
lote de carros	**car lot** (*car lat*)
luego	**later** (*léiter*)
lugar	**place** (*pléis*)
lugar de trabajo	**job site** (*chab sáit*)
lunes	**Monday** (*mándi*)
luz	**light** (*láit*)
madera	**wood** (*vud*)
madera terciada	**plywood** (*pláivud*)
maderas	**lumber** (*lámber*)
madrastra	**stepmother** (*stépmazer*)
madre	**mother** (*mázer*)
maestro	**teacher** (*tícher*)
magnífico	**tremendous** (*treméndas*)
mal	**poorly, not well** (*púrli, nat uél*)
maldecir	**to curse** (*tu quers*)
maletín	**briefcase** (*brífqueis*)
malla	**mesh** (*mech*)
malo	**bad** (*bad*)
mañana	**tomorrow** (*tomórrou*)
mandil	**apron** (*éipron*)
manejar	**to drive** (*tu dráiv*)
manguera	**hose** (*jóus*)
manivela	**crank** (*cranc*)
mano	**hand** (*jand*)
mantenimiento	**maintenance** (*méintenans*)
manual	**manual** (*mánual*)
mapa	**map** (*map*)
maquillaje	**makeup** (*méicap*)
máquina	**machine** (*machín*)
maquinaria pesada	**heavy machinery** (*jévi machíneri*)
marca	**brand, make** (*bran, méic*)
marca registrada	**trademark** (*tréidmarc*)
marcador	**dial** (*dáial*)
marcador de libro	**bookmark** (*búcmarc*)
marcar	**to mark** (*tu marc*)
mareado	**dizzy** (*dízi*)
martes	**Tuesday** (*tiúsdi*)
martillo	**hammer** (*jámer*)
martillo de presión	**jackhammer** (*chacjámer*)
marzo	**March** (*march*)
máscara	**mask** (*masc*)
masculino	**male** (*méil*)
masilla	**putty** (*páti*)

material	**material** *(matírial)*
máximo	**maximum** *(máksimum)*
mayo	**May** *(méi)*
mazo	**mallet** *(málet)*
mecánico	**mechanic** *(mecánic)*
medianoche	**midnight** *(mídnait)*
medicamento	**medication** *(mediquéichen)*
medición	**measuring** *(méchurin)*
médico	**doctor** *(dóctor)*
medida	**measurement** *(méchurmen)*
medidor	**meter** *(míter)*
medio tiempo	**part-time** *(pártaim)*
mediodía	**noon** *(nun)*
medir	**to measure** *(tu méchur)*
mejor	**better** *(béter)*
mejor que	**better than** *(béter zan)*
mejorar	**to improve** *(tu imprúf)*
memorándum	**memo** *(mémo)*
memoria	**memory** *(mémori)*
mensaje	**message** *(mésech)*
mensaje de texto	**text message** *(tekst mésech)*
mensajería instantánea	**instant messaging** *(ínstant mésechin)*
mensajero	**courier** *(cúrier)*
ménsula	**bracket** *(bráquet)*
mentir	**to lie** *(tu lái)*
menú	**menu** *(menú)*
mercadotecnia	**marketing** *(márquetin)*
mercancías	**merchandise** *(mérchandais)*
mes	**month** *(mans)*
mesa	**table** *(téibol)*
mesero	**waiter** *(uéiter)*
meta	**goal** *(góul)*
metal	**metal** *(métal)*
meter	**to insert** *(tu insért)*
método	**method** *(mézod)*
metro	**meter, subway** *(míter, sábuei)*
mexicano	**Mexican** *(méksican)*
mezlar	**to mix** *(tu miks)*
mí, mis	**me, my** *(mi, mái)*
mía, mío	**mine** *(máin)*
micrófono	**microphone** *(máicrofon)*
miedo	**fear** *(fíar)*
miércoles	**Wednesday** *(uénsdi)*
mil	**thousand** *(záusan)*
milla	**mile** *(máil)*
mina	**mine** *(máin)*
mínimo	**minimum** *(mínimum)*

mirar	**to look, to watch** *(tu luc, tu uách)*
mitad	**half** *(jaf)*
modelo	**model** *(módel)*
modista	**dressmaker** *(dresméiquer)*
molde	**molding** *(móldin)*
molestar	**to bother** *(tu bázer)*
molesto	**upset** *(apsét)*
molinero	**grinder** *(gráinder)*
molino	**mill** *(mil)*
monitor	**monitor** *(mónitor)*
montaje	**assembly** *(asémbli)*
montaña	**mountain** *(máunten)*
morado	**purple** *(pérpol)*
mostrador	**counter** *(cáunter)*
motocicleta	**motorcycle** *(mótorsaicol)*
motor	**engine, motor** *(énchin, mótor)*
motosierra	**chainsaw** *(chéinso)*
mover	**to move** *(tu muv)*
muchacho	**young person, boy** *(iáng pérson, bói)*
mucho	**a lot of, lots of** *(a lat of, lats of)*
muchos	**many, a lot of, lots of** *(méni, a lat of, lats of)*
muebles	**furniture** *(férnicher)*
muerte	**death** *(dez)*
mujer	**woman** *(uóman)*
mujeres	**women** *(uómen)*
muletas	**crutches** *(cráchis)*
mundial	**global** *(glóbal)*
muñeca	**wrist, doll** *(rist, dol)*
municipio	**city hall** *(síti jol)*
muro	**wall** *(uól)*
museo	**museum** *(miusíum)*
músico	**musician** *(miusíchen)*
muy	**very** *(véri)*
nacimiento	**birth** *(berz)*
nacional	**national** *(náchonal)*
nada	**nothing** *(názin)*
nadie	**no one, nobody** *(no uán, nóbodi)*
nariz	**nose** *(nóus)*
náusea	**nausea** *(nózia)*
navegador *(comput.)*	**browser** *(bráuser)*
navegador portátil	**GPS** *(chipiés)*
navegar	**to navigate, to surf** *(tu návigueit, tu serf)*
necesario	**necessary** *(nésesari)*
necesitar	**to need** *(tu nid)*
negar	**to deny** *(tu dinái)*
negligente	**negligent** *(néglichen)*
negocio	**business** *(bísnes)*

negro	**black** *(blac)*
nervioso	**nervous** *(nérvas)*
neumático	**tire** *(táir)*
nevando	**snowing** *(snóuin)*
nieta	**granddaughter** *(grándoter)*
nieto	**grandson** *(gránsan)*
nieve	**snow** *(snóu)*
niña	**girl** *(guérl)*
niñera	**babysitter** *(béibisiter)*
ninguno	**none** *(nan)*
niño	**child, boy** *(cháil bói)*
nivel	**level** *(lével)*
nivel de destreza	**skill level** *(squil lével)*
nombre	**name** *(néim)*
nombre completo	**full name** *(ful néim)*
nombre de soltera	**maiden name** *(méiden néim)*
nosotros	**we** *(uí)*
nosotros *(para)*	**us** *(as)*
noveno	**ninth** *(náinz)*
noviembre	**November** *(novémber)*
nublado	**cloudy** *(cláudi)*
nuera	**daughter-in-law** *(dóter in lo)*
nuestro	**our, ours** *(áur, áurs)*
nuevo	**new** *(niú)*
número	**number** *(námber)*
número de seguro social	**social security number** *(sóuchal sequiúriti námber)*
número de teléfono	**telephone number** *(télefon námber)*
nunca	**never** *(néver)*
o	**or** *(or)*
obedecer	**to obey** *(tu obéi)*
obrero	**laborer** *(léiborer)*
obrero automotriz	**auto worker** *(óto uérquer)*
obstáculo	**hazard** *(jázar)*
ocupación	**occupation** *(aquiupéichen)*
octavo	**eighth** *(éitz)*
octubre	**October** *(octóber)*
odio	**hatred** *(jéitred)*
oferta	**offer** *(ófer)*
oficina	**office** *(ófis)*
oficina de correos	**post office** *(póust ófis)*
oficina matriz	**home office** *(jóum ófis)*
oficina principal	**headquarters** *(jedcuórters)*
oficinista	**office clerk** *(ófis clerc)*
oído	**ear** *(íar)*
ojo	**eye** *(ái)*
olor	**smell** *(smel)*
olvidar	**to forget** *(tu forguét)*

onza	**ounce** (*áuns*)
operación	**operation** (*aperéichen*)
operario de máquina	**machinist** (*máchinist*)
opinión	**opinion** (*apínion*)
oportunidad	**opportunity** (*apartiúniti*)
oprimir	**to press** (*tu pres*)
orden del día	**agenda** (*achénda*)
oreja	**ear** (*íar*)
organización	**organization, layout** (*organizéichen, leiáut*)
organización sin fines lucrativos	**nonprofit organization** (*nonprófit organizéichen*)
organizador	**organizer** (*organáizer*)
orgullo	**pride** (*práid*)
otoño	**fall** (*fol*)
otra vez	**again** (*aguén*)
overol	**overalls** (*óverols*)
oxidado	**rusted** (*rásted*)
oxígeno	**oxygen** (*óksichen*)
paciencia	**patience** (*péichens*)
paciente	**patient** (*péichent*)
padrastro	**stepfather** (*stépfazer*)
padre	**father** (*fázer*)
pagado	**paid** (*péid*)
pagar	**to pay** (*tu péi*)
página	**page** (*péich*)
página inicial (*comput.*)	**home page** (*jóum péich*)
pago	**pay, payment** (*péi, péiment*)
país	**country** (*cántri*)
pala	**shovel** (*chúael*)
palabra	**word** (*uérd*)
palanca	**lever** (*léver*)
paleta	**pallet, trowel** (*pálet, tráuel*)
palo	**stick** (*stic*)
panadero	**baker** (*béiquer*)
panel	**panel** (*pánel*)
pantalla	**screen** (*scrin*)
pantalla táctil	**touch screen** (*tach scrin*)
pantalones	**pants** (*pants*)
pantano	**swamp** (*suámp*)
papel	**paper** (*péipar*)
papel de lija	**sandpaper** (*sánpeipar*)
papelito	**slip** (*slip*)
paperas	**mumps** (*mamps*)
paquete	**package** (*páquich*)
par	**pair** (*péar*)
para	**for, in order to** (*for, in órder tu*)
parada de autobús	**bus stop** (*bas stap*)
paraguas	**umbrella** (*ambréla*)

paralelo	**parallel** *(páralel)*
paramédico	**paramedic** *(paramédic)*
parar	**to stop** *(tu stap)*
pariente	**relative** *(rélatif)*
parque	**park** *(parc)*
párrafo	**paragraph** *(páragraf)*
parte	**part** *(part)*
pasado	**past** *(past)*
pasaporte	**passport** *(pásport)*
pasar	**to happen, to pass** *(tu jápen, tu pas)*
pasillo	**aisle** *(áil)*
paso	**step** *(step)*
patente	**patent** *(pátent)*
patrón	**boss, pattern** *(bos, pátern)*
pecho	**chest** *(chest)*
pedazo	**piece** *(pis)*
pedido	**order** *(órder)*
pedir	**to ask for, to order** *(tu asc for, tu órder)*
pegamento	**glue** *(glu)*
pegar	**to glue** *(tu glu)*
peine	**comb** *(com)*
pelea	**fight** *(fáit)*
pelear	**to fight** *(tu fáit)*
película	**film** *(film)*
peligro	**danger** *(déncher)*
peligroso	**dangerous** *(déncheras)*
pelo	**hair** *(jéar)*
peluquero	**hairdresser** *(jerdréser)*
pensamiento	**thought** *(zot)*
pensar	**to think** *(tu zinc)*
peor	**worse** *(uérs)*
perder	**to lose** *(tu lus)*
pérdida	**loss** *(los)*
perdido	**lost** *(lost)*
perilla	**handle** *(jándel)*
periódico	**newspaper** *(niuspéipar)*
perno	**bolt** *(bolt)*
pero	**but** *(bat)*
perro	**dog** *(dog)*
persona	**person** *(pérson)*
pesado	**heavy** *(jévi)*
peso	**weight** *(uéit)*
pestillo	**deadbolt** *(dédbolt)*
pico	**pick** *(pic)*
pie	**foot** *(fut)*
piedra	**stone** *(stóun)*
piel	**skin** *(squin)*

pies	**feet** (*fit*)
pieza	**piece** (*pis*)
pila	**stack** (*stac*)
pilas	**batteries** (*báteris*)
piloto	**pilot** (*páilot*)
pinta	**pint** (*páint*)
pintar	**to paint** (*tu péint*)
pintor	**painter** (*péinter*)
pintura	**paint** (*péint*)
pintura (*cuadro*)	**painting** (*péinting*)
piso	**floor** (*flóar*)
pistola clavadora	**nail gun** (*néil gan*)
pito	**whistle** (*uísl*)
pizarrón	**board** (*bord*)
placa	**badge** (*badch*)
placa madre	**motherboard** (*mázerbord*)
plan	**plan** (*plan*)
plancha	**plate** (*pléit*)
planear	**to plan** (*tu plan*)
planificador	**planner** (*pláner*)
planta	**plant** (*plant*)
planta de procesamiento	**processing plant** (*prásesin plant*)
plantar	**to plant** (*tu plant*)
plástico	**plastic** (*plástic*)
plataforma	**platform, pallet** (*plátform, pálet*)
playa	**beach** (*bich*)
plazo	**installment** (*instólmen*)
pleito	**lawsuit** (*lósut*)
plomería	**plumbing** (*plámin*)
plomero	**plumber** (*plámer*)
pluma	**fountain pen** (*fáunten pen*)
pobre	**poor** (*púar*)
poco	**a little** (*a lítel*)
pocos	**a few** (*a fiú*)
polea	**pulley** (*púli*)
policía	**police** (*polís*)
política	**policy** (*pólisi*)
polvo	**powder, dust** (*páuder, dast*)
poner	**to put** (*tu put*)
por	**through, for, by** (*zru, for, bái*)
porcentaje	**percentage** (*perséntach*)
porción	**portion** (*pórchon*)
porque	**because** (*bicós*)
portón	**gate** (*guéit*)
posición	**position** (*posíchen*)
posponer	**to postpone** (*tu pospóun*)
poste	**post** (*póust*)

postración nerviosa	**shock** (*choc*)
potencia	**power** (*páuer*)
pozo	**shaft, well** (*chaft, uél*)
precaución	**caution** (*cóchon*)
pregunta	**question** (*cuéschon*)
preguntar	**to ask** (*tu asc*)
prender	**to turn on** (*tu tern on*)
prensa de tornillo	**vise** (*váis*)
preocupado	**worried** (*uérrid*)
presentarse	**to apply** (*tu aplái*)
presidente	**president** (*président*)
presión	**pressure** (*précher*)
prevención	**prevention** (*privénchon*)
primavera	**spring** (*sprin*)
primero	**first** (*ferst*)
primeros auxilios	**first aid** (*ferst éid*)
primo	**cousin** (*cásin*)
principio	**principle** (*prínsipol*)
privado	**private** (*práivat*)
probar	**to try** (*tu trái*)
problema	**problem** (*práblem*)
procedimiento	**procedure** (*prasícher*)
proceso	**process** (*práses*)
producción	**production** (*prodákchen*)
producir	**to produce** (*tu prodiús*)
producto	**product** (*prádact*)
profesión	**profession** (*proféchon*)
profesionalismo	**professionalism** (*proféchonalism*)
profundidad	**depth** (*dept*)
profundo	**deep** (*dip*)
programa	**program** (*prógram*)
progreso	**progress** (*prógres*)
prohibido	**prohibited** (*projíbited*)
promedio	**average** (*áverach*)
pronóstico	**forecast** (*fórcast*)
pronto	**soon** (*sun*)
propano	**propane** (*propéin*)
propiedad	**property** (*próperti*)
proporción	**ratio** (*réichio*)
propósito	**purpose** (*pérpos*)
protección	**protection** (*pratékchen*)
protección ambiental	**environmental protection** (*envaironméntal pratékchen*)
proveer	**to provide** (*tu prováid*)
provisional	**interim, temporary** (*ínterim, témporari*)
próximo	**next** (*nekst*)
proyecto	**project** (*próchect*)

proyector	**projector** (*prochéctor*)
prueba	**proof** (*pruf*)
publicidad	**advertising** (*advertáisin*)
público	**public** (*páblic*)
pueblo	**town** (*táun*)
puente	**bridge** (*brich*)
puerta	**door** (*dóar*)
puertorriqueño	**Puerto Rican** (*puérto rícan*)
puesto	**booth** (*buz*)
pulgada	**inch** (*inch*)
pulmón	**lung** (*lang*)
punta	**point** (*póint*)
puntada	**stitch** (*stich*)
punto	**point, dot** (*póint, dot*)
punto de ventas	**outlet** (*áutlet*)
puntual	**punctual** (*pánchual*)
queja	**complaint** (*campléint*)
quejarse	**to complain** (*tu campléin*)
quemadura	**burn** (*bern*)
quemar	**to burn** (*tu bern*)
querer	**to want** (*tu uánt*)
quieto	**quiet** (*cuáiet*)
químicos	**chemicals** (*quémicals*)
quinto	**fifth** (*fifz*)
radioactivo	**radioactive** (*redioáctif*)
radioteléfono	**two-way radio** (*tu uéi rédio*)
ramo	**bunch** (*banch*)
rampa	**ramp** (*ramp*)
rancho	**ranch** (*ranch*)
rápido	**fast** (*fast*)
raro	**strange** (*strench*)
rasguño	**scratch** (*scrach*)
raspador	**scraper** (*scréiper*)
rastrillo	**rake** (*réic*)
ratón	**mouse** (*máus*)
razón	**reason** (*ríson*)
reactivo	**reactive** (*riáctif*)
rebaja	**rebate** (*ribéit*)
recepción	**reception desk** (*resépchen desc*)
recibir	**to receive, to get** (*tu risíf, tu get*)
recibo	**receipt** (*risít*)
recipiente	**container** (*contéiner*)
recipiente de basura	**dustpan** (*dáspan*)
reclamación	**claim** (*cléim*)
reclamar	**to demand** (*tu demánd*)
recoger	**to pick up** (*tu pic ap*)
recomendación	**recommendation** (*recomendéichen*)

recreo	**recreation** *(recriéichon)*
rectángulo	**rectangle** *(rectángol)*
recto	**straight** *(stréit)*
red	**network** *(nétuerc)*
reducción	**reduction** *(ridákchen)*
reembolso	**refund** *(rifánd)*
reemplazar	**to replace** *(tu ripléis)*
referencia	**reference** *(réferens)*
referir	**to refer** *(tu rifér)*
refinería	**refinery** *(rifáineri)*
refrigerador	**refrigerator** *(refricheréitor)*
refugio	**shelter** *(chélter)*
región	**region** *(ríchon)*
registradora	**cash register** *(cach réchister)*
regla	**rule** *(rul)*
regla de medir	**ruler** *(rúler)*
reglamento	**regulation** *(reguiuléichen)*
regular *(mediano)*	**regular** *(réguiular)*
regular *(sentimiento)*	**OK** *(oquéi)*
relajado	**relaxed** *(relákst)*
relámpago	**lightning** *(láitnin)*
reloj	**clock** *(clac)*
reloj de control	**punch clock** *(panch clac)*
reloj de pulsera	**watch** *(uóch)*
remache	**rivet** *(rívet)*
renunciar	**to quit** *(tu cuít)*
reparación	**repair** *(ripér)*
reparar	**to fix, to repair** *(tu fiks, tu ripér)*
repasar	**to review** *(tu riviú)*
repisa	**shelf** *(chelf)*
repuesto	**refill** *(rifíl)*
rescate	**rescue** *(résquiu)*
reserva	**reserve** *(risérf)*
resfrío	**cold** *(cold)*
residuos	**scraps, waste** *(scraps, uéist)*
resorte	**spring** *(sprin)*
respeto	**respect** *(rispéct)*
respiración artificial	**CPR** *(sipiár)*
respirador	**respirator** *(respiréitor)*
responsabilidad	**responsibility** *(responsibíliti)*
respuesta	**answer** *(ánser)*
restar	**to subtract** *(tu sabtráct)*
restaurante	**restaurant** *(réstoran)*
resultado	**result** *(risált)*
revisar	**to check** *(tu chec)*
revista	**magazine** *(mágazin)*
rico	**rich** *(rich)*

riesgo	**risk** *(risc)*
riñón	**kidney** *(quídni)*
río	**river** *(ríver)*
robo	**theft** *(zeft)*
robot	**robot** *(róbat)*
rodilla	**knee** *(ni)*
rodilleras	**knee pads** *(ni pads)*
rodillo	**roller** *(róler)*
rojo	**red** *(red)*
rollo	**coil** *(cóil)*
romper	**to break** *(tu bréic)*
ropa	**clothing** *(clóuzin)*
rotafolio	**flipchart** *(flípchart)*
roto	**broken** *(bróquen)*
rotura	**break** *(bréic)*
rueda	**wheel** *(uíl)*
ruido	**noise** *(nóis)*
ruta	**route** *(ráut)*
sábado	**Saturday** *(sáterdi)*
sacar	**to remove, to take out** *(tu rimúf, tu téic áut)*
saco	**sack** *(sac)*
sala de conferencias	**conference room** *(cánferens rum)*
sala de entrenamiento	**training room** *(tréinin rum)*
sala de espera	**waiting room** *(uéitin rum)*
sala de exhibición	**showroom** *(chóurum)*
saldo	**balance** *(bálans)*
salida	**exit** *(éksit)*
salir	**to leave** *(tu liv)*
salud	**health** *(jélz)*
sandalias	**sandals** *(sándals)*
sanitarios	**restrooms** *(réstrums)*
sarampión	**measles** *(mísels)*
sastre	**tailor** *(téilor)*
sección	**section** *(sékchon)*
secretaria	**secretary** *(sécretari)*
seguir	**to follow** *(tu fólou)*
segundo	**second** *(sécond)*
seguridad	**security, safety** *(sequiúriti, séifti)*
seguro	**insurance** *(inchúrans)*
sello	**stamp** *(stamp)*
semáforo	**traffic signal** *(tráfic sígnal)*
semana	**week** *(uíc)*
semirremolque	**semitrailer** *(sémaitreiler)*
señal	**signal** *(sígnal)*
señal de parada	**stop sign** *(stap sáin)*
Señor (Sr.)	**Mr.** *(míster)*
Señora (Sra.)	**Mrs.** *(mísis)*

Señorita (Srta.)	**Ms.** *(ms)*
sentir	**to feel** *(tu fíl)*
septiembre	**September** *(septémber)*
séptimo	**seventh** *(sévenz)*
serie	**series** *(síris)*
serio	**serious** *(sírias)*
serrucho	**handsaw** *(jánso)*
servicio	**service** *(sérvis)*
servicio para clientes	**customer service** *(cástumer sérvis)*
servicio de mensajes	**voice mail** *(vóis méil)*
servicio telefónico	**phone service** *(fóun sérvis)*
servir	**to serve** *(tu serf)*
sesión	**session** *(séchon)*
sexo	**sex** *(seks)*
sexto	**sixth** *(siktz)*
siempre	**always** *(ólueis)*
sierra de metal	**hacksaw** *(jácso)*
silla	**chair** *(chéar)*
silla de ruedas	**wheelchair** *(uílchear)*
sillón	**armchair** *(ármchear)*
símbolo	**symbol** *(símbol)*
simpático	**likeable** *(láicabol)*
sin	**without** *(uidáut)*
sistema	**system** *(sístem)*
sistema de regadío	**sprinkler system** *(spríncler sístem)*
sistema de seguridad	**security system** *(sequiúriti sístem)*
sitio web	**website** *(uébsait)*
sobre	**envelope** *(énveloup)*
sobretiempo	**overtime** *(óvertaim)*
sobrina	**niece** *(nis)*
sobrino	**nephew** *(néfiu)*
sociedad	**society** *(sosáiati)*
sociedad anónima	**public corporation** *(páblic corporéichen)*
sociedad gremial	**trade union** *(tréid iúnion)*
sociedad limitada	**limited liability corporation** *(límited laiabíliti corporéichen)*
sociedad mercantil	**corporation** *(corporéichen)*
socio	**partner** *(pártner)*
sofá	**sofa** *(sófa)*
soga	**rope** *(róup)*
sol	**sun** *(san)*
solamente	**only** *(ónli)*
soldar	**to weld** *(tu uéld)*
solicitud	**application** *(apliquéichen)*
soltero	**single** *(síngol)*
sombrero	**hat** *(jat)*
sonido	**sound** *(sáund)*

soñoliento	**sleepy** *(slípi)*
soplador	**blower** *(blóuer)*
soporte	**brace** *(bréis)*
su *(de él)*	**his** *(jis)*
su *(de ella)*	**her** *(jer)*
su *(de ellos, de ellas)*	**their** *(déar)*
su *(de Ud., de Uds.)*	**your** *(iór)*
subdivisión	**subdivision** *(sabdivíchen)*
subir	**to climb, to raise** *(to cláim, tu réis)*
suciedad	**mess** *(mes)*
sucio	**dirty** *(dérti)*
sucursal	**branch** *(branch)*
sudadera	**sweatsuit, sweatshirt** *(suétsut, suétchert)*
sudamericano	**South American** *(sáus américan)*
suegra	**mother-in-law** *(mázer in lo)*
suegro	**father-in-law** *(fázer in lo)*
sueldo	**salary** *(sálari)*
suelto	**loose** *(lus)*
sugerencia	**suggestion** *(sachéschen)*
sugerir	**to suggest** *(tu sachést)*
sujetadora	**clip** *(clip)*
sujetar	**to attach** *(tu atách)*
sumadora	**adding machine** *(ádin machín)*
sumar	**to add** *(tu ad)*
suministro de fuerza	**power supply** *(páuer saplái)*
suministros	**supplies** *(sapláis)*
supermercado	**supermarket** *(supermárquet)*
supervisor	**supervisor** *(superváisor)*
suya *(de ella)*	**hers** *(jers)*
suyo *(de él)*	**his** *(jis)*
suyo *(de Ud., de Uds.)*	**yours** *(iórs)*
suyos *(de ellas, de ellos)*	**theirs** *(déars)*
tabla	**board** *(bord)*
tablero de control	**control panel** *(contról pánel)*
tachuela	**tack** *(tac)*
taladradora	**drill** *(dril)*
taladrar	**to drill** *(tu dril)*
taladro portátil	**cordless drill** *(córdles dril)*
taller	**shop** *(chop)*
taller de fundición	**foundry** *(fáundri)*
tamaño	**size** *(sáiz)*
tanque	**tank** *(tanc)*
tapete	**mat** *(mat)*
tapones de oído	**ear plugs** *(íar plags)*
tarde *(tardanza)*	**late** *(léit)*
tarde *(tiempo)*	**evening** *(ívnin)*
tarea	**assignment** *(asáinment)*

tarifa	**fee** *(fi)*
tarifa fija	**flat rate** *(flat réit)*
tarjeta	**card** *(card)*
tarjeta de crédito	**credit card** *(crédit card)*
tasa	**rate** *(réit)*
teatro	**theater** *(ziéter)*
techo	**ceiling** *(sílin)*
tecla	**key** *(quí)*
teclado	**keyboard** *(quíbord)*
técnica	**technique** *(tecníc)*
técnico	**technician** *(tecníchen)*
tecnología informática	**information technology (IT)** *(informéichen tecnólochi ái ti)*
tejado	**roof** *(ruf)*
tela	**fabric** *(fábric)*
teléfono celular	**cell phone** *(sel fóun)*
tema	**theme** *(zim)*
temperatura	**temperature** *(témperacher)*
tenazas	**tongs, pliers** *(tongs, pláiers)*
tendencia	**trend** *(trend)*
ténis	**tennis** *(ténis)*
tercero	**third** *(zerd)*
tercio	**third** *(zerd)*
terminar	**to end, to finish** *(tu end, tu fínich)*
termómetro	**thermometer** *(zermómeter)*
termostato	**thermostat** *(zérmostat)*
terremoto	**earthquake** *(érzcueic)*
terrible	**terrible** *(térribol)*
territorio	**territory** *(térritori)*
testigo	**witness** *(úitnes)*
ti	**you** *(iú)*
tía	**aunt** *(ant)*
tiempo	**time** *(táim)*
tiempo completo	**full-time** *(ful táim)*
tienda	**store** *(stóar)*
tierra	**dirt** *(dert)*
tijeras	**scissors** *(sísors)*
timbre	**buzzer** *(bázer)*
tina	**tub** *(tab)*
tinta	**ink** *(inc)*
tío	**uncle** *(áncol)*
típico	**typical** *(típical)*
tipografía	**font** *(font)*
tirador	**knob** *(nob)*
tirar	**to throw, to throw away** *(tu zróu, tu zróu euéi)*
toalla	**towel** *(táuel)*
tobillo	**ankle** *(áncol)*

tocador	**dresser** *(dréser)*
tocar	**to touch** *(tu tach)*
todavía	**yet** *(iét)*
todo	**everything** *(évrizin)*
todos	**everyone, everybody** *(évriuan, évribadi)*
toma de corriente	**electrical outlet** *(eléctrical áutlet)*
tomar	**to take** *(tu téic)*
tormenta	**storm** *(storm)*
tornado	**tornado** *(tornéido)*
tornillo	**screw** *(scrú)*
torno	**lathe** *(leiz)*
torre	**tower** *(táuer)*
tos	**cough** *(cof)*
tóxico	**toxic** *(tóksic)*
trabajador	**worker** *(uérquer)*
trabajar	**to work** *(tu uérc)*
trabajo	**job, work** *(chab, uérc)*
tractor oruga	**bulldozer** *(buldóser)*
traductor	**translator** *(transléitor)*
traer	**to bring** *(tu brin)*
traje	**suit** *(sut)*
tramitar	**to process** *(tu próses)*
transferir	**to transfer** *(tu tránsfer)*
transformador	**transformer** *(transfórmer)*
transporte	**shipping, transportation** *(chípin, transportéichen)*
trapeador	**mop** *(mop)*
tratar	**to try** *(tu trái)*
travelín	**dolley** *(dáli)*
tren	**train** *(tréin)*
triángulo	**triangle** *(tráiangol)*
trinquete	**ratchet** *(ráchet)*
triste	**sad** *(sad)*
tu	**your** *(iór)*
tú	**you** *(iú)*
tubería	**piping** *(páipin)*
tubo	**pipe, tube** *(páip, tiúb)*
tuerca	**nut** *(nat)*
túnel	**tunnel** *(tánel)*
turno de trabajo	**shift** *(chift)*
tuyo	**yours** *(iórs)*
unidad	**unit** *(iúnit)*
uniforme	**uniform** *(iúniform)*
universidad	**university, college** *(iunivérsiti, cálech)*
usar	**to use** *(tu iús)*
uso	**use** *(iús)*
usted, ustedes	**you** *(iú)*
vacaciones	**vacations** *(vaquéichens)*

vaciar	**to empty** *(tu émpti)*
vagoneta	**van** *(van)*
valle	**valley** *(váli)*
valor	**value** *(váliu)*
válvula	**valve** *(valf)*
vapor	**steam** *(stim)*
varicela	**chickenpox** *(chíquenpoks)*
varilla	**rod** *(rod)*
vatiaje	**wattage** *(uátach)*
veces	**times** *(táims)*
vecindario	**neighborhood** *(néiborjud)*
vecino	**neighbor** *(néibor)*
vehículo comercial	**commercial vehicle** *(camérchal víjicol)*
velocidad	**speed** *(spid)*
vencido	**overdue** *(overdú)*
vendaje	**bandage** *(bándach)*
vendedor	**salesperson** *(séilsperson)*
vender	**to sell** *(tu sel)*
venenoso	**poisonous** *(póisonos)*
venir	**to come** *(tu cam)*
ventana	**window** *(uíndou)*
ventas	**sales** *(séils)*
ventilador	**fan** *(fan)*
ver	**to see** *(tu si)*
verano	**summer** *(sámer)*
verde	**green** *(grin)*
verificar	**to check** *(tu chec)*
vestíbulo	**lobby** *(lóbi)*
vestido	**dress** *(dres)*
viajar	**to travel** *(tu trável)*
vidrio	**glass** *(glas)*
viejo	**old** *(old)*
viento	**wind** *(uínd)*
viernes	**Friday** *(fráidi)*
viga	**rafter** *(ráfter)*
vigilancia	**surveillance** *(servéilans)*
vigueta	**joist** *(chóist)*
visitante	**visitor** *(vísitor)*
visitar	**to visit** *(tu vísit)*
vitrina	**showcase** *(chóUqueis)*
vivir	**to live** *(tu liv)*
voltaje	**voltage** *(vóltach)*
voltear	**to turn around** *(tu tern aráun)*
volumen	**volume** *(válium)*
volver	**to return** *(tu ritérn)*
testigo	**witness** *(uítnes)*
y	**and** *(an)*

ya	**already** *(olrédi)*
yarda	**yard** *(iárd)*
yerno	**son-in-law** *(san in lo)*
yeso	**plaster** *(pláster)*
yo	**I** *(ái)*
zona	**zone** *(zóun)*
zona postal	**zip code** *(zip cóud)*
zoológico	**zoo** *(zu)*

EXPRESIONES

A la derecha	**to the right** *(tu de ráit)*
A la izquierda	**to the left** *(tu de left)*
¡Adiós!	**Good-bye!** *(gud bái)*
¡Al revés!	**Backwards!** *(bácuerds)*
¡Así!	**Like this!** *(láic dis)*
¡Bien!	**Fine!** *(fáin)*
¡Bienvenidos!	**Welcome!** *(uélcam)*
¡Boca abajo!	**Upside down!** *(ápsai dáun)*
¡Buena idea!	**Good idea!** *(gud aidía)*
¡Buena suerte!	**Good luck!** *(gud lac)*
¡Buenas noches! *(para saludar)*	**Good evening!** *(gud ívnin)*
¡Buenas noches! *(para despedirse)*	**Good night!** *(gud náit)*
¡Buenas tardes!	**Good afternoon!** *(gud áfternun)*
¡Buenos días!	**Good morning!** *(gud mórnin)*
¡Caramba!	**Wow!** *(uáu)*
¡Claro!	**Sure!** *(chúar)*
¡Cómo no!	**Why not!** *(uái nat)*
¡Con permiso!	**Excuse me!** *(eksquiús mi)*
¡Creo que sí!	**I think so!** *(ái zinc so)*
¡Cúidese bien!	**Take it easy!** *(téic it ísi)*
¡De acuerdo!	**I agree!** *(ái agrí)*
¡De esta manera!	**This way!** *(dis uéi)*
¡De nada!	**You're welcome!** *(iór uélcam)*
¡Déjeme ver!	**Let me see!** *(let mi si)*
¡Depende!	**That depends!** *(dat depénds)*
¡El otro lado!	**The other side!** *(de áder sáid)*
¡Entre!	**Come in!** *(cam in)*
¡Es cierto!	**That's for sure!** *(dats for chúar)*
¡Está bien!	**That's OK!** *(dats oquéi)*
¡Felices fiestas!	**Happy holidays!** *(jápi jólideis)*
¡Felicitaciones!	**Congratulations!** *(cangrachuléichens)*
¡Feliz año nuevo!	**Happy New Year!** *(jápi niú íer)*
¡Feliz Navidad!	**Merry Christmas!** *(méri crísmas)*
¡Hasta luego!	**See you later!** *(si iú léiter)*
¡Hola!	**Hi!** *(jái)*
¡Lo siento!	**I'm sorry!** *(áim sóri)*
¡Más o menos!	**Not bad!** *(nat bad)*
¡Me alegro!	**I'm so glad!** *(áim so glad)*
¡Muchas gracias!	**Thanks a lot!** *(zenks a lat)*
¡Mucho gusto!	**Nice to meet you!** *(náis tu mit iú)*
¡Muy bien!	**Great!** *(gréit)*
¡Ningún problema!	**No problem!** *(nóu práblem)*
¡No se preocupe!	**Don't worry!** *(dont uéri)*
¡Oiga!	**Listen!** *(lísen)*
¡Ojalá!	**I hope so!** *(ái jóup so)*

¡Ojo!	**Look out!** *(luc áut)*
¡Pase Ud.!	**Go ahead!** *(góu ajéd)*
¡Por favor!	**Please!** *(plis)*
¡Por supuesto!	**Of course!** *(of cors)*
¡Preste atención!	**Pay attention!** *(péi aténchen)*
¡Qué disfrute!	**Have a good time!** *(jaf a gud táim)*
¡Qué importa!	**So what!** *(so juát)*
¡Qué lástima!	**What a shame!** *(uát a chéim)*
¡Que le vaya bien!	**Have a nice day!** *(jaf a náis déi)*
¡Que se mejore!	**Get well!** *(get uél)*
¡Qué tal!	**How's it going?** *(jáos it góin)*
¡Qué triste!	**How sad!** *(jáo sad)*
¡Quizás!	**Maybe!** *(méi bi)*
¡Recuerde esto!	**Remember this!** *(rimémber dis)*
¡Salud!	**Bless you!** *(bles iú)*
¡Sí señor!	**Yes, sir!** *(iés ser)*
¡Sin novedad!	**Nothing much!** *(názin mach)*
¡Socorro!	**Help!** *(jelp)*
¡Tenga mucho cuidado!	**Be very careful!** *(bi véri quérful)*
¡Vamos!	**Let's go!** *(lets góu)*
¡Ya veo!	**I see!** *(ái si)*
¡Yo también!	**Me, too!, Me, also!** *(mi tu, mi álso)*
¡Yo tampoco!	**Me, neither!** *(mi nízer)*
¿Cómo está Ud.?	**How are you?** *(jáo ar iú)*
¿Cómo se deletrea?	**How do you spell it?** *(jáo du iú spel it)*
¿Cómo se escribe?	**How do you write it?** *(jáo du iú ráit it)*
¿Cómo se llama Ud.?	**What's your name?** *(uáts iór néim)*
¿Cómo?	**How?** *(jáo)*
¿Cuál?	**Which?** *(uích)*
¿Cuándo?	**When?** *(uén)*
¿Cuánto cuesta?	**How much does it cost?** *(jáo mach das it cost)*
¿Cuánto?	**How much?** *(jáo mach)*
¿Cuántos años tiene?	**How old are you?** *(jáo old ar iú)*
¿Cuántos?	**How many?** *(jáo méni)*
¿De quién es?	**Whose is it?** *(jus is it)*
¿Dónde?	**Where?** *(juéar)*
¿Por qué?	**Why?** *(juái)*
¿Puedo ayudarle?	**Can I help you?** *(can ái jélp iú)*
¿Qué ?	**What?** *(uát)*
¿Qué hora es?	**What time is it?** *(uát táim is it)*
¿Qué pasa?	**What's up?, What's happening?** *(uáts ap, uáts jápenin)*
¿Qué pasó?	**What's the matter?, What happened?** *(uáts de mázer, uát jápent)*
¿Qué significa eso?	**What does that mean?** *(uát das dat min)*
¿Qué tiempo hace?	**How's the weather?** *(jáos de uézer)*
¿Quién?	**Who?** *(ju)*

¿Quién habla? **Who's calling?** *(jus cólin)*
¿Se puede? **May I?** *(méi ái)*
¿Verdad? **Really?** *(ríli)*
¿Y usted? **And you?** *(an iú)*

NÚMEROS

0	**zero** *(zíro)*
1	**one** *(uán)*
2	**two** *(tu)*
3	**three** *(zri)*
4	**four** *(fóar)*
5	**five** *(fáif)*
6	**six** *(siks)*
7	**seven** *(seven)*
8	**eight** *(éit)*
9	**nine** *(náin)*
10	**ten** *(ten)*
11	**eleven** *(iléven)*
12	**twelve** *(tuélf)*
13	**thirteen** *(zertín)*
14	**fourteen** *(fortín)*
15	**fifteen** *(fiftín)*
16	**sixteen** *(sikstín)*
17	**seventeen** *(seventín)*
18	**eighteen** *(eitín)*
19	**nineteen** *(naintín)*
20	**twenty** *(tuénti)*
30	**thirty** *(zérti)*
40	**forty** *(fórti)*
50	**fifty** *(fífti)*
60	**sixty** *(síksti)*
70	**seventy** *(séventi)*
80	**eighty** *(éiti)*
90	**ninety** *(náinti)*
100	**one hundred** *(uán jándred)*
1000	**one thousand** *(uán táusan)*
1,000,000	**one million** *(uán mílion)*

VERBOS IRREGULARES

Infinitive	Simple Present	Simple Past	Past Participle	Present Participle
to be *(tu bi)* ser o estar	**am, is, are** *(am is ar)*	**was, were** *(uás uér)*	**been** *(bíin)*	**being** *(bíing)*
to become *(tu bicám)* llegar a ser	**become(s)*** *(bicám bicáms)*	**became** *(biquéim)*	**become** *(bicám)*	**becoming** *(bicámin)*
to begin *(tu biguín)* comenzar	**begin(s)** *(biguín biguíns)*	**began** *(bigán)*	**begun** *(bigán)*	**beginning** *(bigínin)*
to bend *(tu bend)* doblar	**bend(s)** *(bend bends)*	**bent** *(bent)*	**bent** *(bent)*	**bending** *(béndin)*
to break *(tu bréic)* romper	**break(s)** *(bréic bréics)*	**broke** *(bróuc)*	**broken** *(bróuquen)*	**breaking** *(bréiquin)*
to bring *(tu brin)* traer	**bring(s)** *(brin brings)*	**brought** *(brot)*	**brought** *(brot)*	**bringing** *(brínguin)*
to build *(tu bild)* construir	**build(s)** *(bild bilds)*	**built** *(bilt)*	**built** *(bilt)*	**building** *(bíldin)*
to buy *(tu bái)* comprar	**buy(s)** *(bái báis)*	**bought** *(bot)*	**bought** *(bot)*	**buying** *(báin)*
to catch *(tu cach)* atrapar, agarrar	**catch(es)** *(cach cáches)*	**caught** *(cot)*	**caught** *(cot)*	**catching** *(cáchin)*
to choose *(tu chus)* escoger	**choose(s)** *(chus chúses)*	**chose** *(chóus)*	**chosen** *(chósen)*	**choosing** *(chúsin)*
to come *(tu cam)* venir, llegar	**come(s)** *(cam cams)*	**came** *(quéim)*	**come** *(cam)*	**coming** *(cámin)*
to cost *(tu cost)* costar	**cost(s)** *(cost costs)*	**cost** *(cost)*	**cost** *(cost)*	**costing** *(cósting)*
to cut *(tu cat)* cortar	**cut(s)** *(cat cats)*	**cut** *(cat)*	**cut** *(cat)*	**cutting** *(cátin)*

*Recuerde que **s** (o **es**) se añade a **he**, **she** o **it**.

Infinitive	Simple Present	Simple Past	Past Participle	Present Participle
to deal *(tu dil)* distribuir	**deal(s)** *(dil dils)*	**dealt** *(delt)*	**dealt** *(delt)*	**dealing** *(dílin)*
to dig *(tu dig)* cavar	**dig(s)** *(dig digs)*	**dug** *(dag)*	**dug** *(dag)*	**digging** *(díguin)*
to dive *(tu dáif)* zambullirse	**dive(s)** *(dáif dáifs)*	**dived** *or* **dove** *(dáift dóuf)*	**dived** *(dáift)*	**diving** *(dáivin)*
to do *(tu du)* hacer	**do(es)** *(du das)*	**did** *(did)*	**done** *(dan)*	**doing** *(dúin)*
to draw *(tu dro)* tirar de, halar	**draw(s)** *(dro dros)*	**drew** *(dru)*	**drawn** *(dron)*	**drawing** *(dróuin)*
to drink *(tu drinc)* beber	**drink(s)** *(drinc drincs)*	**drank** *(dranc)*	**drunk** *(dranc)*	**drinking** *(drínquin)*
to drive *(tu dráif)* manejar	**drive(s)** *(dráif dráifs)*	**drove** *(dróuf)*	**driven** *(driven)*	**driving** *(dráivin)*
to eat *(tu it)* comer	**eat(s)** *(it its)*	**ate** *(éit)*	**eaten** *(íten)*	**eating** *(ítin)*
to fall *(tu fol)* caer	**fall(s)** *(fol fols)*	**fell** *(fel)*	**fallen** *(fólen)*	**falling** *(fólin)*
to feed *(tu fid)* alimentar	**feed(s)** *(fid fids)*	**fed** *(fed)*	**fed** *(fed)*	**feeding** *(fídin)*
to feel *(tu fil)* sentir	**feel(s)** *(fil fils)*	**felt** *(felt)*	**felt** *(felt)*	**feeling** *(fílin)*
to fight *(tu fáit)* luchar, pelear	**fight(s)** *(fáit fáits)*	**fought** *(fot)*	**fought** *(fot)*	**fighting** *(fáitin)*
to find *(tu fáind)* encontrar	**find(s)** *(fáind fáinds)*	**found** *(fáund)*	**found** *(fáund)*	**finding** *(fáindin)*
to fly *(tu flái)* volar	**fly, flies** *(flái fláis)*	**flew** *(flu)*	**flown** *(flóun)*	**flying** *(fláin)*

Infinitive	Simple Present	Simple Past	Past Participle	Present Participle
to forget (*tu forguét*) olvidar	**forget(s)** (*forguét forguéts*)	**forgot** (*forgot*)	**forgotten** *or* **forgot** (*forgotten forgot*)	**forgetting** (*forguétin*)
to freeze (*tu friz*) congelar	**freeze(s)** (*friz frízis*)	**froze** (*fróuz*)	**frozen** (*frózen*)	**freezing** (*frízin*)
to get (*tu guet*) obtener, lograr	**get(s)** (*guet guets*)	**got** (*gat*)	**got** *or* **gotten** (*gat gatten*)	**getting** (*guétin*)
to give (*tu guív*) dar	**give(s)** (*guív guívs*)	**gave** (*guéiv*)	**given** (*guíven*)	**giving** (*guívin*)
to go (*tu góu*) ir	**go(es)** (*góu góus*)	**went** (*uént*)	**gone** (*gan*)	**going** (*góin*)
to grow (*tu gróu*) crecer	**grow(s)** (*gróu gróus*)	**grew** (*gru*)	**grown** (*gróun*)	**growing** (*gróuin*)
to hang (*tu jang*) colgar	**hang(s)** (*jang jangs*)	**hung** (*jeng*)	**hung** (*jeng*)	**hanging** (*jángin*)
to have (*tu jaf*) haber, tener	**has, have** (*jas jaf*)	**had** (*jad*)	**had** (*jad*)	**having** (*jávin*)
to hear (*tu jíar*) oír	**hear(s)** (*jíar jíars*)	**heard** (*jerd*)	**heard** (*jerd*)	**hearing** (*jíarin*)
to hide (*tu jáid*) esconder	**hide(s)** (*jáid jáids*)	**hid** (*jid*)	**hidden** (*jíden*)	**hiding** (*jáidin*)
to hit (*tu jit*) golpear, pegar	**hit(s)** (*jit jits*)	**hit** (*jit*)	**hit** (*jit*)	**hitting** (*jítin*)
to hurt (*tu jert*) lastimar, herir	**hurt(s)** (*jert jerts*)	**hurt** (*jert*)	**hurt** (*jert*)	**hurting** (*jértin*)
to keep (*tu quip*) conservar	**keep(s)** (*quip quips*)	**kept** (*quept*)	**kept** (*quept*)	**keeping** (*quípin*)
to know (*tu nóu*) saber, conocer	**know(s)** (*nóu nóus*)	**knew** (*nu*)	**known** (*nu*)	**knowing** (*nóuin*)

Infinitive	Simple Present	Simple Past	Past Participle	Present Participle
to lead (*tu lid*) guiar, dirigir	**lead(s)** (*lid lids*)	**led** (*led*)	**led** (*led*)	**leading** (*lídin*)
to leave (*tu liv*) dejar	**leave(s)** (*liv livs*)	**left** (*left*)	**left** (*left*)	**leaving** (*lívin*)
to lend (*tu lend*) prestar	**lend(s)** (*lend lends*)	**lent** (*lent*)	**lent** (*lent*)	**lending** (*léndin*)
to lose (*tu luz*) perder	**lose(s)** (*luz luzis*)	**lost** (*lost*)	**lost** (*lost*)	**losing** (*lósin*)
to make (*tu méic*) hacer, fabricar	**make(s)** (*méic méics*)	**made** (*méid*)	**made** (*méid*)	**making** (*méiquin*)
to pay (*tu péi*) pagar	**pay(s)** (*péi péis*)	**paid** (*péid*)	**paid** (*péid*)	**paying** (*péin*)
to prove (*tu pruf*) probar, confirmar	**prove(s)** (*pruf prufs*)	**proved** (*pruft*)	**proved** *or* **proven** (*pruft prúven*)	**proving** (*prúvin*)
to quit (*tu cuít*) abandonar	**quit(s)** (*cuít cuíts*)	**quit** (*cuít*)	**quit** (*cuít*)	**quitting** (*cuítin*)
to read (*tu rid*) leer	**read(s)** (*rid rids*)	**read** (*red*)	**read** (*red*)	**reading** (*rídin*)
to ride (*tu ráid*) montar, moverse	**ride(s)** (*ráid ráids*)	**rode** (*róud*)	**ridden** (*ríden*)	**riding** (*ráidin*)
to ring (*tu ring*) sonar	**ring(s)** (*ring rings*)	**rang** (*rang*)	**rung** (*rong*)	**ringing** (*ríngin*)
to rise (*tu ráis*) levantarse, surgir	**rise(s)** (*ráis raises*)	**rose** (*róus*)	**risen** (*rísen*)	**rising** (*ráisin*)
to run (*tu ran*) correr	**run(s)** (*ran rans*)	**ran** (*ren*)	**run** (*ran*)	**running** (*ránin*)
to say (*tu séi*) decir	**say(s)** (*séi sez*)	**said** (*sed*)	**said** (*sed*)	**saying** (*séin*)
to see (*tu si*) ver	**see(s)** (*si sis*)	**saw** (*so*)	**seen** (*síin*)	**seeing** (*síin*)

Infinitive	Simple Present	Simple Past	Past Participle	Present Participle
to send *(tu send)* enviar	**send(s)** *(send sends)*	**sent** *(sent)*	**sent** *(sent)*	**sending** *(séndin)*
to set *(tu set)* poner, ajustar	**set(s)** *(set sets)*	**set** *(set)*	**set** *(set)*	**setting** *(sétin)*
to shake *(tu chéic)* sacudir	**shake(s)** *(chéic chéics)*	**shook** *(chuc)*	**shaken** *(chéiquen)*	**shaking** *(chéiquin)*
to shine *(tu cháin)* brillar	**shine(s)** *(cháin cháins)*	**shone** *(chóun)*	**shone** *(chóun)*	**shining** *(cháinin)*
to shoot *(tu chut)* tirar, lanzar	**shoot(s)** *(chut chuts)*	**shot** *(chot)*	**shot** *(chot)*	**shooting** *(chútin)*
to show *(tu chóu)* mostrar	**show(s)** *(chóu chóus)*	**showed** *(chout)*	**shown** *or* **showed** *(chóun chóut)*	**showing** *(chóuin)*
to shrink *(tu chrinc)* encoger	**shrink(s)** *(chrinc chrincs)*	**shrank** *(chranc)*	**shrunk** *(chronc)*	**shrinking** *(chrínquin)*
to sing *(tu sing)* cantar	**sing(s)** *(sing sings)*	**sang** *(sang)*	**sung** *(song)*	**singing** *(sínguin)*
to sink *(tu sinc)* hundir, hundirse, bajar	**sink(s)** *(sinc sincs)*	**sank** *or* **sunk** *(sanc sonc)*	**sunk** *(sonc)*	**sinking** *(sínquin)*
to sit *(tu sit)* sentarse, apoyarse	**sit(s)** *(sit sits)*	**sat** *(sat)*	**sat** *(sat)*	**sitting** *(sítin)*
to sleep *(tu slip)* dormir	**sleep(s)** *(slip, slips)*	**slept** *(slept)*	**slept** *(slept)*	**sleeping** *(slípin)*
to speak *(to spic)* decir	**speak(s)** *(spic spics)*	**spoke** *(spóuc)*	**spoken** *(spóuquen)*	**speaking** *(spíquin)*
to spend *(tu spend)* gastar	**spend(s)** *(spend spends)*	**spent** *(spent)*	**spent** *(spent)*	**spending** *(spending)*
to stand *(tu stand)* estar de pie, pararse	**stand(s)** *(stand stands)*	**stood** *(stud)*	**stood** *(stud)*	**standing** *(stándin)*

Infinitive	Simple Present	Simple Past	Past Participle	Present Participle
to steal *(tu stíl)* robar	**steal(s)** *(stil stils)*	**stole** *(stóul)*	**stolen** *(stóulen)*	**stealing** *(stílin)*
to sweep *(tu suíp)* barrer	**sweep(s)** *(suíp suíps)*	**swept** *(suépt)*	**swept** *(suépt)*	**sweeping** *(suípin)*
to swim *(tu suím)* nadar	**swim(s)** *(suím suíms)*	**swam** *(suám)*	**swum** *(svum)*	**swimming** *(suímin)*
to swing *(tu suíng)* columpiar, colgar	**swing(s)** *(suíng suíngs)*	**swung** *(suóng)*	**swung** *(suóng)*	**swinging** *(suíngin)*
to take *(tu téic)* tomar	**take(s)** *(téic téics)*	**took** *(tuc)*	**taken** *(téiquen)*	**taking** *(téiquin)*
to teach *(tu tich)* enseñar	**teach(es)** *(tich tíchis)*	**taught** *(tot)*	**taught** *(tot)*	**teaching** *(tíchin)*
to tear *(tu tíar)* desgarrar, romper	**tear(s)** *(tíar tíars)*	**tore** *(tóar)*	**torn** *(torn)*	**tearing** *(tíarin)*
to tell *(tu tel)* decir, contar	**tell(s)** *(tel tels)*	**told** *(told)*	**told** *(told)*	**telling** *(télin)*
to think *(tu zinc)* pensar	**think(s)** *(zinc zincs)*	**thought** *(zot)*	**thought** *(zot)*	**thinking** *(zínquin)*
to throw *(tu zróu)* arrojar, tirar	**throw(s)** *(zróu zróus)*	**threw** *(zru)*	**thrown** *(zróun)*	**throwing** *(zróuin)*
to understand *(tu anderstán)* comprender	**understand(s)** *(anderstán anderstáns)*	**understood** *(anderstúd)*	**understood** *(anderstúd)*	**understanding** *(anderstándin)*
to wake *(tu uéic)* despertar(se)	**wake(s)** *(uéic uéics)*	**woke** *or* **waked** *(uóc uéict)*	**waked** *or* **woken** *(uéict uóquen)*	**waking** *(uéiquin)*
to wear *(tu uéar)* llevar puesto, usar	**wear(s)** *(uéar uéars)*	**wore** *(uór)*	**worn** *(uórn)*	**wearing** *(uérin)*
to write *(tu ráit)* escribir	**write(s)** *(ráit ráits)*	**wrote** *(rout)*	**written** *(ríten)*	**writing** *(ráitin)*

¡HAY QUE PRACTICAR!

RESPUESTAS (Answers)

B.
1. **old**   **young**
2. **clean**   **dirty**
3. **father**   **mother**
4. **black**   **white**
5. **student**   **teacher**
6. **rich**   **poor**
7. **man**   **woman**

C.
1. libro   **book**
2. ropa   **clothing, clothes**
3. agua   **water**
4. silla   **chair**
5. comida   **food**

D.
1. **One, two, three,**   **four**
2. **first, second, third,**   **fourth**
3. **twenty, thirty, forty,**   **fifty**

2

A.
1. **The house**   **the houses**
2. **the bathroom**   **the bathrooms**
3. **that car**   **those cars**
4. **a friend**   **some friends**
5. **this chair**   **these chairs**

B.
1. **Me? My name is Susan.**   ¿Yo? Mi nombre es Susana.
2. **Her? Her name is Kathy.**   ¿Ella? Su nombre es Catalina.
3. **Us? Our names are Susan and Kathy.**   ¿Nosotras? Nuestros nombres son Susana y Catalina.

3

A.
1. **sick**   **fine**
2. **down**   **up**
3. **tomorrow**   **today**

4. sad   **happy**
5. always   **never**
6. in front   **behind**

B.

January, February, <u>March</u>, April, May, <u>June</u>
Tuesday, Wednesday, <u>Thursday</u>, Friday, Saturday, <u>Sunday</u>

A.
1. **I am a student.**   Soy un/una estudiante.
2. **He is Mexican.**   Él es mexicano.
3. **You are my friend.**   Tú eres mi amigo/a.
4. **Kathy is in the hospital.**   Kathy está en el hospital.
5. **The students are intelligent.** Los estudiantes son inteligentes.
6. **Susan and Carol are ten.**   Susan y Carol tienen diez años.
7. **We are very happy.**   Somos muy felices.
8. **Are you and John hot?**   ¿Tienen calor tú y Juan?
9. **Is it ten-fifteen?**   ¿Son las diez y cuarto?
10. **Is there a problem?**   ¿Hay algún problema?

B.
1. **My friend <u>is</u> an excellent doctor.**
2. **The boys <u>are</u> in the car.**
3. **Mary's party <u>is</u> at 7:30 tonight.**
4. **I <u>am</u> twenty, and**
5. **he <u>is</u> thirty.**
6. **<u>Are</u> you a student?**
7. **Where <u>are</u> the tables?**

A.
1. **Mr. Smith isn't here.**   El Sr. Smith no está aquí.
2. **The books aren't blue.**   Los libros no son azules.
3. **I'm not from Honduras.**   No soy de Honduras.
4. **It's not important.**   No es importante.
5. **This isn't my soda.**   Este no es mi refresco.

B.
I am from Spain.   **I am not from Spain.**
1. **Pedro is my brother.**   **Pedro is not/isn't my brother.**
2. **We are in the office.**   **We are not/we're not/we aren't in the office.**
3. **It is seven o'clock.**   **It is not/It's not/It isn't seven o'clock.**
4. **They are very tall.**   **They are not/They aren't/They're not very tall.**

Francisco está manejando y Jaime está mirando un mapa. Los dos amigos están volviendo de sus vacaciones en Florida.

7

A.
1. **Clean the table.**   Limpie la mesa.
2. **Work there.**   Trabaje allí.
3. **Speak English.**   Hable inglés.

B.
1. **Clean the table.**   **Please clean the table.**
2. **Work there.**   **Please work there.**
3. **Speak English.**   **Please speak English.**

C.
1. **We go to his office.**   **We are going to his office.**
2. **They work a lot.**   **They are going to work a lot.**
3. **I study English.**   **I'm going to study English.**
4. **We eat good food.**   **We're going to eat good food.**
5. **I talk to the supervisor.** **I'm going to talk to the supervisor.**

8

Do you need a good employee? I've worked as a carpenter in home construction, and I have been a subcontractor. I was kind of a specialist, and I was also the person in charge.
¿Necesita un buen empleado? He trabajado como carpintero en la construcción de casas y he sido un subcontratista. Era como un especialista...y también era el encargado.

9

A.
$15.50/hr.   **fifteen fifty per hour**
30 hr./wk.   **thirty hours per week**

B.
1. **night you much shift for how the do pay?**
   How much do you pay for the night shift?
2. **with work can computers you?**
   Can you work with computers?
3. **that you before used machine have?**
   Have you used that machine before?

10

1. **I work.**   **José works.**
2. **I drive.**   **She drives.**
3. **I play.**   **Paula plays.**
4. **I write.**   **He writes.**
5. **I walk.**   **Mr. Smith walks.**

A.

¿Dónde trabaja usted?
En el hotel. ¿Y usted?
Yo no trabajo. Yo soy un estudiante.
¿Verdad? ¿Adónde va a estudiar?
A la universidad.
¿Qué estudia usted?
Inglés, arte y música.
¡Vaya! ¡Qué bien!

B.

1. **<u>Do</u> you watch a lot of TV?**
2. **<u>Does</u> Samuel speak Spanish?**
3. **<u>Do</u> they have tools?**
4. **What <u>does</u> Philip want?**
5. **Where <u>do</u> you guys live?**
6. **When <u>do</u> we work?**

C.

1. **I do not**   **I don't**
2. **We do not**   **We don't**
3. **He does not**   **He doesn't**
4. **You do not**   **You don't**
5. **She does not**   **She doesn't**

A.

1. **warehouse**   almacén
2. **factory**   fábrica
3. **shopping center**   centro de comercio
4. **business**   negocio, comercio
5. **sales department**   departamento de ventas
6. **office**   oficina

B.

1. **student**   **university**
2. **money**   **bank**
3. **medicine**   **hospital**
4. **french fries** **restaurant**
5. **horse**   **zoo**
6. **truck**   **gas station**

(13)

A.

1. **steps, stairs, <u>elevator</u>**
2. **schedule, calendar, <u>planner</u>**

3. closet, vault, __cabinet__
4. copier, computer, __printer__
5. can, bottle, __box__
6. couch, chair, __seat__
7. eraser, pen, __pencil__

(14)

A.
1. **Press the button!**   ¡Oprima el botón!
2. **Fill the box!**   ¡Llene la caja!
3. **Check the meter!**   ¡Revise el medidor!

B.
1. **engine**   **motor**
2. **barrier**   **divider**
3. **bucket**   **tub**
4. **cable**   **wire**
5. **knob**   **dial**
6. **stick**   **stake**

(15)

A.
chemical   químico
1. **technical**   técnico
2. **mechanical**   mecánico
3. **electrical**   eléctrico

B.
1. **transformers**   transformadores
2. **copier**   fotocopiadora
3. **heating**   calefacción
4. **bulldozer**   oruga
5. **microphone**   micrófono
6. **DC**   corriente directa

(16)

A.
1. **gasoline**   **fuel**
2. **rope**   **string**
3. **iron**   **steel**
4. **wool**   **cotton**
5. **brush**   **paint**
6. **gravel**   **sand**
7. **drill**   **bit**

B.
1. **screwdriver or nail**   screwdriver
2. **trowel or chainsaw**   chainsaw
3. **dumpster or mop**   dumpster

(17)

He picks up the trash.
They load the truck.
She turns on the machine.
We fill the cans.

(18)

A.
1. **unplug**   plug in
2. **empty**   fill
3. **pull**   push
4. **turn off**   turn on
5. **load**   unload

C.
I'm working today.   **I'm going to work tomorrow.**
John is finishing today.   **John is going to finish tomorrow.**
We are starting today.   **We are going to start tomorrow.**
They are painting today.   **They are going to paint tomorrow.**
He is cleaning today.   **He is going to clean tomorrow.**

(19)

A.
1. Preste atención   **Pay attention**
2. Otra vez   **Again**
3. Ninguno   **None**

B.
1. **somebody**   no one
2. **only one**   many, a lot
3. **start**   finish, end

(20)

A.
1. **model, pattern, <u>design</u>**
2. **chapter, page, <u>paragraph</u>**
3. **rule, regulation, <u>law</u>**

B.
1. **We try to provide excellent service.** Tratamos de proveer excelente servicio.
2. **Please explain the theme of the book.** Explique el tema del libro, por favor.
3. **We're going to practice and review it.** Lo practicaremos y lo repasaremos.

21

1. I carry water in a bucket.
2. I weigh ____ pounds.
3. Each part weighs fifteen pounds.
4. There are four quarts in a gallon.
5. There are sixty seconds in a minute.
6. Half a dozen is six.

22

A.

1.	**1/4**	one quarter
2.	**7 mi.**	seven miles
3.	**100°**	one hundred degrees
4.	**5 oz.**	five ounces
5.	**1/2**	one half
6.	**25%**	twenty-five percent
7.	**3 lbs.**	three pounds
8.	**12 in.**	twelve inches

B.

1.	**What's bigger–a mouse or a monitor?**	**a monitor**
2.	**What is smaller–a keyboard or a cursor?**	**a cursor**
3.	**How much is ten percent of one hundred?**	**ten**
4.	**How much is six times five?**	**thirty**
5.	**How many lines does a square have?**	**four**
6.	**Can a person go online to download music?**	**yes**

23

2.	**My lunch ends at two o'clock.**	**ended**
3.	**He lives in Miami.**	**lived**
4.	**They stop to visit friends.**	**stopped**
5.	**We walk every morning.**	**walked**
6.	**I need a new truck.**	**needed**
7.	**We never carry our tools.**	**carried**
8.	**He wants a bigger office.**	**wanted**
9.	**We learn many new words.**	**learned**

24

A.

2.	**We sell furniture.**	**We sold furniture.**
3.	**Linda goes to training class.**	**Linda went to training class.**
4.	**He drives a bus.**	**He drove a bus.**

B.

2.	**Bob doesn't buy the materials.**	**Bob didn't buy the materials.**
3.	**I don't speak much English.**	**I didn't speak much English.**
4.	**You don't have the key.**	**You didn't have the key.**

C.
1. Es peligroso tocar la máquina. **It's dangerous to touch the machine.**
2. Puedo mezclar los dos materiales. **I can mix the two materials.**
3. Es importante cerrar la puerta con llave. **It's important to lock the door.**
4. Ud. debe repasar la lección. **You have to review the lesson.**
5. Quiero aprender más inglés. **I want to learn more English.**

(25)

A.
1. **force**   **power**
2. **bolt**   **nut**
3. **tear**   **cut**
4. **noise**   **sound**
5. **soap**   **detergent**
6. **spark**   **flame**
7. **size**   **measurement**
8. **dust**   **dirt**

(26)

A.
1. **not fault it my was** **It was not my fault.**
2. **happened me what tell** **Tell me what happened.**
3. **the talk want complaint I to about** **I want to talk about the complaint.**

B.
1. **evidence**   **proof**
2. **schedule**   **hours**
3. **illness**   **injury**
4. **fight**   **conflict**
5. **fraud**   **stealing**

C.
1. Está despedido. **You are <u>fired</u>.**
2. Es muy serio. **It's very <u>serious</u>.**
3. Está faltando en el trabajo. **He's <u>missing</u> from work.**

(27)

B.
Subraye los verbos con significado negativo:
relax, <u>curse</u>, improve, <u>gossip</u>, develop, <u>lie</u>, <u>argue</u>

D.
Llene los espacios en blanco con las palabras correctas:
1. **Everyone must <u>work</u> together.**
2. **There is good <u>good</u> effort.**
3. **I <u>like</u> what you did.**
4. **You <u>should</u> try to do the job.**
5. **<u>You</u> need to attend the class.**

B.
1. risk, hazard, <u>sling</u>
2. blister, <u>lock</u>, bruise
3. sleepy, <u>sign</u>, tired

A.
1. There was a lot of rain during the <u>storm</u>.
2. In an emergency, don't use the <u>elevator</u>.
3. Let's go to the mountains and the <u>desert</u>.

A.
1. ir	**Go, you guys!**
2. parar	**Stop, you guys!**
3. trabajar	**Work, you guys!**
4. caminar	**Walk, you guys!**
5. ayudar	**Help, you guys!**

B.
1. **She's going to faint.**	Se va a desmayar.
2. **Are they fighting?**	¿Están peleando?
3. **We didn't fall.**	No caímos.

C.
1. **contestar (to answer)**	They	They have answered.
2. **estacionar (to park)**	He	He has parked.
3. **ayudar (to help)**	We	We have helped.
4. **aprender (to learn)**	You	You have learned.
5. **enseñar (to teach)**	The boss	The boss has taught.

31

A.
1. **sum**	total
2. **invoice**	receipt
3. **manager**	boss
4. **freight**	cargo
5. **label**	brand

B.
Do you produce them?	Yes, we produce lots of them.
1. **Do you sell them?**	Yes, we sell lots of them.
2. **Do you install them?**	Yes, we install lots of them.
3. **Do you make them?**	Yes, we make lots of them.
4. **Do you build them?**	Yes, we build lots of them.
5. **Do you replace them?**	Yes, we replace lots of them.

32

A.
1. **Would you like to order something?**   ¿Quisiera ordenar algo?
2. **What is the price?**   ¿Cuál es el precio?
3. **Anything else?**   ¿Algo más?

B.
1. **fee**   **charge**
2. **sale**   **discount**
3. **delivery**   **shipping**
4. **catalogue**   **brochure**
5. **reason**   **purpose**

33

A.
Aló, ¿está Francisco allí? Es muy urgente.
Lo siento, no. ¿Quiere dejarle un mensaje?
Sí, gracias. Mi nombre es Rodrigo y estoy llamando por un problema familiar.

B.
1. **ideas, opinions, <u>thoughts</u>**
2. **earnings, income, <u>profits</u>**
3. **percentage, ratio, <u>average</u>**

C.
1. **me the you to want facts do explain**
   Do you want me to explain the facts?
2. **transfer me will to you voicemail her**
   Will you transfer me to her voicemail?
3. **a card you prepaid buy did phone**
   Did you buy a prepaid phone card?

34

A.
1. **Are you reading them?**   (magazines)   **Are you reading the magazines?**
2. **Have you used it?**   (invoice)   **Have you used the invoice?**
3. **Will you buy it?**   (cell phone)   **Will you buy the cell phone?**
4. **Do you have them?**   (questions)   **Do you have questions?**
5. **Did you take it?**   (receipt)   **Did you take the receipt?**

B.
1. Ella quiere saber.   **Tell her.**
2. Ellos quieren saber.   **Tell them.**
3. Nosotros queremos saber.   **Tell us.**

LA HORA, EL CALENDARIO, Y EL CLIMA

Y	B	H	N	T	E	X	S	U	Y	N	P	D	Z	D
G	A	Y	C	T	O	W	E	Z	R	B	J	B	R	M
V	Q	D	U	R	H	W	P	K	A	G	S	C	K	T
O	S	N	S	O	A	S	T	L	U	W	X	E	H	F
Q	I	U	L	E	Z	M	E	R	N	V	E	U	I	O
M	A	S	N	X	U	N	M	U	A	W	R	E	I	H
X	W	A	E	D	T	T	B	O	J	S	X	G	P	L
K	O	N	I	B	A	O	E	H	D	T	E	Y	B	C
J	I	Z	T	W	I	Y	R	A	M	V	D	B	L	A
F	F	Q	J	N	O	V	Y	S	B	V	Q	O	V	R
R	E	B	M	E	C	E	D	P	J	J	U	C	Z	L
F	J	M	O	N	D	A	Y	R	S	D	J	U	N	E
W	N	F	F	H	Q	R	P	I	Y	H	T	N	O	M
E	Z	Y	D	Q	S	U	S	N	T	C	U	D	W	X
E	Q	B	O	Y	K	T	Q	G	K	D	M	Y	G	O

LAS COSAS DIARIAS

P	C	C	S	T	D	E	H	S	U	W	L	A	A	M
Q	V	L	F	T	R	V	H	Z	I	A	T	J	O	B
Z	U	O	D	R	H	U	U	Q	X	T	T	O	I	N
T	O	T	W	K	F	G	C	X	I	E	R	P	M	L
M	B	H	Z	F	T	Y	C	K	D	R	D	L	P	E
P	M	I	C	L	E	O	Z	E	R	E	U	E	G	B
L	O	N	I	N	M	X	S	Y	I	B	B	H	H	G
B	I	G	O	P	R	K	R	J	A	H	S	E	L	N
L	Q	M	U	S	A	M	G	V	H	D	A	X	E	G
L	I	T	Y	N	A	P	M	O	C	W	V	U	M	X
J	E	C	Q	W	B	I	O	T	V	D	R	O	O	D
R	G	T	N	T	H	J	X	D	A	B	O	K	Z	P
J	V	B	U	E	R	L	Q	Y	V	L	O	O	M	G
Z	T	W	Q	P	P	T	L	P	C	Q	Y	Q	F	G
P	A	P	E	R	G	C	R	G	L	G	E	Z	V	S

LA ROPA

```
C  X  N  R  M  A  R  D  T  J  F  Z  B  T  F
A  P  X  D  T  U  F  V  D  N  T  L  B  E  T
Z  R  Y  L  L  S  T  C  S  J  X  C  Q  K  R
H  L  B  Z  T  Q  L  W  J  Y  P  D  J  C  I
S  C  S  O  Q  C  W  D  T  S  X  Y  K  A  K
E  B  O  R  H  T  A  B  S  G  E  Q  K  J  S
G  B  C  R  F  E  O  K  I  E  L  O  S  P  N
O  S  C  Z  S  C  H  J  L  S  I  O  H  X  F
P  H  U  E  O  Q  P  L  K  C  T  V  S  Z
A  V  O  I  G  A  Y  I  J  K  X  O  N  E  U
C  L  R  R  T  T  P  M  S  N  I  P  J  A  S
B  J  O  D  R  E  S  S  H  O  R  T  S  U  P
D  U  D  W  X  Z  L  J  I  K  W  W  Y  E  E
J  R  S  T  F  K  V  L  R  E  S  T  N  A  P
T  M  S  U  W  R  Z  Y  T  L  E  B  W  O  X
```

EL NEGOCIO

```
S  D  G  U  Q  J  W  E  A  L  E  Z  P  A  P  J  U  U  V  O
Y  F  V  X  F  A  C  G  Z  P  B  P  T  G  S  U  C  X  T  A
Y  F  R  E  Z  Q  T  A  J  B  H  H  N  E  Y  P  O  Y  C  H
Q  S  F  T  T  W  I  A  O  Z  U  Q  E  W  W  C  B  W  D  N
D  T  S  L  S  E  J  A  M  V  S  M  M  O  F  R  P  S  R  B
N  Y  E  X  C  H  G  U  E  R  E  Y  Y  E  Q  T  C  Q  Y  B
V  M  K  V  H  E  C  I  O  V  N  I  A  E  D  I  N  Z  D  U
G  Q  S  K  N  W  S  C  F  K  N  O  P  A  U  Y  O  Y  R  S
D  O  X  X  A  A  H  B  I  E  P  Y  V  I  K  L  U  K  Y  Y
F  F  D  H  L  T  S  K  T  U  O  P  K  E  S  G  A  D  Z  M
R  X  I  E  T  A  A  O  R  T  Z  O  M  C  U  B  G  V  W  B
Y  Q  S  T  K  B  C  C  Z  Y  P  O  N  B  H  R  D  B  F  B
P  D  C  V  P  X  H  T  Q  Q  C  I  D  N  H  A  E  D  R  P
G  D  O  J  P  A  A  N  T  N  C  R  E  D  I  T  R  G  B  Q
Z  D  U  B  S  B  T  A  I  A  C  D  G  C  E  K  E  G  C  Y
W  J  N  E  R  E  D  R  O  C  X  J  Q  E  E  L  F  K  E  P
S  U  T  M  Z  G  S  I  U  X  V  G  R  M  P  R  S  S  V  R
R  B  C  O  B  Q  K  V  V  W  R  F  R  W  M  X  A  A  O  I
F  N  H  R  I  E  K  G  C  P  M  M  J  D  C  C  F  Q  Q  C
B  I  L  L  R  I  E  Q  Z  P  D  T  U  Z  Q  O  V  T  X  E
```

BUSCAR TRABAJO

1. SCHEDULE
2. CONTRACT
3. APPLICATION
4. LICENSE
5. APPOINTMENT
6. INTERVIEW
7. EMPLOYMENT
8. ADDRESS
9. COUNTRY
10. OCCUPATION

LOS ELECTRODOMÉSTICOS

1. PRINTER
2. WASHER
3. TOASTER
4. FREEZER
5. DISHWASHER
6. RECEIVER
7. MICROWAVE
8. DRIER
9. RECORDER
10. TELEPHONE
11. SCANNER

PROBLEMAS EN EL TRABAJO

1. DANGER
2. CAUTION
3. ASSISTANCE
4. WARNING
5. EMERGENCY
6. ACCIDENT
7. AMBULANCE
8. SAFETY
9. REPAIR
10. PREVENTION

CD1	
Track	
1-2	Preámbulo y consejos
3	Pronunciación
4-5	Saludos y presentaciones
6	Números 1-10
7	Vocabulario básico
8	Colores y adjetivos
9	Números 11-1000
10	¿Cómo está usted?
11	¿Adónde?
12	¿Quién? Pronombres personales
13	¿Cuándo?
14	Días de la semana
15	Meses del año
16	El verbo "ser"
17-18	Oraciones negativas y uso de "hay"
19	Presente progresivo
20	El verbo "tener"
21	Frases interrogativas
22	Profesiones
23	Uso de "no". El verbo "necesitar"
24	Vocabulario. Órdenes
25	Verbos básicos

CD2	
Track	
1	Órdenes. Vocabulario
2	Frases verbales
3	Vocabulario fabril
4	"Usted tiene que . . ."
5	El verbo "saber"
6	Obtención de información
7-9	Vocabulario laboral
10-11	El tiempo pretérito
12	Uso del verbo auxiliar "do" ("did")
13	Verbos adicionales
14	Verbos en tiempo futuro
15	El verbo "haber" en el pretérito
16	Accidentes
17	Partes del cuerpo
18	Emergencias
19	"¿Puede usted . . . ?"
20-22	Vocabulario comercial. El verbo "querer"
23	Verbos comerciales. Preguntas y órdenes
24	El pasado progresivo
25	Computadoras y teléfonos
26-27	Vocabulario urbano y ejercicios
28	Epílogo